Kohlhammer

Die Autorin

Dr. Svenja Heck ist Professorin für Behinderten- und Heilpädagogik am Fachbereich Soziale Arbeit der Hochschule Darmstadt.

Svenja Heck

Partnerschaft, Sexualität und geistige Behinderung

Professionelles Handeln und Verstehen in der Heilpädagogik

Verlag W. Kohlhammer

Dieses Werk einschließlich aller seiner Teile ist urheberrechtlich geschützt. Jede Verwendung außerhalb der engen Grenzen des Urheberrechts ist ohne Zustimmung des Verlags unzulässig und strafbar. Das gilt insbesondere für Vervielfältigungen, Übersetzungen, Mikroverfilmungen und für die Einspeicherung und Verarbeitung in elektronischen Systemen.

Die Wiedergabe von Warenbezeichnungen, Handelsnamen und sonstigen Kennzeichen in diesem Buch berechtigt nicht zu der Annahme, dass diese von jedermann frei benutzt werden dürfen. Vielmehr kann es sich auch dann um eingetragene Warenzeichen oder sonstige geschützte Kennzeichen handeln, wenn sie nicht eigens als solche gekennzeichnet sind.

Es konnten nicht alle Rechtsinhaber von Abbildungen ermittelt werden. Sollte dem Verlag gegenüber der Nachweis der Rechtsinhaberschaft geführt werden, wird das branchenübliche Honorar nachträglich gezahlt.

Dieses Werk enthält Hinweise/Links zu externen Websites Dritter, auf deren Inhalt der Verlag keinen Einfluss hat und die der Haftung der jeweiligen Seitenanbieter oder -betreiber unterliegen. Zum Zeitpunkt der Verlinkung wurden die externen Websites auf mögliche Rechtsverstöße überprüft und dabei keine Rechtsverletzung festgestellt. Ohne konkrete Hinweise auf eine solche Rechtsverletzung ist eine permanente inhaltliche Kontrolle der verlinkten Seiten nicht zumutbar. Sollten jedoch Rechtsverletzungen bekannt werden, werden die betroffenen externen Links soweit möglich unverzüglich entfernt.

1. Auflage 2024

Alle Rechte vorbehalten
© W. Kohlhammer GmbH, Stuttgart
Gesamtherstellung: W. Kohlhammer GmbH, Stuttgart

Print:
ISBN 978-3-17-039540-4

E-Book-Formate:
pdf: ISBN 978-3-17-039541-1
epub: ISBN 978-3-17-039542-8

Vorwort

Es ist keine neue Erkenntnis, dass das Erleben von Partnerschaft und Sexualität als basales menschliches Bedürfnis gilt (Heck 2022, 174). Aus fachlicher Perspektive sind Rahmenbedingungen zu schaffen, die jedem Menschen einen Zugang zu diesen Lebensthemen ermöglichen (Urbann et al. 2022, 191). Dennoch werden auch im aktuellen wissenschaftlichen Diskurs sowie in der Praxis anhaltende Reglementierungen und Tabuisierungen in diesem Bereich für Menschen mit geistiger Behinderung beschrieben (vgl. u. a. Kunz 2022; Mayrhofer/Seidler 2020; Jennessen et al. 2019), wenngleich weitestgehend ein Konsens darüber zu bestehen scheint, dass die sexuelle Selbstbestimmung auch für diese Personengruppe nicht nur ein unabdingbares Recht darstellt, sondern zugleich zu einer Steigerung der Lebensqualität beitragen kann und unmittelbar mit dem Erfahren von Würde verknüpft ist (Kunz 2022, 62).

Wie lassen sich diese durchaus widersprüchlichen Phänomene erklären, ohne verführt zu sein, mögliche Fremdbestimmungsprozesse oder angenommene »Fehleinschätzungen« von Seiten der Fachkräfte vorschnell zu bewerten? Wie können Unsicherheiten und Ängste, die dem Thema innezuwohnen scheinen, auch vor dem Hintergrund gesellschaftlicher Prozesse und struktureller Bedingungen verstanden werden und welche Perspektiven für das heilpädagogische Handeln folgen daraus?

Eine professionelle Begegnung mit den vielschichtigen Dimensionen von Partnerschaft, Sexualität und geistiger Behinderung scheint im Alltag auf mehreren Ebenen erschwert. So birgt die Thematik an sich fachliche und persönliche Herausforderungen und auch die neuen, teils unüberschaubaren Entwicklungen der letzten Jahre zu sexueller und partnerschaftlicher Vielfalt können zu weiteren Irritationen und Unsicherheiten führen. Daneben steht Fachkräften und Mitarbeitenden in Einrichtungen nicht selbstverständlich ein haltender Handlungsrahmen durch Rückbezug auf Fachwissen aus Aus- und Weiterbildung oder in Räumen zur (Selbst-)Reflexion zur Verfügung.

Das Buch setzt hier an und gibt zunächst einen Überblick über den aktuellen Fachdiskurs zu Partnerschaft, Sexualität und geistiger Behinderung und den damit verbundenen Chancen und Herausforderungen professionellen Handelns. In einem zweiten Schritt werden ausgewählte handlungsweisende Zugänge und Leitlinien in der Heilpädagogik praxisnah beleuchtet, deren Rückbezug eine verstehende und professionelle Rahmung im Sinne eines »haltenden Denk- und Handlungsrahmen[s]« (Brückner 2022, 12) für die anschließende Auseinandersetzung mit verschiedenen Praxisfeldern erlaubt. Wenngleich davon auszugehen ist, dass die genannten Dimensionen wesentliche Voraussetzungen für professionelles Handeln darstellen, ist einzuräumen, dass dieses Buch keinen Anspruch auf Vollständigkeit in Hinblick auf Zugänge, Themen und Diskurse erheben kann und möchte. Ebenso ist es alleine vor dem Hintergrund der Individualität der Menschen mit geistiger Behinderung nicht möglich, eindeutige Handlungsimpulse zu vermitteln. Die dargestellten Dimensionen dienen vielmehr der Anregung und Sensibilisierung für einen fachlichen Umgang mit dem Themenfeld Partnerschaft, Sexualität und geistige Behinderung in dem Wissen, dass es nicht nur »den einen richtigen Weg« (Ortland 2020, 22) geben kann.

Wenngleich sich die Studienlage zur Thematik nach wie vor recht übersichtlich gestaltet, werden an möglichst vielen Stellen im Buch Forschungsergebnisse, Verweise auf Fallvignetten oder reale Aussagen von Menschen mit geistiger Behinderung, Fachkräften sowie Eltern und Angehörigen eingefügt, um einen unmittelbaren Praxisbezug herzustellen. Ein Teil davon stammt aus meinen eigenen Praxiserfahrungen und zwei meiner Forschungsprojekte, der wissenschaftlichen Begleitung einer Partnervermittlung für Menschen mit Behinderung[1] (vgl. Bender 2012) sowie der Beratungsstelle Liebelle für selbstbestimmte Sexualität von Menschen mit Lernschwierigkeiten[2] (vgl. Liebelle Mainz 2023).

---

1 Die wissenschaftliche Begleitung der Partnervermittlung fand zwischen 2006 bis 2009 statt, die Ergebnisse wurden in Bender 2012 veröffentlicht.
2 Die wissenschaftliche Begleitung der Beratungsstelle Liebelle wurde im Zeitraum von 2016 bis 2018 durchgeführt und beinhaltet die Erhebung und Auswertung von narrativen Interviews mit Menschen mit geistiger Behinderung, Eltern und Angehörigen sowie Fachkräften zu den Themen Partnerschaft und Sexualität. Die Interpretation fand als tiefenhermeneutische Analyse (vgl. Kratz/Ruth 2016; Gerspach 2021) prozessbegleitend in einer festen Kleingruppe statt. Passagen eines Elterninterviews wurden bereits in Heck 2019 veröffentlicht, Blitzlichter aus den Interviews mit Fachkräften in Heck 2022. Weiteres, bislang noch unveröffentlichtes Material ist in dieses Buch eingearbeitet.

Inhalt

Vorwort		**5**
1	**Phänomen geistige Behinderung**	**9**
	1.1 Geistige Behinderung oder Lernschwierigkeiten?	9
	1.2 Ein psychodynamisches Verständnis von geistiger Behinderung	11
2	**Grundlegende Aspekte professionellen Handelns im Bereich von Partnerschaft, Sexualität und geistiger Behinderung**	**18**
	2.1 Einleitende Gedanken zum Bedarf eines »behinderungsspezifischen« Blickwinkels	18
	2.2 Merkmale und Herausforderungen professionellen Handelns und Verstehens in der Heilpädagogik	20
	2.3 Ethische Dimensionen	26
3	**Partnerschaft und geistige Behinderung**	**32**
	3.1 Partnerschaftswünsche und -suche	35
	3.2 Gelingensbedingungen und Bedeutungen von Partnerschaften	38
	3.3 Mögliche Konfliktfelder	42
4	**Sexualität als Thema in der heilpädagogischen Praxis**	**44**
	4.1 Entwicklung eines weiten Verständnisses von Sexualität	45
	4.2 Sexuelle Entwicklung im Kontext der geistigen Behinderung	46
	4.2.1 Erstes Lebensjahr	48
	4.2.2 Zweites und drittes Lebensjahr	50
	4.2.3 Viertes bis sechstes Lebensjahr	51
	4.2.4 Die Latenzphase	53
	4.2.5 Adoleszente Entwicklung	54
	4.3 Sexualität und geistige Behinderung – aktuelle Entwicklungen	57
	4.4 Verstehende Annäherung an die Perspektive der Fachkräfte	60
5	**Handlungsweisende Ansätze, Leitideen und Konzepte**	**66**
	5.1 Psychoanalytische Pädagogik und geistige Behinderung	67
	5.1.1 Psychoanalytisch-pädagogisches Verstehen	67

		5.1.2 Implikationen für die heilpädagogische Praxis	73
	5.2	Selbstbestimmung versus Fürsorge oder die Frage nach der Legitimation paternalistischer Interventionen	77
	5.3	Empowerment	83
	5.4	Professionelle Unterstützung im Kontext von Queerness und geistige Behinderung	86
	5.5	Zur Bedeutung des Konzepts der Leichten Sprache	90
	5.6	Nähe und Distanz als Spannungsfeld professionellen Handelns	93
6	**Ausgewählte Praxisfelder**		**99**
	6.1	Sexuelle Bildung und geistige Behinderung	99
	6.2	Sexuelle Selbstbestimmung in Wohneinrichtungen	105
	6.3	Sexualisierte Gewalt	110
		6.3.1 Gefährdungsdimensionen	112
		6.3.2 Präventions- und Interventionsansätze	115
	6.4	Sexualassistenz und Sexualbegleitung	119
	6.5	Eltern- und Angehörigenarbeit	123
	6.6	Kinderwunsch und Elternschaft	129
	6.7	Mediennutzung und Medienbildung im Kontext von Partnerschaft, Sexualität und geistiger Behinderung	135
	6.8	Ansätze der Unterstützung von Partnerschaft und Partnerschaftssuche	140
7	**Schlussbemerkung**		**144**
Literaturverzeichnis			**145**

1 Phänomen geistige Behinderung

1.1 Geistige Behinderung oder Lernschwierigkeiten?

Der Begriff der geistigen Behinderung gelangte in Deutschland erstmals im Jahre 1958 durch die »Bundesvereinigung Lebenshilfe für das geistig behinderte Kind e. V.«[3] in die fachliche und gesellschaftliche Diskussion. Neben einer deskriptiven Verwendung besaß und besitzt er auch eine deutlich normativ geprägte Seite (Theunissen 2000, 13; Kulig et al. 2006, 116 f.). In den wissenschaftlichen Diskurs fand er vor allem durch das Werk »Pädagogik der Behinderten« von Bleidick um 1970 Eingang (Kulig et al. 2006, 117). Seit geraumer Zeit wird er nicht nur kritisch bewertet, sondern gilt als der »problematischste Begriff in der Heil- und Sonderpädagogik« (Mesdag/Pforr 2008, 7). Dederich schätzt die differenzierte Auseinandersetzung mit dem Terminus der Behinderung sogar als eines der »komplexesten und schwierigsten Probleme der Behindertenpädagogik« (Dederich 2009, 37) ein.

Infolgedessen finden sich in Wissenschaft und Praxis unterschiedliche Bezeichnungen für den Personenkreis von Menschen mit geistiger Behinderung vor. So spricht man beispielsweise von einer kognitiven oder mentalen Beeinträchtigung, wenngleich jeder dieser Begriffe sich ebenfalls mit Kritik konfrontiert sieht (Lingg/Theunissen 2018, 13). Die Suche nach einem geeigneten Terminus gestaltet sich unter anderem deshalb schwierig, da man einerseits den Forderungen der Betroffenen selbst nach einer Umformulierung in »Menschen mit Lernschwierigkeiten« nachkommen und damit der negativen Konnotation entgegentreten möchte, diese Bezeichnung der in Deutschland vorherrschenden Abgrenzung zwischen Lernbehinderung und geistiger Behinderung jedoch nicht vollends gerecht werden kann (Heck 2022, 174). Aus der Perspektive der Interessenvertreter*innen soll mit dem Begriff der Lernschwierigkeit betont werden, dass auch Menschen mit geistiger Behinderung lebenslang lernen können, wenn dafür die entsprechenden Entwicklungsräume eröffnet werden. Es scheint allerdings fraglich, ob alleine durch den Begriffswechsel eine Auflösung von Zuschreibungen und Kategorisierungen erreicht werden kann (Sigot 2017, 33 f.), oder nicht vielmehr das »gesellschaftliche Ordnungsformat« (Heite 2010 zit. n. ebd., 34) bestehen bleibt, indem Menschen mit Lernschwierigkeiten weiterhin in ihrer Differenz zu Menschen ohne Lernschwierigkeiten wahrgenommen werden. In diesem Fall bestünde, wie bei dem Terminus

---
3 Der Ursprungsname »Lebenshilfe für das geistig behinderte Kind e. V.« wurde im Jahr 1968 in »Bundesvereinigung Lebenshilfe für geistig Behinderte e. V.« umbenannt. Heute bezeichnet sich der Verein als »Bundesvereinigung Lebenshilfe e. V.«

der geistigen Behinderung die Gefahr, dass individuelle Themen, Wünsche und Bedürfnisse verborgen bleiben, wenn jegliche Aussagen über Personen durch Zuschreibungen gefärbt sind (Radtke 1994, 110). »Die Person selbst [...] wird dadurch zum Randthema. Vor allem tritt sie in ihrem Eigenwillen zurück, in ihrer Sperrigkeit, in jenen Formen der Besonderheit, die eine tiefergehende, über das Alltägliche hinausgehende Auseinandersetzung erfordert« (Ahrbeck 2011, 9).

Gleichzeitig stellt sich im fachlichen Diskurs mit Bezugnahme auf den Anspruch der Inklusion schließlich die Frage, ob nicht gänzlich auf eine Kategorisierung bzw. begriffliche Zuordnung zu verzichten sei. Allerdings scheint dies mit der Gefahr unausgesprochener heimlicher Zuschreibungen einherzugehen, die dann nicht mehr explizit thematisiert werden dürfen und somit keine Bearbeitung erfahren, wodurch Abwehrprozesse weiter manifestiert werden können. Allein der Entzug der Begrifflichkeit führt nicht zwangsläufig zu einer Auflösung von wahrnehmbaren Unterschieden. Gleichzeitig sollte die Realität der Behinderung mit den ihr innewohnenden Themen für die Betroffenen nicht verleugnet werden (Ahrbeck 2011, 9 ff.), um unter anderem Prozesse von Diskriminierung und Fremdbestimmung in den Blick nehmen und ihnen entgegenwirken zu können. So sind gut gemeinte Aussagen, wie »Wir alle sind behindert«, vor dem Hintergrund des Wunsches der Unterstützung von Entstigmatisierung und Anerkennung von Menschen mit Behinderung zwar nachvollziehbar, aber eher als »Verlegenheitsformeln« (Drepper 1998 zit. n. Ahrbeck 2022, 46) einzustufen, die zur Verschleierung von Lebensrealitäten beitragen, zumal die Perspektive der Betroffenen hier nicht zwangsläufig Beachtung findet. In diesem Kontext stellt sich Ahrbeck die Frage, »wie es auf Menschen mit Behinderung wirken mag, wenn ein Sprachgebrauch gesucht wird, der vermeidet, was für sie selbst offensichtlich ist« (Ahrbeck 2011, 74)?

Nicht nur bei der Beschäftigung mit den Themen Partnerschaft und Sexualität ist in der Auseinandersetzung mit der eigenen Behinderung eine zentrale Entwicklungschance zu sehen. Sie kann umso deutlicher erschwert werden, je weniger die Realität der Behinderung, auch durch die Verwendung des Begriffs, benannt werden darf (vgl. Bender 2012). Daran anknüpfend findet in diesem Buch der Terminus der geistigen Behinderung weiterhin Verwendung, nicht zuletzt, da er eine (inter-)disziplinäre Verständigung erlaubt, im wissenschaftlichen Diskurs noch kein Konsens über eine ähnlich fundierte Bezeichnung existiert (Klauß 2006, o. S.) und er eine Perspektive auf mögliche Auswirkungen der Diagnose im Kontext der Themen Partnerschaft und Sexualität ohne Verschleierung ermöglicht, wie auch Pixa-Kettner bezogen auf die Elternschaft formulierte:

> »Ein wichtiger Grund für das Festhalten an der alten Bezeichnung der geistigen Behinderung liegt darin, dass die Brisanz der Thematik des vorliegenden Bandes weniger eindeutig konnotierter Begriffe wie ›lernbeeinträchtigt‹, ›mit Lernschwierigkeiten‹ o. ä. nicht entschärft werden soll« (Pixa-Kettner 2015, 13, Hervorhebungen im Original).

Um das Anliegen der Betroffenen dennoch nicht zu negieren, wird ausschließlich von Menschen mit geistiger Behinderung gesprochen und damit der Mensch und nicht die Beeinträchtigung in den Vordergrund gerückt. Mit dem Bewusstsein darüber, dass die Gruppe der Menschen mit geistiger Behinderung grundsätzlich äußerst heterogen und jede*r Einzelne in ihrer bzw. seiner Einzigartigkeit zu sehen ist, stehen insbesondere die fortwährenden Abhängigkeitsprozesse (Kunz 2022, 62) und möglichen Folgen der Diagnose für das Individuum (Cloerkes 2011, 7) im Vordergrund, die sich erschwerend auf das Ausleben von Partnerschaft und Sexualität auswirken können.

1.2 Ein psychodynamisches Verständnis von geistiger Behinderung

Im Jahr 2021 lebten rund 7,8 Millionen Menschen mit Schwerbehinderung in Deutschland, davon 14 Prozent mit geistiger oder seelischer Behinderung (Statistisches Bundesamt 2023, o. S.). Wenngleich die Übergänge zwischen diesen beiden Behinderungsformen durchaus fließend sein oder vielmehr Doppeldiagnosen auftreten können, verwundert es doch, dass andere Behinderungsformen in der Statistik eine durchaus differenziertere Betrachtung erfahren, wenn beispielsweise zwischen Schädigungen von Armen und Beinen oder der Wirbelsäule unterschieden wird (vgl. ebd.). Gemeinhin wird mitunter noch angenommen, der geistigen Behinderung läge stets eine organische Schädigung zugrunde, wenngleich Speck bereits 1990 betonte, dass bei ca. der Hälfte der Menschen mit geistiger Behinderung eine solche nicht nachzuweisen sei (Speck 1990, 46 f.). Die aktuelle Klassifikation der WHO, die ICF[4], versucht den Blick weg von einer linearen Zuschreibung auf vielschichtige Wechselwirkungen zu erweitern, wie Abbildung 1 verdeutlicht (▶ Abb. 1).

Das Modell von 2001 besitzt nicht nur bis heute Gültigkeit, sondern bietet auch den Referenzrahmen für den Behinderungsbegriff sowie die Bedarfsermittlung im neuen Bundesteilhabegesetz, kurz BTHG (Umsetzungsbegleitung Bundesteilhabegesetz 2023, o. S.).

Gleichwohl lässt sich an der ICF nach wie vor eine medizinische Orientierung erkennen, die subjektive Biografiespuren der Individuen sowie gesellschaftliche Zuschreibungen und Normen nicht vollständig erfassen kann (Fischer 2008, 411 ff.). Eine psychodynamische Annäherung an das Phänomen der geistigen Behinderung könnte hier den Blick zusätzlich erweitern.

> »Über jede mögliche organische Beschädigung hinaus ist [...] ein emotional beeinträchtigtes Beziehungsgeschehen zu fokussieren, welches eine fundamentale Schwierigkeit offenbart, einem psychodynamischen Druck standzuhalten, ohne zu unbewussten Verschleierungen und Ausblendungen greifen zu müssen« (Gerspach 2008, 32).

Eine Zuordnung zu dem Personenkreis von Menschen mit geistiger Behinderung umschreibt nicht nur eine gesellschaftliche und professionelle Realität, sondern wirkt sich auch auf individueller und innerpsychischer Ebene aus. Sie ist als vielschichtiges Phänomen anzusehen, welches sich im individuellen Lebenslauf pro-

---

4 Internationale Klassifikation der Funktionsfähigkeit, Behinderung und Gesundheit.

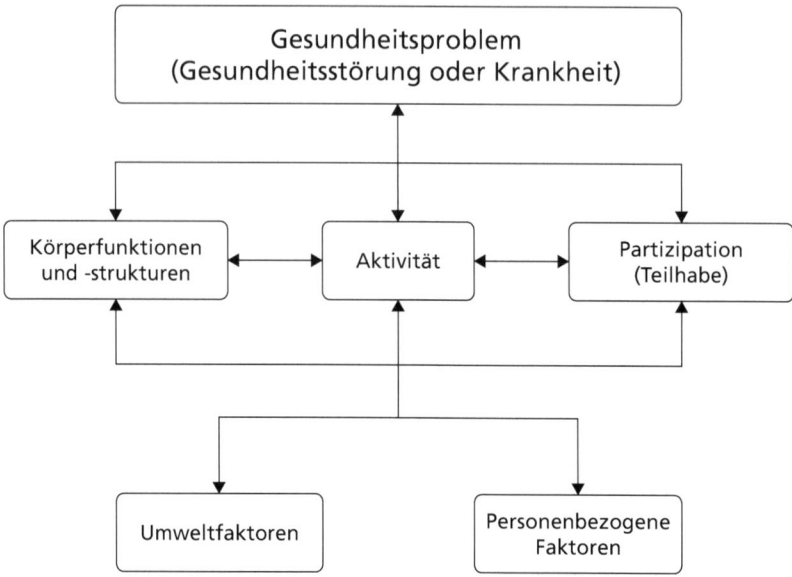

Abb. 1: Schematische Darstellung ICF (aus: Deutsches Institut für Medizinische Dokumentation und Information (DIMDI) (Hrsg.) (2022): ICF. Internationale Klassifikation der Funktionsfähigkeit, Behinderung und Gesundheit, S. 21)

zessual verändern kann (Mesdag/Pforr 2008, 7 ff.). Sinason unterscheidet zwischen einer primären und sekundären Behinderung und geht von einer Verbindung zwischen möglichen Traumata, Schädigungen und behindernden Prozessen aus (Sinason 2000, 11 ff.). Ein solches Verständnis einer geistigen Behinderung als soziale Kategorie findet vornehmlich in drei Bereichen ihren Ausdruck: in einer erschwerten Beziehungsgestaltung in der frühen Kindheit sowie in eingeschränkten Kommunikations- und Teilhabemöglichkeiten (Mattner 2008, 17). Durch die Diagnose einer geistigen Behinderung können Veränderungen in der Beziehung zwischen dem Kind und den primären Bezugspersonen entstehen, insbesondere dann, wenn sie keine Unterstützung in dieser sensiblen Phase erhalten (Jonas 1993, 76). Dabei geht es keineswegs um individuelle Schuldzuweisungen an die Bezugspersonen, sondern eine verstehende Annäherung an deren mögliches Erleben im Kontext der Diagnosestellung. Dieses kann von starken Ambivalenzen, Trauer, Wut, Schock und auch Hoffnungslosigkeit geprägt sein, Emotionen, die neben der Liebe für das Kind gleichermaßen existieren und durch kränkende und zurückweisende Erfahrungen durch die Umwelt zuweilen eine Intensivierung erfahren (Pforr 2022, 492). »Eine solche Nachricht bedeutet zumeist eine Beschneidung der Träume, eine Zensur der Vorstellung, eine Erschütterung des Gewohnten […]. Ein durch Normen geordnetes und an ihnen orientiertes Leben wird zerstört« (Sonnleitner 2018, 31). Nicht selten geht die Konfrontation mit der Diagnose der geistigen Behinderung auch mit dem Erleben eines Identitätsverlustes (Jonas 1991, 98) sowie großen Unsicherheiten einher. »Sie müssen sich mit Fragen beschäftigen, die ihnen zuvor fern waren, und bestehende Erwartungen hinsichtlich der Entwicklung des Kindes und ihrer eigenen Lebensplanung revidieren« (Seifert 2014, 25). Die eigenen Vorstellungen von »Normalität« geraten auf den Prüfstand, es bedarf zuweilen einer Auseinandersetzung mit Ohnmacht und Unglaube (Teubert 2020, 45). Insbesondere die Zeit unmittelbar nach der Diagnosemitteilung beschreiben viele als besonders herausfordernd, wie auch in der folgenden Aussage einer Mutter deutlich wird:

> »So war die Geburt unseres Sohnes mit Down Syndrom ein Ereignis, das die Familie in ihren Grundfesten erschüttert hat. Mein Mann ist bei der Diagnosestellung in Ohnmacht gefallen, ich selbst meinte zum Arzt, dass es sich hier um eine Verwechslung handeln müsse, und mein Vater wollte den Arzt sprechen, um den Irrtum zu klären. So etwas sei in unserer Familie schließlich noch nie vorgekommen. Und es kann nicht sein, was nicht sein darf. Noch heute, nach all den Jahren, wenn ich an diese ersten Tage zurückdenke, läuft es mir eiskalt den Rücken herunter. Wir konnten es alle nicht begreifen. Die erste gemeinsame Nacht zu dritt zu Hause, die wir komplett durchgeweint haben, mit unserem kleinen Sohn abwechselnd auf unserem Bauch liegend und mit keiner Perspektive vor uns, unser Leben ein Trümmerfeld, das zumindest glaubten wir, war eine furchtbare Erfahrung. Der Schmerz über den Verlust unseres ›Wunschkindes‹ war damals überwältigend. Wir konnten uns ein Morgen und Übermorgen überhaupt nicht mehr vorstellen. Die Zukunft schien zerbrochen« (Carda-Döring et al. 2006, 30, Hervorhebung im Original).

Eine andere Mutter berichtete uns im Interview:

> »[A]ls unsere Tochter auf die Welt kam, die behinderte, dann hat man nur gesagt, der Arzt nur gesagt, Kinder, die so aussehen, haben was. […] Das ist schon ein Schlag, wenn man als Eltern sowas gesagt kriegt. Und und dann haben sie lang herumgedoktert und kam halt alles verzögert. […] Das war schon ne harte Zeit. Auch das Akzeptieren, dass es so ist« (Elterninterview Frau G, 2016, Z. 339–360).

Eine solche nachvollziehbare emotionale Verfasstheit nach der Diagnosemitteilung birgt schließlich die Gefahr, dass die emotionalen Anliegen des Kindes nicht adäquat bedient werden (Fröhlich 1994, 154) und sich die Belastungen der Bezugspersonen hemmend auf die Abstimmungsprozesse auswirken (Pforr 2022, 492 f.). Sind die primären Bezugspersonen beispielsweise aufgrund eigener Trauerprozesse nicht dazu in der Lage, das Gefühl des Kindes in der Interaktion widerzuspiegeln, wird es dem Säugling erschwert, das eigene innere Empfinden zu erkennen und eine Repräsentanz dieser Selbstbefindlichkeit auszubilden, wodurch die Benennung der eigenen Gefühle und Vorstellungen im Verlauf des weiteren Lebens gehemmt sein kann (Fonagy 2005, 37 f.). Um zwischen dem realen Gefühlsausdruck der Bezugsperson und dem gespiegelten Affekt zu unterscheiden, ist eine empathische markierte Spiegelung von Nöten. Gelingt eine solche Affektspiegelung nicht, kommt es zu einer realistischen Spiegelung, in der die (negativen) Affekte des Kindes von der Bezugsperson übernommen und ungefiltert zurückgegeben werden (Gerspach 2008, 38 ff.), wodurch negative Gefühle und Ängste unbearbeitet im Kind zurückbleiben (Preiß 2006, 73). Ein fehlendes Abstimmungs- und Antwortverhalten kann schließlich die Internalisierung eines »fremde[n] Selbst« zur Folge haben (Fonagy et al. 2006, 135 ff.), welches wiederum eine überhöhte Anpassung an die Vorstellungen und Empfindungen der Bezugspersonen begünstigt.

Der Prozess der Spiegelung kann allerdings nicht nur durch eine eingeschränkte Affektregulation der Bezugspersonen beeinträchtigt werden, sondern auch die Interaktions- und Kommunikationsversuche des Kindes werden womöglich aufgrund der Beeinträchtigung nicht ausreichend verständlich wahrgenommen, wodurch die nachvollziehbare hohe Verunsicherung ein empathisches Einfühlen erschwert (Gerspach 2004, 62). So führen neben psychischen Dimensionen auch mögliche Einschränkungen in Motorik, Wahrnehmung und Kommunikation zu der Schwierigkeit, im Kindesalter aktiv in die Beziehung zu den Bezugspersonen einzutreten und eine positive Selbstidentität durch die angesprochenen Spiegelungsprozesse aufzubauen (Schnoor 1992, 200 ff.).

> »Es kann vorkommen, dass der Erwachsene sich schon wieder abgewendet hat, bevor eine Reaktion erfolgt. Die Mühe des Kindes findet keine Beachtung mehr und damit keine Antwort. Es passiert leicht, dass das Kind unterfordert wird, weil wir ihm nicht ausreichend Zeit lassen für seine eigene Reaktion und an seiner Stelle handeln. Ebenso können wir das Kind überfordern, wenn wir zu viel erwarten. Man sieht dann[,] wie das Kind uns ausweicht und die Interaktion beendet« (Wolff 1998 zit. n. Gerspach 2022b, 18).

Wie diese Prozesse eine wechselseitige Wirkung entfalten können, möchte ich gerne an einer Fallvignette illustrieren.

> Im Rahmen meiner Arbeit in einer Frühförderstelle besuchte ich einmal wöchentlich eine Familie, in die nur wenige Wochen zuvor ein Kind mit Trisomie 21 geboren wurde. Sobald ich die Wohnung betrat, fühlte ich mich regelrecht von einer wahrnehmbaren Schwere erdrückt. Ich fand Mutter und Säugling zumeist alleine im Wohnzimmer vor. Das Kind lag auf einer Decke und bewegte sich kaum, es ging keinerlei Blickkontakt oder motorische Aktivität zur Kontaktaufnahme von ihm aus. Die Mutter blickte zumeist ins Leere und meine Kommunikationsversuche wurden von ihr nur spärlich beantwortet. In der Beziehungsanbahnung mit dem Kind fühlte ich mich zumeist verloren, wenn ich versuchte, Interaktionen einzuleiten, die jedoch nicht beantwortet wurden. Nach der Stunde breitete sich stets eine unmittelbare außerordentliche Erschöpfung in mir aus, die mir ansonsten in der Arbeit nicht begegnete. Auch nach mehreren Wochen waren keine Entwicklungen für mich wahrnehmbar. Schließlich stand ein großes Sommerfest des Trägers der Frühförderstelle an, das auf dem Gelände einer zugehörigen Wohngruppe für Menschen mit geistiger Behinderung ausgerichtet wurde. Ich lud die Familie zu dieser Feierlichkeit ein und die Mutter sagte nach einigem Widerstreben zu. Nach diesem Tag schien die Stimmung in der Wohnung deutlich verändert. Die Mutter begrüßte mich wortintensiver und ich konnte erste direkte Interaktionen zwischen ihr und ihrem Nachwuchs beobachten. Nach kurzer Zeit erklärte sie mir, dass sie sich nach der Diagnosemitteilung »wie im Nebel« gefühlt habe. All ihre Vorstellungen über das Leben ihres Kindes schienen aufgrund der Beeinträchtigung mit einem Mal nicht mehr realisierbar. Die Konfrontation mit älteren Menschen mit geistiger Behinderung

auf dem Sommerfest, die ihren Alltag in weitestgehender Selbstbestimmung in der Wohneinrichtung verbrachten, ließen erste Hoffnungen und neue Phantasien über mögliche Entwicklungsräume in ihr aufkeimen. Fortan war eine Basis geschaffen, in der die Mutter ihre höchst ambivalenten Gefühle verbalisieren konnte, wodurch sich auch entwicklungsfördernde Momente in der Beziehung zu ihrem Kind anbahnten.

In diesem Kontext ist auch auf die Ausbildung der Mentalisierungsfähigkeit[5] zu verweisen, die bei Menschen mit geistiger Behinderung nicht selten einer Einschränkung unterliegt. Diese ist jedoch nicht vordergründig mit der Diagnose selbst zu erklären, sondern vielmehr »mit der Resonanz, die geistig behinderte Menschen insbesondere in emotionaler Hinsicht bei anderen auslösen« (Datler 2006, 77). Mentalisieren wird als Fähigkeit beschrieben, sich selbst und andere Personen als Subjekte mit jeweils eigenen mentalen Zuständen zu verstehen und diese miteinander in Verbindung zu setzen (Gerspach 2018, 77). Die Fähigkeit ist als Anlage angeboren und entfaltet sich insbesondere in den ersten Lebensjahren in Abhängigkeit der Beziehungs- und Bindungserfahrungen mit den Bezugspersonen (Gingelmaier et al. 2021, 30). Nach Datler umfasst diese Kompetenz,

- »sich den inneren Beweggründen des eigenen Verhaltens, aber auch den Beweggründen des Verhaltens anderer Menschen in verstehender Weise zuzuwenden,
- angemessene Vorstellungen von der ›inneren Welt‹ von Menschen auszubilden,
- sich auch sprachlich/symbolisch mit anderen Menschen über Inhalte der ›inneren Welten‹ zu verständigen
- und im Prozess des Nachdenkens über innerpsychische Prozesse, die der eigenen Welt zuzurechnen sind, Emotionen, Wünsche und Impulse ›zu verdauen‹, d. h. in ihrer Intensität abzuschwächen und zu lenken« (Datler 2004, 73, Hervorhebungen im Original).

Eine geglückte Ausbildung der Mentalisierungsfähigkeit ist im Erwachsenenalter beispielsweise daran zu erkennen, inwieweit auf Möglichkeiten zur Selbstreflexion zurückgegriffen werden kann. Letztere schließt auch eine Vorstellung über die inneren Vorgänge der Bezugspersonen ein (Dornes 2006, 169 ff.). Gelingt dies nicht, bleiben die Personen oft konkretistisch verhaftet oder werden von Zuschreibungen geleitet, die keinen Raum für unterschiedliche individuelle Erfahrungen der an der Interaktion beteiligten Menschen eröffnen (Gerspach 2018, 83 f.). So konnten in einem früheren Forschungsprojekt unterschiedliche Situationen beobachtet werden, die in diesen Kontext eingeordnet wurden und zu konflikthaften Situationen in Partnerschaften von Menschen mit geistiger Behinderung führten. Beispielsweise wollte eine Frau die Beziehung zu ihrem Partner beenden, da er von einer Kurbekanntschaft sprach und für sie nicht vorstellbar war, dass er sie damit nicht verletzen

---

5 Im Modell des Mentalisierens verbinden sich psychodynamische und kognitionspsychologische Perspektiven. Die Fähigkeit des Mentalisierens bildet sich im Verlauf der Affektspiegelung über den Als-ob-Modus und den Äquivalenzmodus in der Playing-with-reality-Theorie hin zu einem reflektierenden Modus aus, der die vorangestellten Modi miteinander vereint, wodurch das Kind durch einen empathischen Eingang der Bezugspersonen lernt, seine Gedanken und die Realität voneinander zu unterscheiden (Dornes 2004, 180 ff.). Sichere Bindungserfahrungen wirken sich ebenfalls positiv auf das Mentalisieren aus (Fonagy 2009, 103).

wollte, sondern für ihn die einzige Freundschaft, die er bislang in seinem Leben pflegte, ebenfalls von Bedeutung war (Bender 2012, 183). Wenngleich sich die beschriebenen Beziehungserfahrungen vor dem Hintergrund der Diagnose einer geistigen Behinderung hemmend auf die Ausbildung des Mentalisierens auswirken können (Datler 2004, 77), sei an dieser Stelle gleichermaßen hervorzuheben, dass sich die Fähigkeit im Verlauf des gesamten Lebens weiterentwickeln kann (Gingelmaier et al. 2021, 30), wodurch eine Unterstützung in allen Altersphasen sinnvoll erscheint (▶ Kap. 5.1). Einen Ausgangspunkt bildet dabei die folgende grundlegende Aussage von Sinason: »Behinderte Erwachsene und Kinder werden immer noch viel zu selten als Personen gesehen, die Worte und Gedanken von Wert in sich tragen[,] und allzu selten wird ihnen eine Möglichkeit geboten, sie zu übersetzen oder übersetzen zu lassen« (Sinason 2000, 12).

Darüber hinaus sind in eine psychodynamische Betrachtung des Phänomens der geistigen Behinderung etwaige Operationen und Krankenhausaufenthalte und damit einhergehende psychische Auswirkungen mit einzubeziehen. Auch kränkende Zurückweisungen oder fehlende Anerkennung in »einer auf optimale Leistungsfähigkeit getrimmten Gesellschaft« (Gerspach 2022a, 72) können sich negativ im Selbsterleben abbilden und ein Gefühl der Unzulänglichkeit begünstigen, welches Menschen mit geistiger Behinderung primär in sich selbst verorten und durch eine Anpassung an ihre Umwelt auszugleichen versuchen (de Groef 1997, 24).

Eine weitere Perspektive liefert der Blick auf Kinder mit starken Entwicklungsverzögerungen aufgrund psychosozialer Faktoren, die nicht selten die Diagnose einer geistigen Behinderung erhalten, insbesondere dann, wenn die Familie sozial benachteiligter Herkunft ist (Pforr 2022, 493). Auch hier möchte ich ein Beispiel aus meiner Arbeit in der Frühförderstelle anführen.

> Der Mutter eines Jungen, der wenige Monate vor der Einschulung stand, wurde vom Kinderarzt und den Erzieherinnen im Kindergarten dringend empfohlen, Frühförderung für ihren Sohn in Anspruch zu nehmen. Der Erstkontakt gestaltete sich schwierig, da der Vater des Kindes derzeit inhaftiert war und zunächst kein Treffen in der elterlichen Wohnung stattfinden durfte. So verabredeten wir die ersten Termine im Kindergarten, den der Junge allerdings nur unregelmäßig besuchte. Ich erlebte ein durchaus aufgeschlossenes und neugieriges Kind, dem es jedoch schwerfiel, sich motorisch und sprachlich auszudrücken, Regelspielen zu folgen oder sich in Interaktion mit anderen Kindern zu begeben. Schnell beschlich auch mich die Idee einer Entwicklungsverzögerung, ich hatte jedoch ebenso wie die engagierten Fachkräfte vor Ort den Eindruck, dass das Kind bislang noch nicht alle seine Entwicklungspotenziale ausschöpfen konnte. Nach wenigen Wochen war schließlich ein erstes Gespräch mit der Mutter in ihrem Zuhause möglich. Auch sie wirkte aufgeschlossen und zugewandt auf mich und sie berichtete mir schnell, dass sie erst seit wenigen Monaten in Deutschland lebte und sich seit der kurz nach ihrer Ankunft erfolgten Inhaftierung ihres Mannes in einer Art Schockzustand befand, der es ihr bislang verunmöglichte, in ihrem neuen Zuhause anzukommen. Ich hatte das Gefühl, dass sie sehr einsam war und verstand ihre Offenheit als Möglichkeit, sich endlich ausdrücken zu können. Die

beschriebenen Belastungen spiegelten sich auch im Zustand der Wohnung wider. Ihr Sohn hatte lediglich ein kleines Auto als Spielzeug und schlief in einem Gitterbett für Kleinkinder, das ihr von einer Nachbarin geschenkt wurde. Seine Explorations- und Entwicklungsmöglichkeiten schienen durch die besondere Familiensituation nachhaltig eingeschränkt. Es ist den feinfühligen Kita-Fachkräften zu verdanken, die nicht nur die Mutter nach Kräften unterstützen, sondern auch nicht eigenen Zuschreibungen unterlagen, die diesem Jungen leicht das Bild eines Kindes mit geistiger Behinderung hätten attestieren können. Der Glaube an seine Entwicklungschancen und die fortwährende Begleitung führten schließlich dazu, dass das Kind regelbeschult und die drohende Behinderung abgewendet werden konnte.

All diese unterschiedlichen Aspekte stellen zuweilen reale (Beziehungs-)Erfahrungen für Menschen mit geistiger Behinderung dar, die sich auf das Erleben von Partnerschaften im weiteren Verlauf des Lebens auswirken können. Bevor diese Sichtweise in Kapitel 3 (▶ Kap. 3) weiter ausdifferenziert wird, scheint es jedoch angemessen, grundsätzliche Überlegungen zur Thematik von Partnerschaft, Sexualität und geistiger Behinderung auf der Ebene des professionellen Handelns anzustellen.

2 Grundlegende Aspekte professionellen Handelns im Bereich von Partnerschaft, Sexualität und geistiger Behinderung

2.1 Einleitende Gedanken zum Bedarf eines »behinderungsspezifischen« Blickwinkels

Mit Blick auf ein professionelles Handeln im Bereich von Sexualität und Partnerschaft bei Menschen mit geistiger Behinderung muss zunächst die Frage erlaubt sein, ob es überhaupt einer spezifischen Auseinandersetzung bedarf oder auf diese Weise vielmehr »die damit einhergehende ›Behinderung der Sexualität‹ reproduziert« (Trescher/Börner 2014, o. S., Hervorhebung im Original) wird? Können wir von einer Sexualpädagogik der Vielfalt (Sielert 2015) ausgehen oder gewährleistet erst ein expliziter Blick auf die dem Thema innewohnenden anhaltenden Herausforderungen und Chancen für Menschen mit Behinderung einen differenzierten fachlichen Umgang (Ortland 2020, 19 ff.)? Ortland argumentiert in dieser Frage wie folgt:

> »Müssten viele Menschen mit Behinderungen nicht mit der Negierung ihrer Sexualität, der Tabuisierung sexueller Themen, mangelnder Sexualerziehung, segregierenden gesellschaftlichen Tendenzen sowie Stigmatisierungen im alltäglichen Lebenskontext und noch vielen weiteren Erschwernissen von Aktivität und Teilhabe leben, so bräuchten wir keine ›behinderungsspezifische‹ Sexualpädagogik« (ebd., 9, Hervorhebung im Original).

Kunz wiederum resümiert: »Die Fachliteratur formuliert übereinstimmend, dass es keine behinderungsspezifische Sexualität gibt bzw. geben kann« (Kunz 2022, 63), wodurch zu schlussfolgern wäre, dass auch eine behinderungsspezifische Unterstützung von Sexualität nicht angemessen erscheint.

Sicherlich läuft eine exklusive Betrachtung von Sexualität und Partnerschaft bei geistiger Behinderung Gefahr, die Entwicklungsmöglichkeiten der Individuen nur vor dem Hintergrund determinierter und zugestandener Grenzen zu reflektieren (Trescher/Börner 2004, o. S.). Ein Bewusstsein über ebendiese kann allerdings nicht unter Bezugnahme auf ein »abstraktes Normalitätstheorem« (Ahrbeck 2011, 10) gelingen, sondern muss sich an den konkreten Lebensrealitäten orientieren (Brückner 2017, 39), die keine ausschließlich objektiv zu betrachtenden Bedingungen darstellen, sondern auch subjektive Empfindungen und Realitätskonstruktionen sowie soziale Normvorstellungen einbeziehen (Krüger 2009, 18). Dabei geht es keineswegs um eine defizitorientierte Sichtweise auf geistige Behinderung, sondern vielmehr darum, die Realität der Beeinträchtigung und deren mögliche Folgen nicht zu nivellieren, denn »[d]ie besonderen Einschränkungen, die behinderte Menschen erleben und die spezielle Form ihres Angewiesenseins auf andere erzeugen eine psychische Faktizität, die es anzuerkennen gilt« (Ahrbeck 2004, 190).

Darüber hinaus stellt sich mir in diesem Zusammenhang die Frage, wie eine behinderungsspezifische Sexualität zu definieren sei. Geht es um eine besondere Sexualität aufgrund der Behinderung, die grundsätzlich andere Zugänge und Betrachtungsweisen verlangt? Auf diese Frage ist aus meiner Sicht mit einem klaren »Nein« zu antworten. Wenn aber unter einer behinderungsspezifischen Sexualität die vielschichtigen Dimensionen in den Blick rücken, denen Menschen mit geistiger Behinderung, Fachkräfte sowie Eltern und Angehörige in Konfrontation mit der Thematik begegnen können, möchte ich mich klar für eine spezifische Thematisierung aussprechen. Denn nur in der Benennung und in dem Wissen um Zuschreibungen, Phantasien und einschränkenden Entwicklungsräumen liegt die Chance, diese reflexiv aufzulösen. Dabei geht es nicht um eine Verallgemeinerung von Menschen mit geistiger Behinderung und deren Lebensrealitäten, sondern um eine differenzierte Auseinandersetzung mit Partnerschaft und Sexualität ohne Verleugnung von möglichen Hemmnissen, aber eben auch nicht von individuellen Möglichkeiten, Stärken und Ressourcen sowie unterstützenden Bedingungen in Einrichtungen und im Elternhaus.

> »Menschen mit oder ohne Handicap verdienen differenzierte, ihrer Individualität angemessene Begleitung – wenn sie der Begleitung bedürfen. […] Ich habe zwangssterilisierte Menschen getroffen, die Sexualität für sich kaum denken konnten, oft noch nicht einmal fühlen. Ich habe selbstständige, lebensfrohe und lustvolle Paare erlebt, deren intellektuelle Beeinträchtigung ich als beträchtlich gefühlt habe, beziehungsfähige Menschen mit so genannter autistischer Störung, schwer mehrfach behinderte Menschen, die ein Ja und ein Nein zu Körperberührungsangeboten sehr differenziert ausdrücken konnten, obwohl sie über kaum mehr als die Augen als Kommunikationsträger verfügen konnten, ich habe ein 70jähriges Elternpaar kennen gelernt, das gegenüber Sexualassistenzangeboten für ihr Kind offen waren« (Herrath 2010, 5).

Mit einem solchen Spektrum können Fachkräfte in der Arbeit mit Menschen mit Behinderung konfrontiert sein. Damit geht eine hohe Komplexität im fachlichen Alltag einher, die wiederum begünstigt, dass »eine intuitiv-zufällige Art der Anwendung von Wissen, Know-how, Handlungsidealen und Leitbildern praktiziert [wird – d. Verf.]. Das führt zur Verfestigung zufälliger Lösungen, zur Überbetonung von individuellen Erfahrungen« (Greving/Ondracek 2009, 36). Es gilt daher im Folgenden, grundlegende Merkmale und Bedingungen professionellen Handelns in der Heilpädagogik zu reflektieren.

2.2 Merkmale und Herausforderungen professionellen Handelns und Verstehens in der Heilpädagogik

Sich einem professionellen Handeln in der Heilpädagogik anzunähern, geht mit einigen Herausforderungen einher. So sind nicht nur unterschiedliche Begrifflichkeiten zu differenzieren, sondern es scheint auch unklar, inwieweit sich die Diskurse in Pädagogik, Heilpädagogik und Sozialer Arbeit voneinander unterscheiden. In den nachfolgenden Überlegungen steht das professionelle Handeln im Sinne einer heilpädagogischen Professionalität im Fokus, die es zunächst vom Terminus der Professionalisierung abzugrenzen gilt. Im Alltag finden sich zuweilen synonyme Verwendungen beider Begriffe vor, wenngleich die unterschiedlichen Konturierungen durchaus bedeutsam sind. Professionalisierung ist eng mit der Frage der Profession[6] verbunden und lässt sich als prozesshafte Weiterentwicklung eines Berufs zur Profession verstehen, wenngleich zuletzt genannter Status nicht zwangsläufig erreicht werden muss. Professionalität bezieht sich auf das konkrete berufliche Handeln in der Praxis und kann einen wesentlichen Stellenwert im Prozess der Professionalisierung einnehmen, muss dort jedoch nicht vordergründig behandelt sein (Greving 2011, 17 ff.).

> »Als Synonym für ›gekonnte Beruflichkeit‹ stellt Professionalität die nur schwer bestimmbare Schnittmenge aus Wissen und Können dar; sie markiert die widersprüchliche Einheit jener Kompetenzen und Wissensformen, die ihrerseits den Umgang mit beruflichen Widersprüchen, Paradoxien und Dilemmata erlaubt« (Nittel 2002 zit. n. Greving 2011, 19).

Dabei ist grundsätzlich ein Rückbezug auf Fachwissen erforderlich, um der hohen Komplexität im Berufsalltag begegnen zu können, die nicht mit reinem Alltagswissen und simplifizierten Problemlösestrategien beantwortet werden kann (Scherr 2018, 9).

Kommen wir zur zweiten Herausforderung: der Frage des Einbezugs von Diskursen zu Professionalität aus Pädagogik und Sozialer Arbeit, die Greving für eine umfassende Auseinandersetzung mit einem professionellen Handeln in der Heilpädagogik als bereichernd und notwendig ansieht (Greving 2011, 11). Auch Krebs und Eggert-Schmid Noerr gehen davon aus, dass (Heil-)Pädagogik und Soziale Arbeit Schnittmengen zueinander aufweisen, wenngleich mit ihnen jeweils unterschiedliche Entstehungszusammenhänge, Aufgabenfelder und Ausdifferenzierungen verbunden sind (Krebs/Eggert-Schmid Noerr 2012, 106). Meines Erachtens ist insbesondere mit Bezugnahme auf Inklusion, »[p]rofessionelles Handeln […] nicht weiter ›unter dem Gesichtspunkt der Exklusivität der Zuständigkeit‹ bestimmter Fachdisziplinen für bestimmte Probleme [zu führen – d. Verf.], vielmehr wird die ›Qualität des Handelns‹ zum zentralen Punkt dieser Diskussionen« (Jonas 2013, 1, Hervorhebungen im Original). Nicht zuletzt finden sich in der Unterstützung von Menschen mit geistiger Behinderung unterschiedliche Ausbildungshintergründe

---

6 Der Professionsdiskurs in der Heilpädagogik kann an dieser Stelle nicht eingehend referiert werden. Eine ausführliche Auseinandersetzung ist z. B. bei Greving (2011) zu finden.

2.2 Merkmale und Herausforderungen professionellen Handelns und Verstehens

bei den Fachkräften und Mitarbeitenden in Einrichtungen vor, die es noch einmal mehr erforderlich machen, sich im Folgenden weniger auf die Unterschiede der Fachrichtungen zu konzentrieren, sondern verbindende Aspekte professionellen Handelns herauszuarbeiten.

»Soziale Arbeit will verstehen, um aus dem Verstehen heraus zu erkennen, ob, wo und wie sie zu handeln hat, ob, wo und wie in gegebenen Notsituationen Unterstützungen und Hilfen notwendig und möglich sind. Dies klingt selbstverständlich, ist es aber [...] nicht« (Thiersch, 2018, 16). So scheint dieses Zitat von Thiersch durchaus relevant für die Unterstützung und Begleitung von Menschen mit geistiger Behinderung, denn es verweist auf die Notwendigkeit eines verstehenden Zugangs zu den Lebenswelten, Themen und Bedürfnissen der Adressat*innen und deutet gleichermaßen an, dass es verschiedener (Rahmen-)Bedingungen bedarf, um diesem Ansatz gerecht werden zu können.

Gemeinsam verweisen Soziale Arbeit, Pädagogik und Heilpädagogik darauf, dass insbesondere die Reflexion

- der eigenen Berufsbiografie und deren Auswirkungen auf das professionelle Handeln,
- der Beziehungsarbeit mit den Adressat*innen,
- der zugrunde liegenden strukturellen Bedingungen sowie
- der Dilemmata und Widersprüchlichkeiten

zentrale Herausforderungen in der professionellen Praxis darstellen (Greving 2011, 14), da »weder spezialisiertes Expertenwissen noch bewährte didaktisch-methodische Praktiken noch verläßliche Sozialtechniken [...] allein weiterhelfen« (Müller et al. 2002, 14). Eine Einbettung professionellen Handelns in rechtliche Bezüge und ökonomische Bedingungen dient der weiteren Ergänzung (ebd., 16). Gerade in diesen Überschneidungsbereichen scheint es legitim, verschiedene theoretische Positionen und Traditionen miteinander zu verknüpfen (ebd., 10).

Die angesprochenen Widersprüche und Dilemmata können sich beispielsweise zwischen Autonomie und Fürsorge (▶ Kap. 5.2), unmittelbar erforderlichen Handlungsentscheidungen und daran anschließenden Begründungen sowie Wissen und Nicht-Wissen vollziehen (Jonas 2013, 151). Die Verzahnung der genannten Dimensionen verweist auf die hohe Komplexität professionellen Handelns und es bedarf eines haltenden Rahmens, um sich fachlich angemessen zu Fragen, Zielen und Angeboten zu positionieren (Müller et al. 2002, 16). Ein solcher kann zunächst in Theoriebezügen und Leitlinien (▶ Kap. 5) gefunden werden, deren Rückbezug bestenfalls kontinuierliche Prozesse von Reflexion und Selbstreflexion erlaubt und Entwicklungschancen in der Beziehung zu den Adressat*innen anregt. Diese »Wertschätzung für eine theoriebezogene Praxis« (Wulff/Ruthemeier 2015, 95) ist mit einer Balance zwischen theoretischem Wissen und dem konkreten Fallverstehen in der Praxis verknüpft, in der zunächst die Bearbeitung und das Aushalten einer »prinzipielle[n] Ungewissheit« (Müller 2009, 160) im Vordergrund steht. Dörr und Müller sprechen hier von einem

> »beruflichen Habitus der Professionellen, in welchem es ihnen möglich wird, die beiden widersprüchlichen Elemente der professionellen Orientierung – die jeweils relevante allgemeine Wissensbasis (Theorieverstehen) und ein kunstvoll beherrschtes Verfahren eines hermeneutischen Zugangs zum Fall – auch unter Handlungsdruck in Einklang zu bringen« (Dörr/Müller 2019, 16f.).

Dabei trägt die Fachkraft stets auch zur Konstitution des Falls bei (ebd., 18) und bringt sich gleichermaßen mit ihren eigenen Vorstellungen von Normalität, Geschlecht, Familie etc., mitunter auf emotional verstrickte Weise, mit in die Beziehung zu den Adressat*innen ein (Böhnisch 2017, 313). Professionelles Handeln ist in diesem Verständnis als ein

> »[...] hochgradig komplexes, antinomisch strukturiertes, kontingentes und ungewisses Handeln mit vielfältigen Risiken, nicht intendierten Wirkungen und eigensinnigen Verwendungen durch die Adressaten, bei zugleich hoher Verantwortlichkeit [und] einer starken Begründungspflicht bei mangelnder ›Technologie‹ zu kennzeichnen'« (Helsper 2008, 163f.).

Es ist ebenso mit der Fähigkeit verwoben, sich auf unklare und emotional gefärbte Beziehungen zu den Adressat*innen einzulassen und im steten Wechselspiel von Reflexion und Theoriebezügen wieder aus ihnen herauszutreten, um aus einer gewissen Distanz heraus fachliche Erkenntnisse zu gewinnen (Dörr 2019, 133f.). Es geht also auch darum, »sich vom anderen berühren zu lassen, ohne in den ›sicheren Hafen‹ faktischen Wissens, scheinbar gesicherter Erkenntnisse und vorschnell gefundener Zielsetzungen zu flüchten« (Müller et al. 2002, 16, Hervorhebung im Original). Dies impliziert ein eigenes Zurückhalten im professionellen Alltag, um vordringlich den Klient*innen die Ausgestaltung des sich entfaltenden Beziehungsraumes zu überlassen und eher die Rolle einer Beobachterin oder eines Beobachters einzunehmen, die Wininger als »*Fähigkeit zur wohlwollenden Zurückhaltung*« (Wininger 2012, 74, Hervorhebung im Original) beschreibt.

Vor diesem Hintergrund rückt der Prozess des Verstehens in den Fokus, da er in diesem komplexen Gefüge und den damit einhergehenden Dynamiken die Grundlage für die Eröffnung eines potenziellen Entwicklungsraumes schafft (Heilmann 2022, 416), oder deutlicher ausgedrückt: »Wer nichts versteht, kann nichts verändern« (Günther et al. 2022, 9). Umso erstaunlicher scheint die Feststellung Hollsteins, dass es »[u]m die Pädagogik des Verstehens […] in den letzten Jahren eigentümlich still geworden« (Hollstein 2011, 13) sei. Krüger spricht in diesem Zusammenhang von verstärkten Tendenzen der Kontrolle und objektiver Planbarkeit, durch die Beziehungsdimensionen eine zunehmende Entwertung erfahren (Krüger 2009, 13ff.). Dabei ist klar festzuhalten:

> »Je objekthaft-überprüfbarer, standardisierter, funktional ausgerichteter und direktiver Beziehungen […] gestaltet […] werden, desto krisenhafter, unverständlicher bzw. manipulativer oder verunsichernder werden subjektiv bedeutsame, emotionale Dimensionen in Interaktionen, begleitenden Unterstützungsangeboten und Beziehungsarbeit« (Domann et al. 2018, 175).

Wenngleich es paradox klingt, ist mit dem Anspruch des Verstehens zunächst eine Haltung des wissenden Nicht-Wissens bzw. Nicht-Verstehens verbunden. Dabei geht es insbesondere darum, das »scheinbare Immer-Schon-Bescheid-Wissen« (Müller 1994 zit. n. Gerspach 2021, 7) einer kritischen Prüfung zu unterziehen. Allerdings sieht man sich als Fachkraft in der heilpädagogischen Praxis zumeist mit einem unmittelbaren Handlungszwang konfrontiert (ebd.), der auf den ersten Blick eine schnelle Lösung der jeweiligen Situation verlangt. In dieser »[...] Orientierung an Lösungen [liegt jedoch die – d. Verf.] Gefahr, die Eigensinnigkeit der Adressat_innen zu übergehen oder zu verkennen, also doch nur im paternalistischen Muster fürsorglicher Belagerung der Adressat_innen zu kolonialisieren« (Thiersch 2018, 19).

Die Prozesse von Verstehen und Verständigung können dieser Gefahr entgegenwirken und sind als Kernelement des Fallverstehens zu betrachten. Verständigung ist dabei auf einen Dialog angewiesen, in dem Verstehenshypothesen auf Seiten der Fachkräfte und Mitarbeitenden in Einrichtungen einer Vergewisserung unterzogen werden (Katzenbach et al. 2017, 17). »In einem solchen Dialog verändern sich nicht nur die Selbst- und Fremdwahrnehmung, sondern werden auch unsere Vorstellungen von Normalität und Pathologie verfeinert und korrigiert« (Gerspach 2021, 8). Dies ist insofern höchst bedeutsam, als eine Annäherung an das innere Erleben anderer Menschen durchaus von verschiedenen Fehlannahmen geleitet sein kann (Katzenbach et al. 2017, 17). So können sich in einer einseitigen Ausrichtung auf Handlungszwänge Widerstände gegen die Wahrnehmung eigener Anteile in konflikthaften Situationen auf Seiten der Fachkräfte ausdrücken, wodurch diese verschleiert werden und keine Bearbeitung erfahren (ebd., 33). Kommen Vorannahmen hinzu, die vielleicht durch vorherige Akteneinsicht oder wohlwollende Vorbereitungen durch Kolleg*innen geprägt sind, erschwert dies ebenfalls einen verstehenden Fallzugang (Gerspach 2021, 7). Man erwartet womöglich vor dem ersten Kennenlernen einen »anstrengenden Elternteil« oder eine*n »aggressive*n Klient*in« und unterstützt die Bestätigung dieser Wahrnehmung durch das eigene Verhalten (unbewusst). Gerspach spricht hier von einer »selbsterfüllenden Prophezeiung« (ebd.), die nicht nur die Aufnahme von Beziehungsprozessen erschwert, sondern auch Gefahr läuft, dass die eigentlichen Themen der Klient*innen hinter Zuschreibungen verdeckt bleiben (ebd.) oder die hervorgerufenen Projektionen eine empathische Anteilnahme verhindern (Pforr 2022a, 32). Verstehen ist zudem immer von dem jeweiligen Kontext der Begegnung abhängig und es bedarf einer feinfühligen Analyse von Gesten, Sprache und Verhalten vor dem Hintergrund subjektiver und kultureller Bedeutungszuschreibungen (Gerspach 2021, 8). So können sich beispielsweise sozio-kulturelle Unterschiede, aber auch eine Überbetonung administrativer Elemente im pädagogischen Alltag erschwerend auf eine verstehende Fallbearbeitung auswirken. »Hier ist die Versuchung dann besonders groß, auf kategorisierende Zuschreibungen zurückzugreifen, weil diese den Expertenstatus sichern und vermeintliche Handlungsfähigkeit suggerieren« (Katzenbach et al. 2017, 17).

Der Rückbezug auf theoretische Konzepte schafft einen ersten Rahmen zur Reduzierung einer solchen Gefahr und setzt bestenfalls Verständigungsprozesse in Gang, die wiederum eine Würdigung von Differenzen und Machtstrukturen innerhalb der pädagogischen Beziehung beinhalten (Thiersch 2008, 16ff.) und eine Auseinandersetzung mit gesellschaftlichen Normvorstellungen anstoßen. Gleichwohl scheint die Reflexion von Beziehungsprozessen nicht ausschließlich über einen reinen Theoriebezug möglich, sondern es bedarf realer Praxiserfahrungen, die es mit dem erworbenen Wissen zu verflechten gilt (Wininger 2012, 53 ff.). Professionalität lässt sich letztlich erst vollständig im Praxisfeld entfalten und stellt »kein statisches Endprodukt einer akademischen [oder anderweitigen – d. Verf.] Ausbildung« (Martin 2001, 267) dar. Darauf verweist auch folgende Interviewaussage einer Fachkraft:

> »Aber es sind auch nicht fachlich Ausgebildete zum Thema Sexualität und Partnerschaft, Selbstbestimmungsrechte, wie auch immer. Da haben sie zwar ihr Studium, aber das reicht halt einfach gar net aus, um da wirklich in die Tiefe gehen zu können, um da auch adäquat auf die Menschen einzugehen« (Fachkräfteinterview Frau E, 2016, Z. 161–164).

Von der Annahme ausgehend, dass »das Verstehen von Beziehungsprozessen einen *der* zentralen Aspekte von Pädagogik schlechthin abgibt« (Datler 2000, 59, Hervorhebung im Original), rücken nicht nur in der Arbeit mit Menschen mit geistiger Behinderung mitunter belastende Erlebnisinhalte in den Blick, mit denen der Personenkreis häufig konfrontiert ist (ebd., 71). Diese müssen von den eigenen (berufs-)biografischen Erfahrungen differenziert (Günther et al. 2022, 9) und vor dem Hintergrund des aktuellen Beziehungsgeschehens in der konkreten Praxis eingeordnet werden (Behringer et al. 2022, o. S). An dieser Stelle kann die Psychoanalytische Pädagogik einen wesentlichen Beitrag im Diskurs um professionelles Handeln leisten, indem gezielt selbstreflexive Prozesse Betrachtung finden, »wobei es neben der Suche nach den bewußtseins-verborgenen Motiven und Selbstauffassungen von Klienten und professionell Handelnden auch um die Ausleuchtung der Beziehungsdynamik geht, die sich in der Klienten-Professionisten-Beziehung etabliert« (Müller et al. 2002, 7). Dieser »spezifische Betrachtungsstandpunkt« (ebd., 18) besitzt jedoch keine selbstverständliche Verankerung im professionellen Alltag (Datler et al. 2012, 7), er wird teilweise sogar als unprofessionell bewertet (Marschall 2020, 37). In der heilpädagogischen Praxis findet sich zuweilen eher eine »behavioristische Grundhaltung« (Figdor 2012, 138) vor, die sich dadurch auszeichnet, sich auf das äußere Verhalten der Klient*innen zu konzentrieren und Persönlichkeitsmerkmale mit manifestem Verhalten gleichzusetzen. Letzteres könnte beispielsweise dazu führen, vom fehlenden Erleben von Aggressionen auszugehen, nur weil diese nicht offen nach außen gezeigt werden (ebd.). Die Psychoanalytische Pädagogik hingegen richtet das Augenmerk auf das »So-Geworden-Sein […] durch das Wechselspiel von äußeren und inneren Bedingungen sowie durch individuelle innere Verarbeitungsformen und Sinngebung« (Müller et al. 2002, 19). Die damit verbundene Annäherung auch an unbewusste Konflikte der Adressat*innen darf im heilpädagogischen Kontext nicht mit einer Therapeutisierung gleichgesetzt werden, sondern sie stellt eine Erweiterung der eigenen Wahrnehmung und Handlungsmöglichkeiten in der pädagogischen Praxis dar (Kreuzer 2020, 416), die in Kapitel 5.1 (▶ Kap. 5.1) Erläuterung findet und insbesondere dann sinnvoll erscheint, »[w]enn die üblichen und gewohnten Bewältigungsformen und Lösungsmöglichkeiten der Klient*innen nicht mehr greifen und so ein großer Handlungsdruck entsteht […]« (Gumbinger 2022, 235).

2.2 Merkmale und Herausforderungen professionellen Handelns und Verstehens

An dieser Stelle sei zunächst festzuhalten, dass Verstehensbemühungen und ein Sich-Einfühlen auch in konflikthafte Beziehungsdimensionen für Fachkräfte zweifelsohne nicht nur als »[…] eine emotionale Anstrengung, [sondern – d. Verf.] z. T. auch eine erhebliche Zumutung« (Schrapper 2004 zit. n. Wulff/Ruthemeier 2015, 93) empfunden werden kann. Die Voraussetzung hierfür stellt ein Setting dar, in dem sie einen Halt durch die Institution erfahren, damit sie selbst einen haltgebenden Rahmen für ihre Adressat*innen anbieten können (Gerspach 2008, 63). Professionelles Handeln kann demnach nicht nur als Verantwortung der Fachkräfte angesehen werden, sondern ebenso und in erster Linie obliegt es den Organisationen, Bedingungen zu schaffen, in denen ein solches erst ermöglicht wird oder mit Scherr formuliert: »Professionalität muss organisiert werden« (Scherr 2018, 10). Ein Einzelkämpfer*innentum einzelner Fachkräfte kann auf Dauer nicht tragfähig sein, professionelles Handeln sicherzustellen, es bedarf vielmehr klarer Rahmenbedingungen und einer deutlichen Positionierung des Trägers, der Einrichtung und des Teams für dessen Sinnhaftigkeit und Relevanz (ebd., 10 f.). So stellt eine Supervision begleitend über das gesamte Berufsleben gleichermaßen ein Recht der Fachkraft sowie ein Recht der Adressat*innen dar. Sie erlaubt ein intensives Nachdenken über (konflikthafte) Beziehungsprozesse, in dessen Rahmen beispielsweise auch Übertragungs- und Gegenübertragungsprozesse eine Bearbeitung erfahren können (Kreuzer 2020, 424). Dadurch werden Fachkräfte bestenfalls ermutigt,

> »sich Freiräume des Nachdenkens und Reflektierens zu eröffnen, um in ihren professionellen Praxen mehr über Klient*innen und deren Lebensrealitäten, mehr über die Beziehungssituationen und Interaktionen, in die sie verwickelt werden, und mehr über eigene Vorannahmen, blinde Flecken, und emotionale Beteiligung zu verstehen« (Günther et al. 2022, 9).

Dafür braucht es neben Supervisionsangeboten ebenfalls einen angemessenen Personalschlüssel, weitere institutionalisierte Reflexions- und Weiterbildungsmöglichkeiten sowie Zugänge zur professionellen Selbstreflexion, die eine differenzierte Auseinandersetzung auch mit tabuisierten und angstbesetzten Themen ermöglichen (vgl. Heck 2019).

Zu letzteren zählt unter anderem das Feld der Sexualität, wie das folgende Zitat unterstreicht:

> »Auch für Expertinnen und Experten ist es offenbar mehr als schwer, sich sprachlich und fachlich sinnvoll über Sexualität zu äußern! Diese mehr als unbefriedigend wirkenden Erläuterungen zum Begriff Sexualität, die viel Ratlosigkeit hinterlassen, zeigen auch, wie ›quer‹ dieser Lebensbereich offenbar zum herkömmlichen Wissenschaftsbetrieb liegt. Nicht nur, dass gesellschaftliche Konventionen und ein immer noch existierender Hauch von Peinlichkeit den Umgang mit diesem Gebiet erschweren, sondern auch, weil es vielschichtig, multifaktoriell zusammenhängend – und deswegen notwendigerweise interdisziplinär – zu betrachten ist« (Aigner 2013 zit. n. Ortland 2020, 36, Hervorhebung im Original).

Somit trifft die Vielschichtigkeit der Thematik auf einen hoch komplexen fachlichen Alltag, der wiederum nicht selbstverständlich von einem professionsethischen Verständnis gerahmt ist (Rieske et al. 2021, 12), das einen weiteren Baustein professionellen Handelns darstellt (Henningsen 2016, 54). Kahle resümiert in diesem Kontext:

»Persönlich-biographische, fachliche, pädagogische und ethische Kompetenz bilden ein sich gegenseitig bedingendes, dynamisches Konstrukt professionellen Handelns, das selbst nie abgeschlossen und fertig sein kann. Um diese Kompetenz zu erwerben, ist ausreichend Zeit und Raum erforderlich, sie wachzuhalten und kontinuierlich fortzuentwickeln ebenfalls« (Kahle 2016, 103).

2.3 Ethische Dimensionen

Davon ausgehend, dass in jeglichen Interaktionen zwischen Menschen Normen und Wertvorstellungen implizit oder explizit wirken, kommt der Betrachtung moralischer Dimensionen professionellen Handelns eine wesentliche Bedeutung zu (Kohlfürst 2017, 9), zumal der Bereich der Sexualität diese Dynamik noch verstärkt. »Wer über Sexualität spricht, spricht immer auch über Moral, Werte und Normen« (Kahle 2016, 101), die wiederum »eine Form von sozialer Kontrolle für verschiedene gesellschaftliche Gruppen [darstellen – d. Verf.], die Möglichkeitsräume eröffnen oder verhindern können« (Ortland 2011, 15). Exemplarisch sei dies am Beispiel einer Untersuchung von Einstellungen der Fachkräfte zu sexueller Selbstbestimmung skizziert, in der Übernachtungsarrangements vor dem Hintergrund der Dauer der Beziehung sowie deren »Angemessenheit« bewertet und bewilligt wurden (Römisch 2021, 103).

Wenngleich (Selbst-)Zuschreibungen sozialer Berufe es zu versprechen versuchen, ist professionelles Handeln nicht per se als moralisch zu beschreiben (Schmid Noerr 2022, 8; Großmaß/Perko 2011, 7). Dennoch entsteht, auch unter Fachkräften, zuweilen der Eindruck, dass ethische Betrachtungen im Kontext professionellen Handelns durchaus zu vernachlässigen seien (Großmaß/Perko 2011, 7). Dies belegt eine Befragung von Sozialarbeiter*innen über die Dimensionen des eigenen professionellen Handelns, in der insbesondere die Bedeutung von Methodenwissen und Qualitätssicherung für eine fachliche Praxis hervorgehoben wurde, professionsethische Perspektiven hingegen eher eine nachrangige Einordnung erfuhren (Ohling 2021, 135). Dabei stellen Großmaß und Perko eindeutig fest: »Wenn wir professionell mit Menschen arbeiten, dann reicht ›meine‹ Meinung und ›meine‹ Haltung – wie gut ich es immer auch meinen mag – nicht aus, um professionell moralisch zu handeln« (Großmaß/Perko 2011, 8, Hervorhebungen im Original). Auch für Greving stellt der Einbezug einer anthropologisch-ethischen Dimension eine wesentliche Voraussetzung professionellen Handelns dar (Greving 2011, 23), wodurch eine »außermoralische Position« (Martin 2001, 248) eingenommen werden kann, innerhalb derer Normen und Wertvorstellungen mit wissenschaftlichen Erkenntnissen verknüpft werden (ebd.). Ethische Reflexionen sind keine eigenen methodischen Zugänge, sondern finden sich auf jeglichen Ebenen professionellen Handelns wieder (Großmaß/Perko 2011, 34). Die Auseinandersetzung mit professionsethischen Leitlinien erlaubt die »Eröffnung eines Reflexionsraums, innerhalb dessen Fachkräfte Ziele, Mittel, Folgen und Grenzen der Interventionen hinsichtlich ihrer Verantwortbarkeit zu bedenken haben« (Schmid Noerr 2022, 9), und stellt so die Grundlage begründeter ethischer Entscheidungen dar (Großmaß/Perko 2011, 8). Nach Kohlfürst sind dabei Moralvorstellungen auf verschiedenen Ebenen mit in die Überlegungen einzubeziehen, denen Fachkräfte im beruflichen Alltag begegnen: das eigene biografisch geprägte Wertesystem, die bereits angesprochenen professionsethischen Anknüpfungspunkte sowie das Leitbild der Institution. Diese Wertvorstellungen können miteinander in Einklang stehen oder Konfliktpotenziale aufweisen und sie sind wiederum eingebettet in gesellschaftliche Normvorstellungen und gesetzliche Rahmenbedingungen (Kohlfürst 2017, 11). Wie bereits einleitend skizziert, treffen neben den genannten Aspekten ebenso unterschiedliche Wertesysteme zwischen Fachkräften, aber auch in der Beziehung zu den Adressat*innen aufeinander, die es gleichermaßen in die Reflexion einzubinden gilt. Dabei ist die Alltagsmoral nicht mit beruflicher Moral gleichzusetzen. Wenngleich Fachkräfte und Mitarbeitende in Einrichtungen sich oftmals (temporär) in der Lebenswelt der Adressat*innen bewegen, sind sie doch kein unmittelbarer Teil davon, sondern in ihre Berufsrolle eingebunden. Womöglich könnte man sich mit Bezugnahme auf die Alltagsmoral auf einen Minimalkonsens verständigen, allerdings reicht dieser nicht aus, um den Machtdimensionen in der Beziehung zwischen Fachkräften und Klient*innen Rechnung zu tragen. Hier ist eine Berufsmoral vonnöten, die nicht per se ausgebildet ist und immer wieder neu reflektiert und verhandelt werden muss (Großmaß 2013, 212 f.).

Professionelles Handeln ist folglich eng mit ethischer Kompetenz verbunden (Großmaß/Perko 2011, 27), die insbesondere in solchen Arbeitsfeldern vonnöten ist, in denen klare Macht- und Abhängigkeitsstrukturen existieren, die wiederum geteilte handlungsleitende Norm- und Wertvorstellungen erforderlich machen (Schmid Noerr 2022, 38). Dies trifft auf das heilpädagogische Feld in besonderem Maße zu, dem Gröschke schon 1993 einen »ausgesprochenen Bedarf an ethischen Reflexionen« (Gröschke 1993, 7) zuschrieb, der heute nicht weniger aktuell scheint. Ausgangspunkt heilpädagogisch-ethischer Reflexionen stellt der Bezug zur Menschenwürde dar sowie das unhinterfragte Recht auf Leben für jeden Menschen[7] (Hofer 2007, 27), gleichsam mit der Förderung von Selbstbestimmung (▶ Kap. 5.2) und der Ausrichtung auf das Wohlergehen der Adressat*innen (Großmaß/Perko 2011, 29). Dederich und Schnell sehen folgende ethische Bezüge in der Heilpädagogik als zentral an:

- »die Sicherung eines unverbrüchlichen Rechts auf Leben und das Eintreten für eine Ethik als Schutzbereich [...] angesichts von Gefährdungen;
- das Eintreten für ein ungeteiltes Recht auf Bildung, Erziehung und Rehabilitation;
- die Unterstützung der Selbstvertretung der Betroffenen;
- der anwaltschaftliche Einsatz für diejenigen, die nicht für sich selbst sprechen können;

---

7 Insbesondere das unhinterfragte Recht auf Leben für jeden Menschen gerät vor dem Hintergrund aktueller Entwicklungen der Pränataldiagnostik wieder vermehrt in Diskussion. Nähere Ausführungen finden sich beispielsweise bei Neubauer (2022).

- die Sicherung und Weiterentwicklung sozialer und schulischer Integration[8] sowie beruflicher und sozialer Eingliederung und Teilhabe;
- die Sicherung humaner Qualitäten auch unter den Bedingungen knapper ökonomischer Ressourcen;
- das Engagement für eine weitere Öffnung der Gesellschaft für Vielfalt und Differenz« (Dederich/Schnell 2008 zit. n. Greving 2011, 85).

Ein verbindlicher Ethik-Kodex existiert für die Heilpädagogik allerdings nicht und wäre unter Bezugnahme auf seine die Handlungsfreiheit der Fachkräfte einschränkenden Aspekte auch kritisch zu hinterfragen. Davon unberührt bleibt jedoch die Bedeutung der Ausbildung einer fachlichen ethischen Grundhaltung zum Treffen begründbarer Entscheidungen und Handlungen (Großmaß/Perko 2011, 30 ff.).

Ethische Bezugspunkte für die Heilpädagogik können dabei in folgenden Dimensionen gesehen werden (▶ Abb. 2).

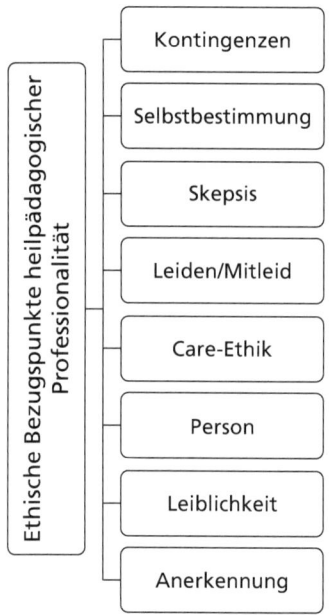

Abb. 2: Ethische Bezugspunkte heilpädagogischer Professionalität in Anlehnung an Greving (2011, 78)

Ohne die Bedeutung der übrigen aufgeführten Bezüge[9] schmälern zu wollen, seien im Folgenden care-ethische Zugänge[10] exemplarisch skizziert, deren Fokus auf Be-

---

8 Der Begriff der Integration ist hier vor dem Hintergrund des Entstehungszeitpunkts der Aussagen einzuordnen und wäre heute mit Bezugnahme auf den Terminus der Inklusion zu reflektieren.
9 Die Dimension der Selbstbestimmung wird in Kapitel 5.2 dezidiert aufgegriffen (▶ Kap. 5.2), da sie einen übergeordneten Bezug in der Thematik von Partnerschaft, Sexualität und geistiger Behinderung einnimmt.

ziehungsdimensionen in der Auseinandersetzung mit den Themen Partnerschaft und Sexualität sinnvoll erscheint. Gleichzeitig setzen sie das Wissen und die Verletzlichkeit von Menschen sowie Asymmetrien von Beziehungen als Ausgangspunkte (vgl. Großmaß 2006) voraus und heben eine Kultur der Achtsamkeit (vgl. Conradi 2001) in der Begegnung mit anderen hervor, wodurch ihnen in der Arbeit mit Menschen mit Behinderung unter dem Aspekt von Abhängigkeitsprozessen ein weiterer Stellenwert zugesprochen werden kann (Schlichting 2020, 24). Sie grenzen sich dabei von gerechtigkeitstheoretischen Perspektiven ab, wodurch sich die ethische Leitfrage von »Was ist gerecht?« (Posselt 2022, 117) auf »Wie antworten?« (ebd.) verschiebt. Allerdings sei an dieser Stelle betont, dass gerechtigkeits- und care-ethische Zugänge nicht völlig unabhängig voneinander zu betrachten sind, da sich institutionelle und gesellschaftliche Ebenen, und exemplarisch die damit verbundene Verteilung von Ressourcen, selbstredend auch auf die Beziehung zu den Klient*innen auswirken (Leith 2020, 229).

Bezogen auf eine Care-Praxis, als deren Zielpunkt stets der Mensch mit seinen Gefühlen, Bedürfnissen und Wünschen anzusehen ist (ebd., 230), stellt Conradi die interessante Frage, ob eine gemeinsame Ethik für alle im Praxisfeld tätigen Personen existieren kann, zu denen unter anderem auch Ehrenamtliche und FSJ-ler*innen zählen, bei denen nicht aufgrund von Ausbildung und Erfahrung bereits von einem bestimmten Grad an Professionalität auszugehen ist. Die »gravierende[n] Unterschiede in der Professionalität« (Conradi 2013, 5) dürfen keineswegs dazu führen, das Handeln aller in einer Institution tätigen Personen nicht unter ethischen Gesichtspunkten zu reflektieren (ebd.). Care-ethische Ansätze liefern dazu Anregungen, wie Beziehungen zu anderen in Abhängigkeitsverhältnissen professionell gestaltet werden können (Schlichting 2020, 24).

In der ersten Phase des Aufmerksam-Werdens steht die Wahrnehmung des Unterstützungsbedarfs im Vordergrund, der die Bedürfnisse und Wünsche des Gegenübers anerkennt, die wiederum nicht von eigenen Themen und Zielen überdeckt werden dürfen. In der zweiten Phase der Verantwortungsübernahme werden konkrete Unterstützungsmöglichkeiten in den Blick genommen. Dabei gilt es gleichermaßen, zu reflektieren, ob die eigenen Ressourcen für eine verantwortliche Begleitung ausreichend sind. Das eigentliche Handeln steht im Mittelpunkt der dritten Phase, in dessen Rahmen beispielsweise eine Reflexion von Nähe und Distanz oder würdevollen Lebensbedingungen erforderlich sein kann. Die vierte Phase des Entgegenkommens richtet sich an die Reaktionen des Gegenübers auf das Unterstützungsangebot. Erst wenn eine (nonverbale) Annahme ausgedrückt wurde, gilt der Prozess als abgeschlossen (Leith 2020, 232). Im Jahr 2013 wurde das dargestellte Modell um eine fünfte Phase erweitert, die einen demokratischen Ansatz in der Care-Ethik betont. Der Fokus liegt dabei nicht auf den einzelnen individuellen Unterstützungsangeboten, sondern einer gemeinschaftlich gestalteten Solidarität, die Menschen in herausfordernden Situationen ein Vertrauen in eine andauernde Verantwortungsübernahme bei Hilfebedarfen zusichert (ebd., 233). Darin liegt eine

---

10 Es existieren divergierende Ansätze innerhalb der Care-Ethik, die sich u.a. in unterschiedlichen Definitionen des Care-Begriffs zeigen (vgl. Posselt 2022). Eine weitergehende Auseinandersetzung erscheint jedoch für die vorliegende Thematik nicht zielführend.

Haltung in care-ethischen Zugängen begründet, trotz einer selbstverständlichen Ausrichtung auf Autonomie die Abhängigkeiten zwischen Menschen zu würdigen, Menschenrechte uneingeschränkt anzuerkennen, jede Person und Situation in ihrer Einzigartigkeit zu betrachten und sich für Menschen in marginalen Positionen einzusetzen (ebd., 237).

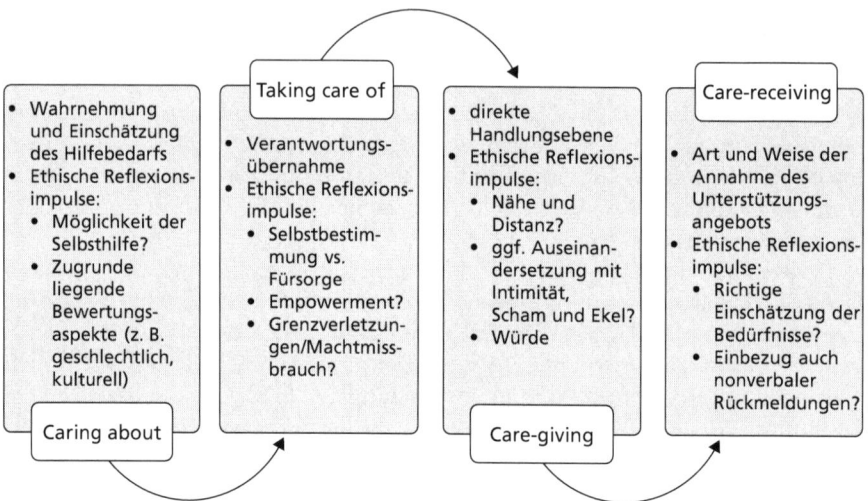

Abb. 3: Fürsorgehandlungen und ethische Reflexionsimpulse nach Tronto in Anlehnung an Großmaß (vgl. Großmaß 2006, 10 ff.).

Einen weiteren methodischen Zugang, der sich an die bisherige Argumentation anschließt, stellt die Herangehensweise des »Ethical Reasoning« von Großmaß und Perko dar, die keine allgemeingültigen Prinzipien formulieren möchten, sondern ethische Kompetenz als einen diskursiven Prozess begreifen, »*der auf Austausch und Verständigung*« (Großmaß/Perko 2011, 41, Hervorhebung im Original) ausgerichtet ist. Die Autorinnen schlagen einen strukturierten methodischen Ablauf vor, um nicht Gefahr zu laufen, ethische Positionen in Fallbesprechungen auszublenden oder gar zu moralisieren. Dazu sollte zunächst eine grundsätzliche Annäherung im Sinne eines Fallverstehens erfolgen und die darin gewonnenen Ergebnisse in einem zweiten Schritt einer ethischen Reflexion unterzogen werden. Diese kann sich beispielsweise an folgenden Fragen orientieren:

- »Wurden alle an der Situation beteiligten Personen berücksichtigt – auch in den Folgen, die eine Intervention für sie haben wird?
- Wie kann Respekt/Anerkennung den Personen gegenüber sichtbar gemacht werden?
- Wurden alle Bedürfnisse der Klient_innen wahrgenommen? Welche wurden als Bedarf anerkannt? Warum diese und andere nicht?
- Welche Gender-Relationen spielen eine Rolle – im Verhältnis der beteiligten Personen, als symbolische Dominanz, in der Arbeitsbeziehung zwischen Professionellen und Klient_innen?
- Welche kulturellen Differenzen kommen in der Handlungssituation vor? Wurden sie angemessen wahrgenommen? Hat die Definitionsmacht der Professionellen einen Aspekt kultureller Dominanz?

- Werden die Handlungsspielräume der Professionellen ausreichend genutzt, um Ressourcen gerecht einzusetzen und die Selbstbestimmung der Personen zu stärken?
- Werden in der Situation gesellschaftliche Missstände oder soziale Ungerechtigkeiten deutlich? Wie soll mit diesem Wissen umgegangen werden?« (ebd., 46f.)

Bezogen auf die Themen des Buches sind Fragen nach den eigenen Wertvorstellungen zu formulieren, beispielsweise den Gelingensbedingungen von Partnerschaft, der Einschätzung geschlechtsspezifischer Dimensionen, in die jeweils auch kulturelle und religiöse Aspekte einfließen können. Dabei sollte es bestenfalls möglich sein, Wertekonflikte anzusprechen und sich über diese dialogisch zu verständigen (Kahle 2016, 102).

3   Partnerschaft und geistige Behinderung

Der Begriff der Partnerschaft ist nicht nur definitorisch schwer zu fassen, er unterliegt zudem auch zunehmenden »Enttraditionalisierungstendenzen« (Behrisch 2020, 55). Der Diskurs über partnerschaftliches Begehren hat sich in den letzten 20 Jahren analog zu dem des sexuellen Begehrens (▶ Kap. 4.1) durchaus vielschichtig entwickelt, wodurch bei Fachkräften Unsicherheiten und Irritationen auftreten können, »sich dem Thema unbefangen, d. h. unter Sichtbarwerden eigener Befangenheiten[,] zu nähern, denn die jeweils einzuhaltenden politischen Korrektheiten sind […] schwer überschaubar geworden« (Brückner 2017, 38 f.). Brückner spricht in diesem Zusammenhang von einem »Minenfeld von Liebe und Sexualität« (ebd., 39), wenngleich exklusive Liebesbeziehungen innerhalb und außerhalb der Ehe nach wie vor die häufigste Form von Partnerschaft darstellen (ebd., 43). Dennoch möchten nicht alle Menschen zu jederzeit Partnerschaften eingehen oder nehmen Gefühle von Verliebtheit bei sich wahr. Liegen Partnerschaftswünsche vor, können diese unter anderem »hetero-, homo-, bi-, pan- oder queerromantisch« (Debus 2016, 11) ausgerichtet sein.

Laut einer 2019 in Deutschland veröffentlichten Erhebung leben in der Altersspanne zwischen 25 und 44 Jahren weniger Menschen mit Behinderung in einer Partnerschaft als in der Vergleichsgruppe von Menschen ohne Behinderung (Statistisches Bundesamt 2019, 15). In einer zeitgleich in Österreich durchgeführten Studie zu Gewalt an Menschen mit Behinderung hatten 65 Prozent der Befragten, die in Einrichtungen der Behindertenhilfe leben, keine*n Partner*in. Eine Ehe wurde nur bei 6 Prozent angegeben und selbst diejenigen, die sich in einer Partnerschaft befanden, konnten diese oftmals nicht in einem gemeinsamen Haushalt ausleben. 47 Prozent der Befragten in einer Partnerschaft sahen keine Möglichkeit, mit ihrer Partnerin oder ihrem Partner zusammenzuwohnen. 25 Prozent lebten zwar in derselben Wohneinrichtung, allerdings in getrennten Zimmern (Mayrhofer et al. 2019, 132 f.). Ältere Schätzungen gehen von ca. 10 bis 25 Prozent andauernder Partnerschaften bei Menschen mit geistiger Behinderung aus (Hähner 1999, 23; Wacker 1999, 243). Nicht nur aufgrund der geringeren Anzahl an Partnerschaften werden diese den Menschen mit geistiger Behinderung noch immer nicht selbstverständlich zugesprochen, was Zinsmeister beispielsweise daran markiert, dass in der Pflegehilfsmittel-Liste der gesetzlichen Kranken- und Pflegekassen nur Einzelbetten verfügbar sind (Zinsmeister 2017, 76).

Insgesamt beschäftigen sich nur wenige (aktuelle) deutschsprachige Veröffentlichungen ausdrücklich mit der Thematik von Partnerschaft bei Menschen mit geistiger Behinderung. Zumeist taucht der Begriff im Kontext der Sexualität auf, ohne jedoch explizit für sich beleuchtet zu werden (vgl. Ortland 2012; vgl. Kunz

2022). Es fehlen zudem Untersuchungen, die Menschen mit geistiger Behinderung selbst zu ihren Partnerschaftserfahrungen befragen. Diese Lücke versucht eine zwischen 2014 und 2017 durchgeführte qualitative Studie von Retznik et al. zu schließen, die Partnerschaften von Menschen mit geistiger Behinderung zwischen 14 und 25 Jahren auf der Basis einer Befragung von 42 Jugendlichen und jungen Erwachsenen sowie deren Bezugspersonen, darunter 33 Elternteile und 9 Fachkräfte, untersucht (Retznik et al. 2022, 299). Allerdings müssen zentrale Einschränkungen der Studie beachtet werden, vor deren Hintergrund die Ergebnisse zu lesen sind: Es wurde nur eine sehr begrenzte Altersspanne ausgewählt, es konnten nur Teilnehmer*innen mit geistiger Behinderung befragt werden, die sich verbalsprachlich gut ausdrücken konnten, und Eltern, Fachkräfte und die Adoleszenten mit geistiger Behinderung mussten die Teilnahme gleichermaßen schriftlich bestätigen, wodurch beispielsweise Interessierte ausgeschlossen wurden, bei denen ein Elternteil nicht zustimmte (ebd., 310).

Zu den Partnerschaftserfahrungen gaben zwei Drittel der Bezugspersonen an, solche bei den eigenen Kindern oder Klient*innen beobachtet zu haben (ebd., 299). Die folgende Darstellung (▶ Tab. 1) gibt eine Übersicht über die Befragungsergebnisse.

Tab. 1: Übersicht zur Häufigkeit der Partnerschaftserfahrungen bei Menschen mit geistiger Behinderung zwischen 14 und 25 Jahren (N = 42) nach Aussage durch deren Bezugspersonen (Daten aus: Retznik et al. 2022, 304)

	Anzahl an Partnerschaften		
	Insgesamt (n)	Männlich (n)	Weiblich (n)
0	16	9	7
1	11	5	6
2	8	4	4
3	5	3	2
4	1	1	0
5	1	1	0
Insgesamt	42	23	19

Demgegenüber schätzten sich nur acht Menschen mit geistiger Behinderung als noch unerfahren in diesem Bereich ein (ebd., 307). Diese Diskrepanz könnte sich dadurch erklären lassen, dass nicht alle Beziehungen an die Fachkräfte und Eltern kommuniziert oder auch eher sozial erwartete Antworten durch die jungen Menschen mit geistiger Behinderung gegeben wurden. Dennoch ist die hohe Anzahl an Partnerschaften durchaus hervorzuheben. Weitere Ergebnisse dieser Studie waren eine eingeschränkte Wahl bei der Partnersuche und eine geringe Qualität der Paarzeit (ebd., 304), wenngleich letztere durchaus eine subjektive Betrachtung beinhalten könnte und vor dem Hintergrund eigener Normvorstellungen der Fachkräfte und Eltern eingeordnet werden müsste.

3 Partnerschaft und geistige Behinderung

Insgesamt scheinen Partnerschaften von Menschen mit geistiger Behinderung gesellschaftlich weniger anerkannt und Partnerschaftswünsche weniger ernst genommen zu werden, als dies bei Menschen ohne Behinderung der Fall ist, wie auch an der Interviewaussage einer Fachkraft zu erkennen ist:

> »Also was heißt kennenlernen. Bei denen ist es ja eher so, ich nehme die, die ist frei. Das ist ja nicht wirklich kennenlernen. Genauso mit dem einen, der verliebt war, in Anführungsstrichen, und dann ist sie wieder vergeben, dann gehe ich mal wieder zu meiner Alten zurück, ne. So, bin ich doch nicht mehr in sie verliebt. Das ist für die einfach so, ja wir sind jetzt zusammen, du bist jetzt da, wir sind zusammen. Das ist nicht so wie bei uns« (Fachkräfteinterview Frau B, 2016, Z. 208–213).

Auch in der Studie von Retznik et al. maßen mehrere Bezugspersonen den Partnerschaften von Menschen mit geistiger Behinderung eine geringere Bedeutung bei, indem sie auf deren platonischen Charakter verwiesen oder sie lediglich als kurze Begegnungen wahrnahmen. »Rather than serious partnerships, they perceived these relationships as ›platonic‹, ›flirtatious‹, ›hanky-panky‹ or ›little flirtations‹« (Retznik et al. 2022, 305, Hervorhebungen im Original). Die befragten jungen Menschen mit geistiger Behinderung gaben hingegen an, dass sie ihre Partnerschaften selbst als vollwertige und feste Beziehungen betrachteten (ebd., 308). Selbstredend finden sich auch unterstützende und anerkennende Perspektiven auf Partnerschaften von Menschen mit geistiger Behinderung vor, wie beispielsweise eine Fachkraft im Interview für ihre Wohneinrichtung resümierte:

> »Ja die leben genauso als, als, wenn du in einer WG wohnen würdest, ne. Und hättest einen Partner. So leben sie dort auch. Wenn das irgendwie passt, äh, äh, und sie sind zufrieden dabei, dann sind wir auch glücklich, ne. Wenn sie es ausleben können, so wie sie, sie es möchten« (Fachkräfteinterview Frau C, 2016, Z. 94–97).

Eine explizite Verankerung eines solchen Rechts auf Partnerschaft, aber auch auf Ehe, Familie und Elternschaft findet sich in der UN-Behindertenrechtskonvention, kurz UN-BRK. Dort heißt es in Artikel 23 unter anderem:
»(1) Die Vertragsstaaten treffen wirksame und geeignete Maßnahmen zur Beseitigung der Diskriminierung von Menschen mit Behinderungen auf der Grundlage der Gleichberechtigung mit anderen in allen Fragen, die Ehe, Familie, Elternschaft und Partnerschaften betreffen, um zu gewährleisten, dass
a) das Recht aller Menschen mit Behinderungen im heiratsfähigen Alter, auf der Grundlage des freien und vollen Einverständnisses der künftigen Ehegatten eine Ehe zu schließen und eine Familie zu gründen, anerkannt wird […]« (Beauftragter der Bundesregierung für die Belange von Menschen mit Behinderung o. J., o. S.).
Der Thematik lastet im Kontext der geistigen Behinderung jedoch zumeist der Stempel des Besonderen an, wodurch die Gefahr einer vornehmlich defizitorientierten Betrachtung entsteht. In der Lebensrealität des Personenkreises finden sich

daher weiterhin nicht nur vielfältige Erschwernisse bei der Partnerschaftssuche, sondern auch in der Auslebung von Partnerschaften vor (Behrisch 2020, 56).

3.1 Partnerschaftswünsche und -suche

Die Bildung und der Umgang mit Beziehungen orientieren sich für jeden Menschen an den individuellen Sozialisationsbedingungen und Entwicklungsanforderungen. »Begegnen sich zwei und verlieben sich ineinander, dann werden bei beiden durch blitzschnelle Oszillationen ganz bestimmte, lebensgeschichtlich erworbene Beziehungsvalenzen mobilisiert und verknüpft« (Moeller 2004, 11). Von Boetticher und Reich beschreiben die Wahl einer Partnerin bzw. eines Partners als »widersprüchlichen Individuationsversuch« (von Boetticher/Reich 2022, 179). Zum einen werden mit Partnerschaften positive Resonanzen verbunden sowie der Wunsch, bislang unbewältigte Konflikte zu lösen, zum anderen werden in ihnen oft unbewusst frühere Beziehungserfahrungen reinszeniert, die man eigentlich gerade mit der Partnerschaft zu überwinden glaubte. Es ist möglich, sich diesen beiden Polen im Verlauf einer Partnerschaft versöhnlich anzunähern oder sie tragen in ihrer Manifestation zu anhaltenden Konflikten bei (ebd.). Freud ging davon aus, dass sich Menschen auf zwei unterschiedliche Arten verlieben, nach dem so genannten Anlehnungs- oder narzisstischen Typus. Ersterer geht mit einer Anlehnung an primäre Beziehungserfahrungen und einer Idealisierung von beispielsweise versorgenden und beschützenden Bezugspersonen einher, der zweite Typus entscheidet sich unbewusst für das,

> »a) was man selbst ist (sich selbst),
> b) was man selbst war,
> c) was man selbst sein möchte,
> d) die Person, die ein Teil des eigenen Selbst war« (Theweleit 1990, 29).

Heutzutage folgt man jedoch der Annahme, dass diese beiden Modi in verwobener Weise auftreten und mal der eine, mal der andere Aspekt etwas stärker gewichtet ist (Seiffge-Krenke 2022, 198).

Auch orientiert sich die Wahl der Partnerin bzw. des Partners in der Regel an ähnlichen soziokulturellen Hintergründen, so dass es nicht verwunderlich scheint, dass Menschen mit geistiger Behinderung häufig eine Paarbeziehung zueinander eingehen (Sinason 2000, 205; Retznik et al. 2022, 301). Auch in der Studie von Retznik et al. hatten alle Befragten jungen Menschen mit geistiger Behinderung ausschließlich Partner*innen mit einer ebensolchen Diagnose (Retznik et al. 2022, 310). Pforr betont allerdings, dass ebenso Paarbeziehungen zwischen Menschen mit und ohne geistiger Behinderung entstehen, die nicht aus unlauteren Gründen, wie beispielsweise dem Wunsch nach Unterwerfung, geschlossen wurden. Gleichwohl haftet diesen Partnerschaften nicht selten eine negative Bewertung an, so dass sie nicht öffentlich thematisiert und ausgelebt werden. Insbesondere mit Bezugnahme auf die hohe Heterogenität der Gruppe von Menschen mit geistiger Behinderung sollte dieser Aspekt erneut in die Diskussion aufgenommen werden (Pforr 2022b, 509). Das folgende Beispiel, in dem eine (mögliche) Behinderung der Frau nicht explizit benannt ist, verdeutlicht, welche Bilder mitunter wirksam sind, wenn Menschen mit und ohne Behinderung sich partnerschaftlich annähern oder die Behinderung nur bei einer Partnerin bzw. einem Partner nach außen hin sichtbar ist:

> »Ich hatte ein Date und war in der Stadt mit ihr einen trinken. Dann kam ein Mann und machte sie an, vor meinen Augen. Als ich ihm sagte, dass sie mein Date ist und er weggehen solle, fing er nur an zu lachen und äussert: Das ist doch sicher nur deine Betreuerin« (Paraza 2018 zit. n. Kunz 2022, 62).

Partnerschaftswünsche, die explizit Menschen ohne Behinderung fokussieren, stellen keine Ausnahme dar, obschon sie zumeist als unrealistisch eingestuft werden (Mattke 2004, 52). In einem vergangenen Forschungsprojekt ersehnten sogleich mehrere Teilnehmer*innen eine Partnerin oder einen Partner ohne Behinderung, da sie laut eigener Aussage in dieser Konstellation selbst als weniger behindert angesehen würden (vgl. Bender 2012). Diese Hoffnungen erscheinen durchaus nachvollziehbar, stehen der Erfüllung einer realistischen Partnerwahl und Lebensgemeinschaft jedoch womöglich diametral entgegen (Mattke 2004, 52). Allerdings können auch Eltern eine*n Partner*in ohne Behinderung für ihre Tochter oder ihren Sohn favorisieren. So gab eine Mutter in der Studie von Retznik et al. an:

> »It's the first one where she really landed a neat hit. Except for his physical disability. But otherwise, yes, you have to take it as it is« (Retznik et al. 2022, 305). Eine andere Mutter bestand demgegenüber darauf, dass ihr Sohn sich eine Partnerin mit geistiger Behinderung sucht (ebd., 306).

Richten sich partnerschaftliche und sexuelle Wünsche unmittelbar an die Fachkräfte, geht dies nicht selten mit einer großen Verunsicherung einher, die eine Distanznahme oder auch Reglementierung partnerschaftlicher Wünsche zur Folge haben kann (Mattke 2004, 53). Datler unterstreicht in diesem Kontext das Einnehmen einer verstehenden Haltung, die es erlaubt, sich reflexiv damit auseinanderzusetzen,

- »dass Fachkräfte immer wieder ›begehrt‹ werden;
- dass bestimmte Formen der Zuwendung und Fürsorge dies unterstützen, da sie sexuelle Wünsche unmittelbar stimulieren;
- dass die sexuell begehrten […] [Fachkräfte – d. Verf.] im Regelfall unerreichbar sind;
- dass dies in […] [dem Menschen mit geistiger Behinderung – d. Verf.] ungeheure Spannungen erzeugen kann, die oft nur schwer beherrschbar sind und im Verlangen zum Ausdruck kommen, Betreuerinnen zu körperlicher Nähe zu verführen oder körperliche Nähe durch Halten oder Drücken – zu erzwingen;
- dass dies für Betreuer und Betreute nur allzu oft erschreckend ist;
- dass Betreuer und Betreuerinnen in Situationen, in denen sie sich mit entsprechend erschreckenden Prozessen konfrontiert finden, oft mit Angst, Empörung und Wut reagieren und den behinderten Menschen somit zu verstehen geben, dass sie Furchtbares

getan haben und sich schuldig fühlen müssen – was bestehende Schwierigkeiten häufig nochmals verstärkt« (Datler 2006, 87, Hervorhebungen im Original).

Daneben ist bei Menschen mit geistiger Behinderung zuweilen eine ausgeprägte Absicht nach einer unmittelbaren Verfestigung der Partnerschaft zu beobachten, wenn beispielsweise kurz nach dem Kennenlernen Verlobungs- und Hochzeitstermine ausgesprochen oder drängende Kinderwünsche geäußert werden. Im früheren Forschungsprojekt führte dieser Aspekt nicht selten zu einer Reglementierung der sich anbahnenden Partnerschaften oder der eigentlichen Suche nach Partnerschaften durch die Fachkräfte, obschon diese der Thematik grundsätzlich offen gegenüberstanden. Die Wünsche der Menschen mit geistiger Behinderung wurden oftmals als vorschnell interpretiert und waren mit unterschiedlichen Ängsten verbunden, die es wahrzunehmen und einzuordnen galt. Gleichermaßen ist ein Ernstnehmen der Begehrlichkeiten zentral, welches umso leichter fällt, wenn das Verhalten der Menschen mit geistiger Behinderung im Kontext von möglichen Ängsten vor Verlusten und Zurückweisung oder einer Trauer über die eigene Beeinträchtigung bei gleichzeitigem Wunsch nach Anerkennung und Wertschätzung eingeordnet wird (Bender 2012, 175 ff.).

Es gilt darüber hinaus zu bedenken, dass Partnerschaft und Heirat in unserer Gesellschaft nach wie vor eine »Normalität« im Lebenslauf markieren (Retznik et al. 2022, 300) und Menschen mit geistiger Behinderung einen Wunsch empfinden können, sich dieser anzupassen. »Marriage is seen as a marker of life progression and is associated with happiness, a better future, acceptance, status, and being special to someone« (ebd.).

> Ich erinnere mich hier an eine Szene auf einer Singleparty für Menschen mit Behinderung, in der eine junge Frau sichtlich angespannt auf mich zukam, nachdem sie kurz zuvor einen Mann kennengelernt hatte. Sie überschüttete mich mit Fragen dazu, ob beide nun heiraten und Kinder bekommen sollten, wie die Beziehung weitergehe und ähnliches. Ich spürte einen enormen Druck, sich an diesen Vorstellungen orientieren zu müssen und entlastete sie dahingehend, indem ich sie ermunterte, den jungen Mann zunächst kennenzulernen. Sofort fiel die Anspannung von ihr ab und sie verließ mich lächelnd, um »einfach nur tanzen« zu gehen (Bender 2012, 163 f.).

Nach Plaute üben nur etwa 10 bis 15 Prozent aller Menschen mit geistiger Behinderung genitale Sexualität aus (Plaute 2016, 47). Auch in der wissenschaftlichen Begleitung einer Partnervermittlung für Menschen mit Behinderung war die Vorstellung einer Partnerschaft nicht unmittelbar an das Ausleben genitaler Sexualität verknüpft, es wurden vielmehr Wünsche nach Zweisamkeit und gemeinsamen Unternehmungen geäußert (Bender 2012, 129 ff.). Plaute fasst in diesem Kontext zusammen:

> »Viele Menschen mit intellektueller Beeinträchtigung erreichen nicht den individuellen psychosexuellen Entwicklungsgrad, der für eine partnerschaftlich orientierte, genitale Sexualität Voraussetzung ist oder anders ausgedrückt: Für viele Menschen mit intellektueller Beeinträchtigung ist partnerschaftlich genital orientierte Sexualität gar nicht das ›richtige‹ Sexualverhalten« (Plaute 2016, 47, Hervorhebung im Original).

Meines Erachtens ist dieses Phänomen jedoch weniger als festgeschriebener Entwicklungsgrad festzuhalten, sondern als dynamischer Prozess vor dem Hintergrund der Entwicklungsbedingungen des Personenkreises zu betrachten. Bleiben Erfahrungen mit Freundschaften, Partnerschaften und genitaler Sexualität vielen Menschen mit geistiger Behinderung teilweise bis ins hohe Erwachsenenalter verwehrt, scheint es nicht verwunderlich, dass es in sich anbahnenden Beziehungen zunächst eines Explorationsraums für die eigenen Wahrnehmungen und Bedürfnisse bedarf, um überhaupt eine Vorstellung über Wünsche nach genitaler Sexualität ausgestalten zu können.

> So erklärte eine erwachsene Frau mit geistiger Behinderung im Interview, dass sie bislang noch keine Partnerschaftserfahrung sammeln konnte und daher auch nicht wisse, was sie mit einer solchen Beziehung verbinden sollte: »Oje, das habe ich noch nicht mit gemacht (lacht kurz), kann ich mir nichts drunter vorstellen, das ist schwer« (Interview Expertin in eigener Sache Frau K, 2018, Z. 52–53).

Daneben müssen Erfahrungen mit sexualisierter Gewalt, denen Menschen mit geistiger Behinderung in besonderer Weise ausgesetzt sind und die daher in einem gesonderten Abschnitt beleuchtet werden (▶ Kap. 6.3), sowie fehlende Möglichkeiten der sexuellen Bildung (▶ Kap. 6.1) mit in die Diskussion um Wünsche nach genitaler Sexualität aufgenommen werden. So erklärte eine weitere Frau mit geistiger Behinderung im Interview:

> »Und, ähm, es war am schönsten mit meinem zweiten Mann (grinst). Der hat alles langsam gemacht, auch fragte er ›alles klar?‹ und wenn ich dann gesagt hab, hat er mich auch in Ruhe gelassen. Und das finde ich für, fand ich ganz gut, weil mein Mann wusste das mit Vergewaltigung, und das knabber ich jetzt noch so ab und zu mal da rum. Jedes Mal, wenn ich dazu darüber nachdenke, geht's im Kopf kreuz und quer, deswegen […] ich bin jetzt erstmal alleine ohne Partner, mein Mann ist […] gestorben« (Interview Expertin in eigener Sache Frau L, 2018, Z. 15–21).

Nicht zuletzt sind Wünsche nach Partnerschaft auch bei Menschen mit geistiger Behinderung nicht nur in heteronormativen Konstruktionen (▶ Kap. 5.4) wahrzunehmen.

3.2 Gelingensbedingungen und Bedeutungen von Partnerschaften

Eine gelingende Partnerschaft zu definieren, stellt durchaus eine Herausforderung dar. Nicht zuletzt erschweren unterschiedliche Ausgestaltungen von Liebe und

3.2 Gelingensbedingungen und Bedeutungen von Partnerschaften

Partnerschaftsentwürfen die Fokussierung auf ein zentrales verbindendes Moment. Es geraten vielschichtige Dimensionen in den Blick, denn

> »Paarbeziehungen entwickeln sich in einem sozialen Umfeld. Viele Faktoren beeinflussen sie materiell und ideell: Die ökonomische Situation, die beruflichen Gegebenheiten und Unwägbarkeiten, die Wohnsituation, der kulturelle Kontext, die jeweilige Subkultur, die Normen von ›geglückter‹ Partnerschaft und ganz zentral die Ursprungsfamilien […]« (von Boetticher/Reich 2022, 186, Hervorhebung im Original).

Dennoch lassen sich Aspekte nennen, die häufig mit Vorstellungen über eine gelingende Paarbeziehung verknüpft werden, wie beispielsweise ein respektvoller Umgang miteinander, der Austausch von Zärtlichkeit, gegenseitiges Vertrauen und eine emotionale Zugewandtheit beider Partner*innen (Hennies/Sasse 2004, 66). Auch die Unterstützung einer gegenseitigen Entwicklung sowie ein haltgebendes und entlastendes Umfeld stellen weitere Faktoren für eine positiv erlebte Partnerschaft dar. Ebenso wirkt sich die Fähigkeit des Mentalisierens positiv auf Partnerschaften aus. Es treten weniger Konflikte in Paarbeziehungen auf, wenn ein echtes Interesse an den Motiven für ein Verhalten bekundet wird, statt vorschnell eigene Annahmen über die Innenwelt der Partnerin bzw. des Partners überzustülpen (von Boetticher/Reich 2022, 181 ff.).

> »Ist ein Paar also in der Lage, das Interesse aneinander lebendig zu halten, sich immer wieder selbst infrage zu stellen und dem Partner oder der Partnerin zuzuhören sowie ein gutes Gespür dafür zu entwickeln, wann wie viel Nähe und Berührung guttun, dann hat die Liebe der beiden eine gute Chance, sich immer weiter zu entfalten« (ebd., 185).

Die Wahrung der eigenen Grenzen und die der Partnerin bzw. des Partners auch im Sinne einer Wahrnehmung der Eigenständigkeit der jeweils anderen Person sind als weitere Gelingensbedingungen einzuordnen. Überdies stellen gemeinsame Lebensziele und Ideale eine wesentliche Basis für gelingende Partnerschaften dar (ebd., 188 ff.). »Als Paar eine eigene Identität zu entwickeln, wird [jedoch – d. Verf.] letztlich nur möglich sein, wenn Raum dafür gegeben wird, wenn diese beiden Menschen in ihrem Lebensumfeld akzeptiert und unterstützt werden« (Hähner 1997, 223).

Gelingt eine Partnerschaft, kann sie zur Stabilisierung der eigenen Persönlichkeit im emotionalen und sozialen Bereich beitragen (Hennies/Sasse 2004, 65 f.) und aggressivem und depressivem Verhalten entgegenwirken. Auch dient sie der Unterstützung eines positiveren Selbstbildes, da in ihr das Interesse am einzigartigen Subjekt im Vordergrund steht (Walter/Hoyler-Herrmann 1987, 152), das Zuwendung findet und um seiner selbst willen geliebt wird (Bannasch 2002, 129).

> »Die Möglichkeit, partnerschaftliche Beziehungen einzugehen, hat für geistig behinderte Menschen vielleicht mehr noch als für nichtbehinderte die Bedeutung, sich selbst und ihrer Attraktivität für andere bewusst zu werden. Der Mensch, der sich um sie kümmert, der Zuwendung schenkt, tut dies nicht aufgrund seiner ethischen Verpflichtung als Elternteil oder als professioneller Erzieher oder Therapeut, sondern aus echtem Interesse an ihrer subjektiv einmaligen Person« (Walter/Hoyler-Herrmann 1987, 152).

Negative gesellschaftliche Zuschreibung zur eigenen Person und Attraktivität, denen Menschen mit geistiger Behinderung nicht selten ausgesetzt sind, heben die Bedeutung des Zitats noch weiter hervor (Kunz 2022, 63).

Gleichwohl scheinen beim Zusammenschluss von Partnerschaften weitere Aspekte vordergründig zu sein als das unmittelbare Interesse an der individuellen Persönlichkeit der oder des Anderen, wie beispielsweise der grundsätzliche Wunsch nach einer Beziehung. Brückner beschreibt die Liebe in Partnerschaften daher »als widersprüchliches Gebilde, bestehend aus emotionalen, triebhaften und kognitiven Komponenten, die jeweils relativ unabhängig voneinander sind und unterschiedlich stark ausgeprägt sein können« (Brückner 2017, 43). So werden Partnerschaften mitunter eingegangen, um die eigene Individuation vom Elternhaus zu markieren (von Boetticher/Reich 2022, 186), ein Aspekt der womöglich bei Menschen mit geistiger Behinderung in Hinblick auf fortwährende Abhängigkeitsverhältnisse auf besondere Weise zum Tragen kommt. Daneben kann in Partnerschaften eine gegenseitige Unterstützung erfahren werden. Die Vereinigung unterschiedlicher Kompetenzen beider Partner*innen trägt zu einer Erhöhung der Selbständigkeit und geht nicht selten mit dem Wunsch nach sozialer Aufwertung einher (Hennies/Sasse 2004, 66 f.).

> Im Rahmen einer Veranstaltung zu den Themen Partnerschaft und Sexualität, die ich in einer Werkstatt für Menschen mit Behinderung anbot, nahm unter anderem auch ein Paar mit geistiger Behinderung teil. Auf die Frage einer anderen Teilnehmerin, warum die beiden eine Partnerschaft zueinander eingegangen waren, antwortete das Paar übereinstimmend, dass sie nicht daran interessiert seien, sich außerhalb der Arbeit zu treffen, in der Werkstatt der Status der Partnerschaft jedoch mit einigem Ansehen verbunden sei. Gleichzeitig fühlte man sich so »beschützter«.

In der wissenschaftlichen Begleitung einer Partnervermittlung für Menschen mit geistiger Behinderung sagten 90 Prozent der Teilnehmer*innen bei der Aufnahme in die Kartei aus, dass sie mit einer Partnerschaft den drängenden Wunsch verbinden, der schmerzhaften Einsamkeit zu entfliehen (Bender 2012, 135).

Wie eingangs erwähnt, kommt der Ehe noch immer eine besondere Bedeutung zu. Hähner geht davon aus, dass Menschen mit geistiger Behinderung mit einer Eheschließung unter anderem den gleichrangigen Wert der Beziehung vor Eltern, Fachkräften und Angehörigen zum Ausdruck bringen möchten (Hähner 1997, 214 f.). Jedoch erhalten viele Menschen mit geistiger Behinderung von ihrem Umfeld nicht die erwartete und erwünschte Anerkennung bei der Äußerung von Heiratsabsichten. Eine Frau berichtete im Interview von ihrer Trauer über die fehlende Anerkennung ihrer Hochzeit:

> »Es war net so schön an meiner Hochzeit, weil nur einer, zwei Leute da waren. Meine Mutter grad da in eine Kur, meine Schwester krank, meine anders Bruder wollen net, wollten nicht, weil sie kein Auto hatte, keiner konnte zu mir kommen, außer meine Mutter und meine Mutter war krank. Da war nur eine Freundin und ein Freund von uns, die zwei« (Interview Expertin in eigener Sache Frau L, 2018, Z. 139–142).

Retznik et al. halten in der Ergebnisauswertung ihrer Studie zu Partnerschaften bei jungen Menschen mit geistiger Behinderung aus Sicht der Eltern und Fachkräfte fest: »They prefer a kind partner who loves and cares about them and provides practical and emotional support. Personality and companionship are more important to them than physical attractiveness and financial stability« (Retznik et al. 2022, 301). Die erste Aussage, dass sich Menschen mit geistiger Behinderung nette Partner*innen wünschen, die sich um sie kümmern, ist zwar durchaus nachvollziehbar und sicherlich auch auf Menschen ohne Behinderung übertragbar, mutet allerdings auch etwas infantilisierend an. Hierbei stellt sich mir die Frage, inwiefern im Forschungsprozess reflektiert werden konnte, ob die befragten Personen womöglich gesellschaftlich internalisierten Infantilisierungstendenzen unterliegen und welche Vorstellungen von Partnerschaften im Kontext Behinderung in die Aussagen einwirken. Nicht selten sind hier Bilder einer romantischen Vorstellung von Partnerschaft vorzufinden, die mit einer größeren Akzeptanz einhergehen als Abweichungen von dieser Norm (Kunz 2022, 62). Auch die zweite Aussage im oben genannten Zitat von Retznik et al. zur nicht fokussierten Bedeutsamkeit von Attraktivität könnte in diesem Kontext eingeordnet werden und sollte zudem mit Bezugnahme auf negative Zuschreibungen an Menschen mit geistiger Behinderung reflektiert werden. Der Aspekt der Infantilisierung wird in der Studie zumindest an anderer Stelle diskutiert, wenn es um Reglementierungen von Partnerschaften durch die Bezugspersonen geht, weil sie dem Personenkreis keine Bedürfnisse in den Bereichen Beziehung und Sexualität zuschreiben (Retznik et al. 2022, 301). Insgesamt stellt sich mir die Frage, ob Eltern und Fachkräfte nicht in unterschiedliche emotionale und institutionelle Themen eingebunden sind, die es wahrzunehmen und auch in ihrer Abgrenzung zueinander zu diskutieren gilt, wodurch ich eine Zusammenfassung der beiden Gruppen in der Studie als Bezugspersonen von Menschen mit geistiger Behinderung zumindest als herausfordernd betrachte.

Reglementierungen von Partnerschaften aufgrund von Normvorstellungen wurden auch in den Interviews deutlich. So erklärte eine Fachkraft:

> »Wenn ein Paar etwas länger zusammen ist und zusammenziehen möchte, dann wird es ihnen erstattet, äh, gestattet« (Fachkräfteinterview Frau C, 2016, Z. 7–8).

Bei einer Frau mit geistiger Behinderung wurde sogar die Ehe als Voraussetzung für eine gemeinsame Wohnung benannt:

> »Dann hab ich mit meiner Betreuerin gesprochen vom Wohnheim. Ich würde gerne zu meinem Mann ziehen, eh zum A. (Mann) ziehe. Ihr seid noch net verheiratet. Dann haben wir geheiratet« (Interview Expertin in eigener Sache Frau L, 2018, Z. 202–204).

3.3 Mögliche Konfliktfelder

Partnerschaften beinhalten in der Regel Konflikte, in deren Bearbeitung durchaus Entwicklungschancen für die Beziehung und die Betroffenen zu sehen sind. Eine Partnerschaft verläuft selten statisch und ihr Verlauf muss prozessual verstanden werden (Hähner 1997, 219 ff.). Konflikte können sich auf der inter- und intrapersonellen Ebene abspielen und bewusst oder unbewusst wirken (Moeller 2006, 22 f.). Bei Menschen mit geistiger Behinderung sind zudem äußere Reglementierungen mit einzubeziehen, die sich hemmend auf das Ausleben von Partnerschaften auswirken können, wie beispielsweise eine beeinträchtigte Mobilität, institutionelle Eingriffe in Intimität und Privatsphäre sowie unzureichende Angebote von Aufklärung und Information (Mattke 2004, 48 ff.). Fehlen beispielsweise Peer-Group-Erfahrungen, konnten oftmals keine sozio-sexuellen Techniken erlernt werden, wie das Flirten, das Treffen einer Verabredung oder der Verlauf eines Kennenlerngespräches (Hennies/Kuhn 2004, 68 ff.). Im Rahmen der wissenschaftlichen Begleitung einer Partnervermittlung für Menschen mit Behinderung war mehrfach zu beobachten, dass beispielsweise keine Namen oder Telefonnummern ausgetauscht wurden und dennoch beide an einer Fortführung des Kennenlernens interessiert waren (Bender 2012, 166 f.).

> Ich möchte noch ein weiteres Beispiel aus einem Bildungsangebot anführen, in dessen Rahmen ein Teilnehmer sich wunderte, warum seine bisherigen Flirtversuche erfolglos verliefen. Er sprach schließlich aus, dass er in Kennenlernsituationen stets direkt auf die Frauen zuging und ihnen mitteilte, dass er mit ihnen schlafen wollte. Von einer anwesenden Teilnehmerin wurde diese Bemerkung sogleich mit den Worten quittiert: »Also wenn Du das direkt zu mir sagst, renn ich auch weg!« Weitere Frauen schlossen sich ihr an. Im weiteren Verlauf erhielt der Mann eine nicht kränkende Unterstützung aus der Peer-Group. So konnte er im Dialog mit den weiblichen Teilnehmerinnen zunehmend ein Gespür dafür entwickeln, wie ein erstes Gespräch mit welchen Inhalten angebahnt werden könnte. In der Abschlussreflexion wertete er dies als zentrale positive Erfahrung (vgl. Bender 2012, 151).

Werden partnerschaftliche Beziehungen von Menschen mit geistiger Behinderung eingegangen, folgt dem schnellen Zusammenschluss nicht selten eine spontane Trennung (Hähner 1997, 213). Hennies und Sasse sehen mögliche Gründe für dieses Verhalten

- »in der Schwierigkeit, Konflikte zu lösen,
- in unterschiedlichen Auffassungen über Nähe und Distanz,
- in der Einmischung oder Beeinflussung seitens Eltern oder Betreuer zuungunsten der Partnerschaft,
- in mangelnder Pflege der Beziehung,
- in unterschiedlichen sexuellen Bedürfnissen,
- in mangelnder oder unzureichender professioneller Unterstützung [...]« (Hennies/Sasse 2004, 71).

Zu ähnlichen Ergebnissen kam auch die Studie von Retznik et al., die darüber hinaus noch fehlende Treue sowie einen respektlosen Umgang miteinander anführt (Retznik et al. 2022, 305).

Setzt man diese Erkenntnisse, die zunächst nur einen beschreibenden Charakter besitzen, nun in den Kontext der in Kapitel 1.2 dargelegten möglichen frühen Beziehungserfahrungen von Menschen mit geistiger Behinderung in Folge der Diagnosemitteilung, könnte der schnelle Zusammenschluss beispielsweise als nachvollziehbarer Wunsch nach einer sicheren Bindung sowie einem unbewussten oder bewussten Streben nach Ablösung vom Elternhaus interpretiert werden. Womöglich führt eine »überhöhte Anpassung an die Wünsche der Bezugspersonen zur Vorstellung, einzig eine sozial anerkannte Partnerschaft rechtfertige eine Individuation von den Eltern. Gleichzeitig kann eine unbewältigte Loslösung von den Eltern auf der Paarebene eine Reinszenierung erfahren im Sinne einer Fortführung der symbiotischen Verstrickung in der neu geknüpften Beziehung, die beispielsweise in Aussagen, wie »Wir bleiben immer zusammen, wir streiten uns nie«, ihren Ausdruck findet (Bender 2012, 252).

Auch sind projektive Identifizierungen[11] in erwachsenen Partnerschaften möglich als Externalisierung eines fremden Selbst, das bereits als Folge erschwerter Abstimmungsprozesse zwischen dem Kind und seinen Bezugspersonen beschrieben wurde (▶ Kap. 1.2). Gleichzeitig scheint ein ablehnendes Bindungsverhalten einen Schutz des Selbst durch Isolation zu repräsentieren (Fonagy et al. 2006, 135 ff.). Im erwähnten früheren Forschungsprojekt wurden Aussagen einzelner Teilnehmer*innen in Bildungsangeboten zu Partnerschaft und Sexualität, dass sie keinerlei Interesse an Beziehungen hätten, wenngleich sie durch die Teilnahme an den Seminaren und ihrem Engagement in einzelnen Übungen eher das Gegenteil ausdrückten, in diesem Kontext verstanden. Mögliche Hemmnisse in der Ausbildung der Mentalisierungsfähigkeit (▶ Kap. 1.2) sind als weitere zentrale Momente zum Verstehen von Konflikten in Partnerschaften bei Menschen mit geistiger Behinderung zu nennen (Bender 2012, 267 ff.).

---

11 »Projektive Identifizierung, auch als projektive Identifikation bezeichnet, meint die unbewusste Verlagerung eigener, unerträglicher Gefühlszustände in andere Personen, da sie nicht im Inneren ›gehalten‹ werden können, […] d. h. das Subjekt schreibt dem anderen bestimmte Züge von sich selbst oder eine umfassende Ähnlichkeit mit sich selbst zu« (Laplanche/Pontalis 1973, 227).

4 Sexualität als Thema in der heilpädagogischen Praxis

Bis in die 1970er Jahre wurde die Sexualität von Menschen mit geistiger Behinderung als »Störvariable im pädagogischen Prozess« (Rohrmann 2004 zit. n. Hermes 2007, 209) angesehen, die es zu verhindern galt. Noch 1977 veröffentlichten Kluge und Sparty eine Abhandlung mit dem aussagekräftigen Titel »Sollen, können, dürfen Behinderte heiraten?« und gaben bereits im Vorwort folgende Antwort:

> »Es besteht zur Beantwortung dieser Frage zurzeit noch ein Vakuum. Weder Sexualwissenschaftler noch Moraltheologen, weder Rehabilitationsmediziner noch -pädagogen haben hinreichend oder überzeugend darzustellen versucht, daß behinderte Menschen befähigt wären und zu Recht ihre Sexualität praktizieren dürften« (Kluge/Sparty 1977 zit. n. Köbsell 2013, 125).

Erst im Zuge der Einführung des Normalisierungsprinzips in den 1970er Jahren wurde die Thematik in den fachlichen Diskurs aufgenommen (Nirje 1994, 23 ff.), wenngleich kein Bereich in der Ausdifferenzierung der Leitidee weiterhin mit so vielen Tabus belegt wurde, wie die Sexualität von Menschen mit geistiger Behinderung (Thimm 1994, 43). Für Mattke stellte der Umgang mit der Sexualität von Menschen mit geistiger Behinderung die »Gretchenfrage« der Normalisierung der Lebensbedingungen dar (Mattke 2004, 46). Weiteren Anschub fand die Thematisierung von Sexualität im Kontext der geistigen Behinderung durch die Arbeiten von Walter (vgl. Walter 2005, Erstausgabe 1983), der Rezeption von Studien zu deutlich erhöhten Fällen von sexualisierter Gewalt in den 1990er Jahren (vgl. Zemp/Pircher 1996) sowie durch die Erhebungen zu Elternschaften des Personenkreises (vgl. Pixa-Kettner 1995), die wiederum im Kontext sexualisierter Gewalt und fehlender Sexualaufklärung diskutiert wurden (Specht 2013, 168). Bevor in diesem Kapitel auf die aktuellen Entwicklungen Bezug genommen wird, gilt es zunächst, sich dem vielschichtigen Begriff der Sexualität definitorisch anzunähern. Die daran anschließende Erörterung der sexuellen Entwicklung dient der Sensibilisierung für mögliche Erfahrungs- und Entwicklungsräume von Menschen mit geistiger Behinderung, die wiederum eine Grundlage für das professionelle Handeln und Verstehen über die gesamte Lebensspanne bilden.

4.1 Entwicklung eines weiten Verständnisses von Sexualität

In der aktuellen fachlichen Auseinandersetzung ist eine Vielzahl unterschiedlicher Definitionen zur Annäherung an den Begriff der Sexualität vorzufinden. Er wird längst nicht mehr nur auf genitale Sexualität beschränkt, sondern differenzierter ausgeweitet (Klein/Tuider 2017, 3). Dabei lassen sich unterschiedliche Dimensionen unterscheiden: der Identitätsaspekt, der Beziehungsaspekt, der Lustaspekt und der Fruchtbarkeitsaspekt (Raithel et al. 2009, 281). Sexualität ist in allen Lebensaltern essentiell (Klein/Tuider 2017, 3), wenngleich im Laufe des Lebens die genannten Aspekte in unterschiedlicher Gewichtung in den Vordergrund treten (Kleinschmidt et al. 2000, 22). Dennoch beeinflussen sie sich gegenseitig und sind nicht vollkommen getrennt voneinander zu betrachten (Raithel et al. 2009, 281). Sie können entweder mit positiven Assoziationen, wie beispielsweise einem Gefühl der Geborgenheit, verknüpft sein oder aber auch im Kontext von Macht und Ohnmacht wahrgenommen werden (Schmauch 2016, 41).
Die Weltgesundheitsorganisation definiert Sexualität in einem weiten Verständnis wie folgt:

> »Sexualität bezieht sich auf einen zentralen Aspekt des Menschseins über die gesamte Lebensspanne hinweg, der das biologische Geschlecht, die Geschlechtsidentität, die Geschlechterrolle, sexuelle Orientierung, Lust, Erotik, Intimität und Fortpflanzung einschließt. Sie wird erfahren und drückt sich aus in Gedanken, Fantasien, Wünschen, Überzeugungen, Einstellungen, Werten, Verhaltensmustern, Praktiken, Rollen und Beziehungen. Während Sexualität all diese Aspekte beinhaltet, werden nicht alle ihre Dimensionen jederzeit erfahren oder ausgedrückt. Sexualität wird beeinflusst durch das Zusammenwirken biologischer, psychologischer, sozialer, wirtschaftlicher, politischer, ethischer, rechtlicher, religiöser und spiritueller Faktoren« (WHO 2006, 10).

Der Terminus der Sexualität unterlag in den letzten Jahrzehnten einem umfassenden Wandel, der nicht nur das Verständnis von Sexualität berührt, sondern auch ihre Erscheinungsformen und Orientierungen sowie den damit verbundenen gesellschaftlichen Umgang. Letzterer war zu Beginn der Sexualerziehung im 18. Jahrhundert stark repressiv ausgerichtet und hat sich durch die Liberalisierung von Sexualität als Folge der 1968er Bewegung hin zu einer fortschreitenden Professionalisierung entwickelt (Klein/Tuider 2017, 4). In der Nachkriegszeit wurde Sexualität zumeist noch tabuisiert, ausschließlich in der heterosexuellen Ehe angesiedelt (Günther 2017, 122) und der Sexualaufklärung nur wenig Raum geboten (Schröder 2017, 93). Auch angetrieben durch die technischen Entwicklungen, die mittlerweile einen nahezu unerschöpflichen Zugang an Informationen über Sexualität erlauben (ebd., 94), trifft das Recht auf sexuelle Selbstbestimmung heute auf einen breiteren gesellschaftlichen Konsens (Niedergesäß 2017, 71). So sind alleine im Verlauf der letzten 50 Jahre vielfältige Umbrüche zu erkennen, die sich in drei sexuelle Revolutionen unterteilen lassen: »*erstens* der sexuellen Revolution der späten 1960er und frühen 1970er Jahr[e], *zweitens* der neosexuellen Revolution der 1990er Jahre und *drittens* der digitalen sexuellen Revolution durch das Internet« (Matthiesen 2017, 21, Hervorhebungen im Original). Mit diesen waren jeweils grundlegende Transformationsprozesse verbunden. Stand in der ersten »Revolution« die Liberalisierung von Sexualität im Vordergrund, kam es in den 1990er Jahren zu einer vielfältigen Ausdifferenzierung von Sexualität, die nunmehr von einem zunehmenden warenförmigen Angebot, beispielsweise durch Potenzmitteln und kommerzielle Partnerschaftsbörsen, begleitet wurde. Das Internet brachte schließlich neue Varianten der Internet-Sexualität hervor sowie ein endlos erscheinendes Angebot an sexuellen Möglichkeiten (ebd., 21 ff.). Gleichwohl geht mit diesen Prozessen bis dato noch keine vollständige Enttabuisierung von Sexualität einher. Nicht nur die zunehmende Verhandlung und Vermarktung von Sexualität in den Medien birgt die Gefahr, den Terminus selbst in seiner Bedeutung einzuschränken, indem man ihn ausschließlich auf Genitalsexualität reduziert (Ortland 2008, 22 f.), auch die geschlechtliche und sexuelle Vielfalt erfährt noch längst keine umfassende Anerkennung (Klein/Tuider 2017, 4), wenngleich konstatiert werden kann: »Es gibt definitiv mehr als zwei Geschlechter; menschliche Sexualität ist vielgestaltiger und komplexer, als dass sie mit den Begriffen Hetero-, Homo- und Bisexualität ausreichend beschrieben werden könnte« (Timmermanns/Böhm 2020 zit. n. El Ismy et al. 2022, 146).

Diese Entwicklungen im Bereich der Sexualität können von Fachkräften auf unterschiedlichen Ebenen als fachliche und persönliche Herausforderung erlebt werden. Daneben wird bereits die grundsätzliche Auseinandersetzung mit diesem Lebensbereich aufgrund ihres »intimen und ethisch-normativen Gehaltes« (Specht 2008, 297) nicht selten als schwierig eingestuft (▶ Kap. 2.3). Bezugnehmend auf das Phänomen der geistigen Behinderung scheint man sogleich mit einer mehrfachen Tabuisierung konfrontiert. In diesem Kontext rückt der bereits beschriebene Anspruch einer fachlichen Rahmung umso stärker in den Vordergrund, der im Folgenden, nach einleitenden Überlegungen zu den Entwicklungsbedingungen von Sexualität im Kontext des Phänomens der geistigen Behinderung, diskutiert werden soll.

4.2 Sexuelle Entwicklung im Kontext der geistigen Behinderung

Die Sexualität von Menschen mit geistiger Behinderung unterscheidet sich grundsätzlich nicht von der Sexualität von Menschen ohne Beeinträchtigungen. Auch die körperlich-sexuelle Entwicklung verläuft in der Regel analog. Es werden jedoch vielfach so genannte intellektuelle Beeinträchtigungen angeführt, die sich hemmend auf das Erleben von Sexualität und das damit verbundene Verhaltensrepertoire auswirken sollen (Specht 2008, 297 f.). Beispielsweise kann im Handbuch Sexualpädagogik und sexuelle Bildung aus dem Jahr 2008 nachgelesen werden, dass insbesondere bei Menschen mit schwerer Behinderung »[…] länger und evtl. auch lebenslang Phasen des Körperentdeckens oder des analen oder oralen Lustempfindens im Vordergrund [stehen – d. Verf.], so wie sie für die psycho-sexuelle Entwicklung im Kindes- und Jugendalter typisch sind« (ebd., 298). Und auch Plaute verweist auf das Beispiel eines adoleszenten Menschen mit »schwerer geistiger Beeinträchtigung«, dessen Entwicklungsalter bei ungefähr vier Jahren zu verorten sei (Plaute 2016, 49). Wenngleich diese Vergleiche das Ziel verfolgen, eine angemessene und passgenaue Unterstützung anzubieten, bergen sie meines Erachtens zwei Gefahren. Zum einen können dadurch Infantilisierungstendenzen unterstützt werden, die schließlich eher mit einer Einschränkung der Unterstützung einer selbstbestimmten erwachsenen Sexualität einhergehen. Zum anderen werden damit womöglich Lebensrealitäten verschleiert, die es in eine differenzierte Auseinandersetzung mit der Thematik einzubringen gilt. Wenn sowohl die Fachkräfte als auch die Eltern und Angehörigen grundsätzlich davon ausgehen, dass bei einem Menschen aufgrund seiner Behinderung andere oder weniger weit entwickelte Bedürfnisse hinsichtlich des Erlebens von Sexualität im Vordergrund stehen, werden eventuell auch keine Entwicklungsräume eröffnet, in denen eine weitergehende Auseinandersetzung mit den eigenen Wünschen und Möglichkeiten erfolgen kann, wie folgende Aussage einer Mutter im Interview verdeutlicht:

> »Also ich kann da nur ganz wenig zu [der Sexualität – d. Verf.] berichten, weil der Alan[12], der jetzt mittlerweile 38 Jahre alt ist, ähm, von Geburt an Windeln trägt, bis heute. Und, ähm, durch diese Windeln, wird also da ganz wenig für ihn zum einen möglich, zum andern, gut, es wurde immer mal erzählt, dass er die Windeln sich auszieht, aber wir hatten auch extra in der Wohngruppe noch einmal nachgefragt […] und dann sagte seine Betreuerin, dass, ähm, bei ihm ihrer Meinung nach überhaupt kein Interesse an Sexualität erkennbar wäre« (Elterninterview Frau F, 2016, Z. 5–11).

Die Zuschreibung der Asexualität führte in diesem Fall möglicherweise dazu, dass sexuelle Regungen unter der Windel verdeckt blieben und das selbständige Entfernen dieser nicht im Sinne eines Wunsches nach Veränderung wahrnehmbar ist. In einer verstehenden Annäherung an die Fachkräfte und Eltern könnte dies als Schutz interpretiert werden, sich nicht weiter auf die Thematik einzulassen, gleichzeitig sinkt die Bereitwilligkeit der Beschäftigung mit dem Feld der Sexualität bei Menschen mit geistiger Behinderung, wenn diesen keine adäquaten Bedürfnisse zugeschrieben werden können (Plaute 2016, 45). So unterscheidet eine Fachkraft im Interview beispielsweise deutlich zwischen der Sexualität von Menschen mit körperlicher und geistiger Behinderung. Während sie ersteren genitale Sexualität uneingeschränkt zugesteht, verweist sie zwar auch bei Menschen mit geistiger Behinderung auf ein Bedürfnis nach Nähe, jedoch schwingen in ihrer Aussage (unbewusste) Infantilisierungstendenzen mit:

> »Also, äh, die, die haben auch ihre, ihre Bedürfnisse klar und vor allem auch das Thema Nähe ist auch ganz wichtig. Ähm, aber, äh ja, wenn du dann (flüstert fast),

---

12 Name geändert.

> da müsstest du, glaube ich, von Bienchen und Blümchen zu erzählen« (Fachkräfteinterview Frau A, 2016, Z. 85–88).

Ich stimme zwar mit Plaute überein, dass die Einordnung körperlicher und psychischer Veränderungen von Menschen mit geistiger Behinderung unter Umständen mit großen Herausforderungen verbunden sein kann (Plaute 2016, 47), mit Blick auf die sexuelle Entwicklung geht es meines Erachtens jedoch weniger darum, die Beeinträchtigung in den Fokus zu stellen und das Erleben und Verhalten von diesem Blickwinkel aus zu betrachten, sondern die Entwicklungs- und Lebensbedingungen als Ausgangspunkt zu nehmen, die sich fördernd oder hemmend auf das Erleben von Sexualität auswirken können. Zudem ist Sexualität nicht statisch zu betrachten, sondern kann sich bei allen Menschen entwickeln und mit sich verändernden Bedürfnissen einhergehen, »z. B. durch die eigenen körperlichen, emotionalen, psychischen, sozialen, kommunikativen, perzeptiven etc. Veränderungen und die sexuelle Biografie bzw. Lerngeschichte« (Ortland 2016, 15).

Daran anschlussfähig sind neuere psychoanalytische Ansätze, die sich insbesondere mit Beziehungs- und Interaktionsdimensionen beschäftigen (Flaake 2022, 277), deren zugrunde liegenden Erfahrungen in der frühen Kindheit die Wahrnehmung von Affekten und Emotionen im Verlauf des gesamten Lebens prägen (Gerspach 2004, 34) und die bereits in der psychodynamischen Betrachtung des Phänomens der geistigen Behinderung (▶ Kap. 1.2) zum Ausdruck kamen. Im Folgenden sollen daher die möglichen Erfahrungsräume für Menschen mit geistiger Behinderung anhand unterschiedlicher Entwicklungsstadien, deren zugeordnete Zeiträume lediglich der groben Orientierung dienen, aufgezeigt werden. Sie sind weder als festes Raster zur Einordnung der höchst unterschiedlichen Kinder, Jugendlichen und Erwachsenen zu verstehen, noch treffen sie auf alle Lebensrealitäten zu. Sie können bestenfalls die Reflexion und Sensibilisierung für mögliche Entwicklungshemmnisse anregen und dienen gleichermaßen als Grundlage für Angebote sexueller Bildung (▶ Kap. 6.1), die sich an den verschiedenen Entwicklungsanforderungen orientieren können (Kahle 2016, 94).

4.2.1 Erstes Lebensjahr

Im ersten Lebensjahr wird mit dem Lustgewinn durch den Körperkontakt beim Stillen, Spielen, Streicheln und Wickeln eine wesentliche Grundlage für die Beziehungsfähigkeit und Zärtlichkeitswahrnehmung im Verlauf des Lebens geschaffen (Senckel 2010, 169).

> »Der Körper mit seinen Bewegungen und Empfindungen ist der erste Bezugspunkt des Säuglings. Die vielfältigen Erlebnisse des Säuglings gehen nicht verloren, sondern nisten sich im Körpergedächtnis ein, existieren nebeneinander und manchmal zeitgleich das ganze Leben lang« (Wanzeck-Sielert 2013 zit. n. Ortland 2020, 71).

So wirkt sich das Erfahren des eigenen Körpers schließlich auch auf den Aufbau eines Körperbildes aus (Ortland 2020, 71). Die Bedürfnisse des Säuglings können in dieser Phase beispielsweise durch motorische Unruhe sowie Weinen und Schreien ausgedrückt werden und es bedarf eines empathischen Eingehens der Bezugsperson, damit Missverständnisse in der Interaktion und Kommunikation vermieden werden. Dabei fließen auch unbewusste Vorstellungen, Hoffnungen und Erwartungen mit ein. Die gesammelten Erfahrungen bilden sich schließlich im emotionalen Erleben des Säuglings ab (Muck 2001, 23 f.).

> »Im Falle eines glücklichen Dialogs führt dies zu der Erfahrung von Urvertrauen und bei Erwachsenen zu einem Harmonieren der Körper, einer großen sinnlichen Freude in allen Arten des gegenseitigen Streichelns, Schaukelns und Wiegens und im psychischen Sinn zu einem Sich-aufgehoben-Fühlen in der Beziehung« (Mertens 2008, 57).

Gegen Ende des ersten Lebensjahres erlaubt die in der Regel zunehmende körperliche Kontrolle, beispielsweise ausgedrückt durch Krabbeln oder Drehen, erste autonome Möglichkeiten, sich aktiv den Bezugspersonen zuzuwenden oder sich von diesen zu entfernen. Das Kind kann sich dadurch stärker im Getrenntsein von anderen erfahren und mit Nähe und Distanz experimentieren (Lache 2016, 61 f.).

Bezogen auf die Entwicklungsbedingungen von Menschen mit geistiger Behinderung kommt einer möglichen Diagnosemitteilung in dieser frühen Phase eine zentrale Position zu, deren Auswirkungen auf die Beziehung zwischen dem Kind und seinen Bezugspersonen bereits in Kapitel 1.2 erläutert wurde (▶ Kap. 1.2). Kann sich der Säugling infolgedessen nur bedingt als Initiator von Veränderungen erleben (Gaedt 1991, 249 ff.), bleibt dieser Prozess mitunter auch im weiteren Entwicklungsverlauf wirksam, wenn Menschen mit geistiger Behinderung sich fortwährend in der Rolle des passiven Parts wiederfinden. So ist es beispielsweise möglich, dass im Erwachsenenalter beide potenzielle Partner*innen nach dem Kennenlernen auf eine weitere Aktivität der*des jeweils anderen warten, ohne sich selbst in der Verantwortung zu sehen. Eine Mutter resümierte in diesem Kontext:

> »Ja, wir haben immer alles für unsere Tochter gemacht. Wir haben nie gefragt, ob sie das will, sondern einfach immer für sie entschieden. Genauso scheint sie jetzt darauf zu warten, dass der Freund auf sie zukommt, so wie wir das immer gemacht haben. Ist ja eigentlich logisch« (Bender 2012, 222).

Daneben können glückvolle Empfindungen von Nähe im späteren Lebensalter beeinträchtigt sein, wenn eine frühe Diagnosemitteilung sich hemmend auf die ersten liebevollen Begegnungen zwischen den ersten Bezugspersonen und dem Kind auswirkt. Mitunter fällt es in diesem Fall auch schwer, im Erwachsenenalter eigene Bedürfnisse wahrzunehmen und zu artikulieren (Ortland 2020, 73), was ich in der Praxis häufig beobachten konnte. So gaben Teilnehmer*innen in Bildungsangeboten an, innerhalb einer Partnerschaft keine eigenen Empfindungen anbringen zu dürfen.

> Eine Frau äußerte beispielsweise, dass »man machen muss, was der Freund sagt, sonst geht der weg« (Bender 2012, 158).

> Und auch in der Paarbegleitung rief eine Übung, in der eine Frau und ein Mann zunächst jeweils für sich alleine die eigenen Bedürfnisse beschreiben konnten, so große Ängste bei der Partnerin hervor, da sie fürchtete, dass es zur Trennung

kommen könnte, wenn sie ihre eigenen Gefühle und Wünsche ausdrückte: »Ja, was ist denn dann? Dann trennt er sich? Ich will ihn nicht verlieren« (Bender 2012, 253).

Erleben sich die Kinder zudem möglicherweise nicht in einer zunehmenden motorischen Unabhängigkeit, scheint es nicht verwunderlich, wenn im Erwachsenenalter nicht zwangsläufig auf Erfahrungen in der Regulation von Nähe und Distanz zurückgegriffen werden kann (Ortland 2020, 74) und es weiterer Räume zur Auseinandersetzung bedarf.

4.2.2 Zweites und drittes Lebensjahr

Im ca. zweiten und dritten Lebensjahr stehen eine zunehmende Autonomie und Handlungsfähigkeit im Vordergrund der Entwicklung und es bildet sich bestenfalls ein Gefühl von Stolz als Voraussetzung für das Vertrauen in die eigenen Möglichkeiten aus (Heinemann/Hopf 2021, 16). Die Beschäftigung mit dem eigenen Körper fokussiert sich zum einen auf eine Selbststimulation, zum anderen auf die Ausscheidungsprozesse, die ebenfalls mit sinnlichen Erfahrungen belegt sind (Lache 2016, 62f.). Eine wesentliche Erkenntnis dabei ist, »das Festhalten und Loslassen des Stuhlgangs alleine geschafft, also etwa selbst entschieden und bewirkt zu haben« (Wanzeck-Sielert 2008 zit. n. ebd.). Die Entwicklung von Widerstand, Eigenwille und Verneinung wird durch die Spracheinführung unterstützt und legt bereits in diesem Lebensalter die Basis für die spätere Fähigkeit zur Wahrnehmung von Grenzen (Brocher 1971, 28ff.). Die so genannte »Trotzphase« wird begleitet von dem Wunsch, sich den Aufrufen der Bezugspersonen zu widersetzen und eigene aggressive Impulse lustvoll auszuleben (Lache 2016, 62f.). In diesem Kontext wird auch die Regulation weiterer Affekte wie Scham, Neid und Schuld für das Kind bedeutsam (Naumann 2017, 34). Können genügend gute Erfahrungen gesammelt werden, stellen diese eine wesentliche Grundlage für die Autonomieentwicklung dar. Hemmnisse und Reglementierungen führen hingegen nicht selten zu Empfindungen von Scham und Schuld (Lache 2016, 64).

Wie kann diese Phase nun aus der Perspektive von Kindern mit geistiger Behinderung betrachtet werden, bei denen zuweilen auch motorische und sprachliche Einschränkungen vorliegen? Sie können die angesprochenen Erfahrungen von Autonomie und Exploration womöglich nur begrenzt erleben, wodurch narzisstische Bestätigungen eher ausbleiben. Gleichzeitig kann die Wahrnehmung des eigenen Körpers bei Kindern mit geistiger Behinderung durch eingeschränkte Erfahrungsräume, wie beim Waschen und Ankleiden, erschwert sein, wenn sie in diesen Bereichen eine stärkere Regulation durch die Bezugspersonen erfahren (Senckel 2010, 169f.). Steht beispielsweise beim Wechseln der Windeln nur wenig Zeit zur Verfügung, kann kein Raum entstehen, die eigenen Genitalien zu entdecken und zu erkunden. Ein einfühlsames Eingehen erlaubt hingegen die in dieser Phase wichtige Exploration und durch die Benennung der äußeren Geschlechtsmerkmale können Kinder in ihrer Körperschemawahrnehmung unterstützt werden (Ortland 2020, 76). Einschränkungen in der Verbalsprache erschweren mitunter die für die Trotzphase wesentliche Verneinung. Hier können alternative Ausdrucksformen, beispielsweise über Bildkarten, die Abgrenzungsversuche unterstützen, wenn sie von den Erwachsenen als solche wahrgenommen werden (ebd., 78).

Nicht nur in dieser Phase ist es möglich, Erfahrungen von Zärtlichkeit und Geborgenheit beim gemeinsamen Kuscheln nachzuholen, sofern die beschriebenen möglichen Auswirkungen einer frühen Diagnose der geistigen Behinderung bereits etwas abgemildert werden konnten (ebd., 76). Insgesamt erscheinen die wahrgenommenen Belastungen auf Seiten der elterlichen Bezugspersonen und die zur Verfügung stehenden Ressourcen auch in dieser Phase eine zentrale Rolle in der Eröffnung von Möglichkeitsräumen einzunehmen (ebd., 76). Es ist demnach wesentlich, Eltern professionelle Unterstützungsangebote zur Verfügung zu stellen, die sich an der Lebensrealität der Familien orientieren und in denen ambivalente Gefühle verbalisiert und ausgehalten werden dürfen (▶ Kap. 6.5).

4.2.3 Viertes bis sechstes Lebensjahr

Etwa im vierten bis sechsten Lebensjahr kommt es schließlich zu einer Intensivierung der Konzentration auf die eigenen Geschlechtsorgane (Muck 2001, 34f.), die nicht selten von einer »Schau- und Zeigelust« (Lache 2016, 64) durch eigene Entblößung begleitet ist. Durch die Betrachtung der eigenen Genitalien und denen der Bezugspersonen und Gleichaltrigen erfolgt eine zunehmende Wahrnehmung der geschlechtlichen Unterschiede. Voraus geht diesem Prozess die Wahrnehmung der (sexuellen) Beziehung der Eltern auf der Ebene einer eigenen und für das Kind verschlossenen Konstellation, unabhängig davon, ob diese real oder nur in der Vorstellung existiert (Naumann 2017, 38). Das Kind nimmt sich fortan sowohl in seiner Beziehung zu den primären Bezugspersonen als auch im eigenen Getrenntsein von ihnen wahr (Reiche 2006, 27). Beziehungen zu Gleichaltrigen werden zunehmend bedeutsam. Sie bieten einen Erfahrungsraum für Zuwendung, Exploration und soziale Regeln, aber auch für die Bearbeitung von Zurückweisung, Streit und Enttäuschung (Lache 2016, 65).

> »Die hier erworbenen sozialen Verhaltensweisen sind – neben dem, was das Kind an Zärtlichkeit, Fürsorge, Annahme Verantwortung und Respekt in seiner Familie erfahren hat – die Grundlage für seinen Umgang in gleich- und gegengeschlechtlichen Beziehungen. Sie bilden die Basis seiner Liebes- und Freundschaftsfähigkeit« (Philipps 2000, 15).

Zur Realisierung wesentlicher Peer-Group-Erfahrungen in der Kindergruppe bedarf es freier Spielsituationen, in denen die Kinder ohne direktes Eingreifen der Erwachsenen miteinander in Kontakt gehen und Freundschaften aushandeln können. Allerdings bilden solche Settings für Kinder mit geistiger Behinderung oftmals die Ausnahme (Ortland 2011, 19). Den Fachkräften kommt daher in Hinblick auf die Erprobungsmöglichkeiten in der Gleichaltrigengruppe eine wesentliche Bedeutung zu, insbesondere da Kinder mit Behinderung im Gruppenalltag häufig alleine spielen und sie das Gruppengeschehen lediglich beobachten und dabei eher auf Erwachsene fokussiert sind (vgl. Kreuzer 2008). Gelingt eine feinfühlige Begleitung durch die Mitarbeitenden, können auch Kinder mit Behinderung sich emotional mit der Kindergruppe verbunden fühlen. Gerade im Elementarbereich ist hierin eine große Chance zu sehen, da Beeinträchtigungen in der Regel in Kindergruppen noch nicht negativ konnotiert werden, sondern eher »Variante[n] des Vertrauten« (Fritzsche 2007, 83) darstellen.

Beziehungen zu Gleichaltrigen unterstützen zugleich die Abgrenzung zu den Eltern, die nun vermehrt in sprachlichen Äußerungen ihren Ausdruck findet, beispielsweise in Form von wiederholten Diskussionen und Erklärungswünschen (Lache 2016, 65 ff.). Wenngleich die bereits beschriebene Schau- und Zeigelust ein Charakteristikum dieser Phase darstellt, entwickeln die Kinder gleichzeitig ein zunehmendes Schambewusstsein in Hinblick auf ihren eigenen Körper. Dieses kann sich im Wunsch nach selbständigem Ankleiden und Waschen äußern oder im Bedecken und in der Artikulation einer Privatsphäre (Ortland 2020, 81). Insgesamt führt eine hinreichende Bewältigung dieser Phase zu einer Unabhängigkeit von äußeren Wertvorstellungen und zu einer positiven Einflussnahme auf das eigene Selbsterleben (Ahrbeck 2004, 107).

Sind Kinder mit geistiger Behinderung in diesem Lebensalter weiterhin auf die Pflege durch die Bezugspersonen angewiesen und die Genitalien vornehmlich mit einer Windel bedeckt, erscheint nicht nur die (sexuelle) Auseinandersetzung mit dem eigenen Körper und eine damit verbundene narzisstische Befriedigung erschwert (vgl. Flaake/King 1992, 27), sondern auch die Ausbildung von Scham und eines Bewusstseins von Intimität. Verhindern motorische Einschränkungen Möglichkeiten der Selbststimulation, wirkt sich dies womöglich einschränkend auf »Körperbewusstsein wie auch Orgasmusfähigkeit [...]« (Böhm 2008 zit. n. Ortland 2011, 18) aus. Pflegebedürftige Menschen mit geistiger Behinderung werden oftmals öffentlich und von unterschiedlichen und verschiedengeschlechtlichen Personen im Genitalbereich berührt. Dies führt dazu, dass solche Handlungen nicht mehr als intim erlebt (Mattke 2004, 51) oder Autonomiebestrebungen nicht adäquat unterstützt werden können (Sinason 2000, 188 f.). Letztere finden auch dadurch Einschränkung, dass reale Abhängigkeitsdynamiken in der Beziehung zu den Bezugspersonen eine verbale Abgrenzung erschweren (Ortland 2011, 18), wodurch eine hohe Sensibilität von Nöten ist, um wesentliche Entwicklungsräume für Kinder mit geistiger Behinderung zu eröffnen. Können sich Kinder nicht in ihrem Getrenntsein von den primären Bezugspersonen erleben, treten diese Verstrickungen nicht selten auch noch in späteren Paarbeziehungen als Charakteristika auf (Bender 2012, 267 ff.).

Wird der eigene Körper vornehmlich in Therapien oder anderen (Pflege-)Settings über Dritte erfahren, kann dies zu einer »Entfremdung vom eigenen Körper« (Wellach 1999 zit. n. Ortland 2011, 17) führen, wie die folgende Aussage einer Frau mit Körperbehinderung verdeutlicht:

> »Sie (die Ärzte, Anm. B. O.) sprachen mich nur selten direkt an und ich spürte, dass ich für sie ein Objekt war, an dem sie ihre Wissbegier befriedigten, nichts weiter. Und selbst mit meinen vier Jahren empfand ich die Situation als unangenehm und fühlte mich vollkommen ausgeliefert. [...] Selbstverständlich fragte uns nie jemand um Erlaubnis. Wir waren einfach nicht menschlich genug, um

gefragt zu werden, ob es uns vielleicht etwas ausmachte, vor einer Gruppe älterer Männer nackt auf dem Tisch zu liegen« (Lapper 2005 zit. n. Ortland 2011, 18).

Werden durch solche Erfahrungen die eigenen Grenzen bereits in dieser Entwicklungsphase weniger wahrgenommen und formuliert, scheint es nachvollziehbar, dass Nähe und Distanz sowie das Nein-Sagen nicht selten auch im Erwachsenenalter noch zentrale und herausfordernde Thematiken für Menschen mit geistiger Behinderung darstellen (Bender 2012, 148 ff.), die einen fortwährenden Raum zur Entfaltung und Erprobung benötigen. Demgemäß stuften in eigens mit Studierenden konzipierten und durchgeführten Bildungsangeboten für erwachsene Menschen mit geistiger Behinderung zu den Themen Partnerschaft und Sexualität etwa 90 Prozent der Frauen und die Hälfte der Männer die Formulierung des Wortes »Nein« gegenüber anderen Menschen als schwierig ein. Aber auch bei der Auseinandersetzung mit äußeren Geschlechtsmerkmalen wurde in den Bildungsangeboten deutlich, dass eine ganzheitliche Körperwahrnehmung längst nicht bei allen Teilnehmer*innen selbstverständlich war, wenn beispielsweise keine Worte dafür vorhanden waren oder sich erkundigt wurde, ob man sich mit den eigenen Geschlechtsorganen tatsächlich auseinander setzen dürfe. Zudem gaben gleich mehrere Teilnehmerinnen an, ihren Körper noch nie im Spiegel betrachtet oder selbst erkundet zu haben (Bender 2012, 148 ff.). Bildungsräume zu diesen Thematiken können über das gesamte Leben eröffnet werden (▶ Kap. 6.1) und nachholende und korrigierende Lernerfahrungen ermöglichen.

4.2.4 Die Latenzphase

Ungefähr zwischen dem sechsten bis elften Lebensjahr herrschen das sexuelle Interesse sowie der Wunsch nach dessen Befriedigung zwar weiterhin vor, sie stehen jedoch nicht mehr im Vordergrund der Entwicklung. Die Schwerpunkte verschieben sich nun auf die Kognition und das Lernen (Senckel 2010, 172). Durch den Schuleintritt verlagern sich einerseits die Entwicklungsthemen, er geht aber in der Regel auch mit neuen Bezugspersonen und veränderten Freundschaften einher (Lache 2016, 67). Verbundenheiten werden nicht mehr länger vornehmlich über räumliche Nähe oder ein ähnliches Alter hergestellt, die gewonnene Selbständigkeit und Mobilität erlauben vielmehr eine vorrangige Orientierung in Freundschaften an gleichrangigen Interessen und Wertvorstellungen (Ortland 2020, 88). Die Erfahrungen in der Peer-Group wachsen insgesamt erneut in ihrer Bedeutung an und auch sexuelle Themen werden nun eher dort als in der Beziehung zu den primären Bezugspersonen verortet (Lache 2016, 67 f.). Es können erste Wahrnehmungen des eigenen Verliebt-Seins auftreten, die zumeist sowohl von einer Neugier als auch von Unsicherheiten und Ängsten begleitet sind. Ebenso erweitert sich in dieser Zeit das Verständnis von Sexualität, wenngleich eine differenzierte Auseinandersetzung in der Regel noch ausbleibt und es sich eher um Halbwissen handelt (Ortland 2020, 86 ff.). Sprache wird vermehrt sexualisiert und provokativ genutzt, nicht zuletzt, um die Abgrenzungswünsche gegenüber den erwachsenen Bezugspersonen weiter voranzutreiben und sich gegen sie und die Abhängigkeit von ihnen zu behaupten

(Lache 2016, 67 ff.). Nicht nur in dieser Phase können Kinder durch Eltern und Fachkräfte darin unterstützt werden, Sexualität in ihrer Vielfalt anzuerkennen und vorschnelle normative Bewertungen, beispielsweise von gleichgeschlechtlicher Orientierung, einzuordnen (Kahle 2016, 96).

Der Selbstwert ist nicht mehr länger vordergründig abhängig von den Erfahrungen mit den primären Bezugspersonen, es treten vielmehr eine eigene Anerkennung und Selbstachtung in den Vordergrund. Zudem bildet sich eine zunehmende Differenzierung von Realität und Phantasie aus (Blos 1989, 66 ff.).

Konnten Kinder mit geistiger Behinderung in dieser Phase genügend gute Erfahrungen im Bereich der Wahrnehmung der eigenen Fähigkeiten sammeln, für die eine zunehmende Geschicklichkeit im kognitiven und motorischen Bereich zumeist die Voraussetzung darstellt? Denn diese lagern sich im Selbsterleben ab, ebenso wie die damit verbundenen Wertungen der Bezugspersonen (Muck 2001, 27 f.) und können sich so entweder positiv oder negativ wirksam entfalten.

Bezüglich des Stellenwerts von Freundschaften ist bei Kindern mit geistiger Behinderung anzumerken, dass diese durch ausbleibende Erfahrungen zunehmender Selbständigkeit und -wirksamkeit sowie bei einer begrenzten Mobilität mitunter nur erschwert stattfinden können. Auch Einschränkungen in der Sprachentwicklung spielen eventuell eine Rolle, die jedoch durch den Einbezug Unterstützter Kommunikation reduziert werden können. Hierbei scheint es wichtig, den Kindern die Möglichkeit zu eröffnen, auch mit technischen oder nicht-technischen Hilfsmitteln in »ihrer« Sprache kommunizieren zu können, die beispielsweise neben sexuellen Begriffen auch Ausdrücke der so genannten Jugendsprache umfassen sollte (Ortland 2020, 85). Die zunehmende Nutzung von Medien gerät in diesem Kontext nicht nur für Kinder mit geistiger Behinderung in den Fokus und ist vor dem Hintergrund des Erwerbs von Medienkompetenz zu reflektieren. So geht sie beispielsweise mit neuen Möglichkeiten einer mobilitätsunabhängigen Kontaktaufnahme einher, der auch im Erwachsenenalter im Kontext von Partnerschaft und Partnersuche eine immer stärkere Bedeutung zukommt (▶ Kap. 6.7).

Integrations- und Inklusionserlebnisse können sich entweder unterstützend oder auch hemmend auf einen Rückbezug auf die Peer-Group auswirken (Ortland 2020, 88), die auch für die im Folgenden beschriebene Phase der Adoleszenz von immanenter Bedeutung ist.

4.2.5 Adoleszente Entwicklung

Die Phase der Adoleszenz wird häufig mit dem Terminus der Pubertät gleichgesetzt, obgleich letzterer insbesondere die biologischen Reifungsprozesse in den Blick nimmt und bei der Betrachtung der adoleszenten Entwicklung ebenso die sozialen und psychischen Aspekte mit aufgenommen werden (Günther 2017, 111 f.). Die Pubertät wird als die größte Krise in der Entwicklung des Menschen beschrieben. In dieser Phase, die häufig zwischen dem 11. und 13. Lebensjahr eingeleitet wird, kommt es zum vollständigen Erwerb der Geschlechtsidentität. Gleichzeitig bedingen hormonelle Veränderungen den Wunsch nach genitaler Sexualität und Masturbation (Heinemann/Hopf 2021, 17). Die Sexualität in partnerschaftlichen Beziehungen erfährt in dieser Phase noch keine vollständige Integration (Streeck-Fischer 2006, 14), dennoch findet in der Regel bereits eine Verschiebung der Befriedigung vom Selbst auf andere statt (Blos 1989, 105). In der Adoleszenz wird dem Wunsch nach weiterer Abgrenzung von den primären Bezugspersonen eine besondere Bedeutung zugeschrieben (Fonagy et al. 2006, 321). Die Peer-Group kann die Entwicklung von Selbständigkeit und Selbstbestimmung grundlegend positiv beeinflussen (Rauh 2004, 91). Sie zählt zu einem wesentlichen und notwendigen Erfahrungsraum mit Containmentfunktion (Wininger 2006, 37). In der Peer-Group können Verhaltensmuster eingeübt und korrigiert werden und die Interaktionen wirken sich im besten Fall förderlich auf die Fähigkeit des Mentalisierens aus (Heinemann 2008, 21). Die Adoleszenz bietet somit einen neuen »Möglichkeitsraum« (King 2002, 94), in dem die Erfahrungen der frühen Kindheit eine Bearbeitung im Sinne einer »zweite[n] Chance« (Erdheim 1982 zit. n. Günther 2017, 112) erleben können. In diesem begegnen die Jugendlichen starken Ambivalenzen, die damit verbunden sind, sich entweder weiter auf vertrauten Pfaden zu bewegen oder sich neuen Lebensentwürfen zuzuwenden (Günther 2017, 112). Sie befinden sich in einem »Zwischenraum von Nicht Mehr und Noch Nicht, selbst immer auch Fremde in einer unbekannten Welt« (Bosse/King 1998 zit. n. ebd., 117).

Auch in diesem Kontext stellt sich die Frage nach den Bedingungen und Erfahrungsräumen für Jugendliche mit geistiger Behinderung, denn

> »die Art und Weise des adoleszenten Aneignungsprozesses ist wesentlich davon bestimmt, in welchem sozialen Kontext er stattfindet und welche[] Räume den Jugendlichen zugestanden werden, sich mit den wesentlichen Fragen bei der Ausbildung ihrer Identität auseinanderzusetzen. Damit geraten Fragen nach den Bedingungen für die adoleszente Identitätsbildung in den Blick: Welche Spielräume erhalten Heranwachsende von Familie, Schule und sozial-kulturellem Umfeld, um sich mit ihrem veränderten Körper, ihrer neuen sexuellen Energie, den Ablösebestrebungen von der Herkunftsfamilie sowie mit ihren Wünschen für die eigene Wirksamkeit auseinanderzusetzen?« (Günther 2017, 114).

In der Adoleszenz kommt es zudem fast zwangsläufig zu Gegenüberstellungen der eigenen Stärken und Schwächen mit denen der Gleichaltrigen. Nicht selten wird auch eine Idealisierung des äußeren körperlichen Erscheinungsbildes mit in die Vergleiche aufgenommen (Walter 2005, 167 ff.). Als Folge müssen womöglich kränkende zurückweisende Reaktionen von Menschen ohne Beeinträchtigungen in das Selbstbild integriert werden (Stöckmann 2005, 62). Erfahrungen von negativen Bewertungen des eigenen Körpers können schließlich bewusst oder unbewusst zu einer Negation der eigenen Körperlichkeit führen (Leue-Käding 2004, 83). Zwar erleben auch Jugendliche ohne Behinderung diesen Prozess, jedoch erfährt er durch die nun zumeist sichtbare Ausformung der Beeinträchtigung auf körperlicher Ebene eine deutliche Intensivierung (Sinason 2000, 203 ff.). Gleichzeitig wird die eigene Behinderung zunehmend als etwas Konstantes sowie eine reale Differenz zu anderen erfahren (Sinason 1997, 131).

> »Wenn einem nach der Adoleszenz die Augen aufgehen und man realisiert, dass man kein AUSTEN, kein EINSTEIN, keine MADONNA oder kein PICASSO werden wird, so ist das für den normalen Jugendlichen schmerzhaft genug. Wenn einem die Augen aufgehen und man einräumen muss, dass man anders aussieht, klingt, geht, spricht, sich bewegt oder denkt als der normale Durchschnittsmensch, ganz zu schweigen von männlichen oder

weiblichen Kultfiguren, dann erfordert das mehr Mut, Aufrichtigkeit und Toleranz dem eigenen Neid gegenüber« (Sinason 2000, 27, Hervorhebungen im Original).

Gleichzeitig erfahren Jugendliche mit geistiger Behinderung durch das Ablegen ihres kindlichen Äußeren und einer Intensivierung der Sichtbarkeit der Beeinträchtigung nicht selten eine Distanzierung von Personen aus ihrem direkten Umfeld (Ortland 2020, 140). Dies führt mitunter zu einer Verstärkung der Unsicherheiten, denen sich Jugendliche in dieser Phase konfrontiert sehen, aber auch Auffälligkeiten im Verhalten können die Folge sein. Es ist beispielsweise ein Hass gegen sich selbst, die eigene Beeinträchtigung oder gegen andere möglich (ebd., 201 f.), insbesondere, wenn Jugendlichen mit geistiger Behinderung keine adäquaten Bewältigungsmuster für die Verarbeitung der Diskrepanz zwischen körperlicher und geistig-seelischer Entwicklung (Hennies/Kuhn 2004, 134 f.) sowie Erfahrungsräume in der Peer-Group zur Verfügung stehen (Bender 2012, 112 f.). Dem Prozess der Auseinandersetzung mit der eigenen Beeinträchtigung kommt in der sexuellen Entwicklung eine wesentliche Rolle zu, wenngleich dieser sich höchst unterschiedlich ausgestalten kann (Ortland 2020, 114 f.).

So beendete ein junger Mann mit geistiger Behinderung nach nur wenigen Wochen die eigentlich glückliche Beziehung zu seiner Partnerin, da sie nach seinem Einschätzen zu viele Fehler mache, die wiederum für ihn nur im Kontext ihrer Beeinträchtigung interpretierbar waren: »Normale machen keine Fehler« (Bender 2012, 259). In einem anschließenden Gespräch wiederholte er mehrfach die Aussage, dass er keine Freundin mit Behinderung wolle mit den Worten: »Ich will eine normale Frau, ich will auch normal sein« (ebd.). Weiter gab er an, dass er oftmals Aggressionen empfinde, wenn er mit seiner eigenen Beeinträchtigung konfrontiert sei und sich schließlich an anderen Menschen abreagiere: »Aber nur mit Leuten, die behindert sind, das tut mir gut« (ebd., 260). Im weiteren Verlauf der Begleitung wurde schließlich deutlich, dass die Konfrontation mit der Beeinträchtigung für den Mann mit schmerzhaften Erfahrungen der Zurückweisung durch die Mutter verbunden war, die ihn, laut eigener Aussage, aufgrund der Behinderung bereits im frühen Kindesalter verlassen hatte (ebd., 260 f.).

Die Bedeutung von Reinszenierungen ungelöster Konflikte in späteren Paarbeziehungen wird auch anhand des folgenden Zitats deutlich.

»Wird die Adoleszenz als ›zweite Chance‹ [...] im Leben zum Durcharbeiten präödipaler und ödipaler Wünsche und Konflikte sowie entsprechender problematischer Konstellationen und zur teilweisen Lösung von den primären signifikanten Objekten nicht genutzt, dann werden diese Konflikte in die Partnerwahl und die Partnerbeziehung ›hineinverlagert‹ bzw. Lösungswünsche werden an die Partnerin bzw. den Partner ›delegiert‹ [...]. Dies führt nicht selten zu Enttäuschungen und Konflikten in der entsprechend ›überfrachteten‹ Paarbeziehung« (von Boetticher/Reiche 2022, 189).

Eine sensible Begleitung durch Fachkräfte und Eltern kann diesen Prozessen positiv entgegenwirken und die Unterstützung von Peer-Group-Erfahrungen erlaubt bestenfalls eine Stärkung des Selbstbildes sowie die Benennung eigener Gefühle und Wünsche (Heck 2017, 161). Auch an dieser Stelle sei erneut auf die Potenziale neuer Medien zu verweisen, die Zaynel für einen jungen Mann mit Trisomie 21 beschreibt,

»der durch seine WhatsApp-Nutzung von dem einen auf den anderen Tag ganz anders sozial vernetzt und in seinem sozialen Umfeld integriert wurde, dadurch dass er über WhatsApp mit den Jugendlichen vor Ort niedrigschwellig in Kontakt treten kann« (Zaynel 2017, 221).

Neben der Auseinandersetzung mit der eigenen Behinderung, die als ein lebenslanger Prozess anzusehen ist, der wiederholt von Krisen gekennzeichnet sein kann (Leue-Käding 2004, 84), stellt die Ablösung von den Bezugspersonen zugunsten einer eigenen Individualität eine der Hauptentwicklungsaufgaben in diesem Lebensabschnitt dar (Hohage 2000, 17). Allerdings sind die Möglichkeiten eines eigenverantwortlichen Handelns für Jugendliche mit geistiger Behinderung durch Prozesse von Fremdbestimmung sowie durch Ängste oder fehlendes Zutrauen mitunter eingeschränkt (Senckel 2010, 97). Inwieweit die so genannte Überbehütung aus der Perspektive der Bezugspersonen eine sinnvolle Bewältigungsstrategie darstellen kann, soll in Kapitel 6.5 (▶ Kap. 6.5) gesondert erläutert werden und ist an dieser Stelle keinesfalls als Kritik an Eltern und Angehörigen zu verstehen. Sind die Themen Partnerschaft und Sexualität für Jugendliche mit geistiger Behinderung jedoch mit Tabuisierungen und einem fehlenden Ernstnehmen belegt, bleiben wesentliche Entwicklungsräume vorbehalten.

> »Sexuelle Erfahrungen spielen eine wichtige Rolle, wenn es darum geht, die Vielseitigkeit der eigenen Identität zu entdecken, mit ihr umzugehen und sie zu leben. Die […] sexuellen Erfahrungen können bereichern, beglücken, erfreuen, aber auch beängstigen, verunsichern oder verletzen« (Tuider et al. 2012, 16).

Insgesamt kommt der positiven Begleitung der sexuellen Entwicklung (vgl. Ortland 2020) ein gesonderter Stellenwert zu, die wiederum ein Wissen um deren Chancen und Herausforderungen im Kontext der geistigen Behinderung voraussetzt und professionell gerahmt werden muss. Es gilt daher im Folgenden, den aktuellen fachlichen Umgang mit Sexualität und geistiger Behinderung darzulegen und sich diesem in einem weiteren Schritt aus Perspektive der Fachkräfte verstehend anzunähern.

4.3 Sexualität und geistige Behinderung – aktuelle Entwicklungen

Aktuell werden in unserer pluralistischen Gesellschaft Toleranz und Selbstbestimmung, auch im Bereich der Sexualität, zunehmend als bedeutsame Leitlinien diskutiert (vgl. Wetter 2019, 1). Ebenso betont der wissenschaftliche Diskurs mit Bezugnahme auf das Phänomen der geistigen Behinderung den Stellenwert der sexuellen Selbstbestimmung für alle Menschen. Spätestens seit dem Inkrafttreten des Übereinkommens über die Rechte von Menschen mit Behinderung im Jahre 2009 in Deutschland gilt der Anspruch auf Unterstützung der Sexualität von Menschen mit geistiger Behinderung als gesetzlich verankert (Heck 2017, 152).

Grundsätzlich stellen sexuelle Rechte »sexualitätsbezogene Menschenrechte« (Kunz 2022, 63) dar, auf die in diversen Rechtsansprüchen und Abkommen Bezug genommen wird (ebd.). Die Erklärung der sexuellen Menschenrechte, die 1999 von der Generalversammlung der World Association for Sexual Health verabschiedet wurde, umfasst folgende Punkte:

1. »Das Recht auf sexuelle Freiheit. [...]
2. Das Recht auf sexuelle Autonomie, sexuelle Integrität und körperliche Unversehrtheit. [...]
3. Das Recht auf sexuelle Privatsphäre. [...]
4. Das Recht auf sexuelle Gleichwertigkeit. [...]
5. Das Recht auf sexuelle Lust. [...]
6. Das Recht auf Ausdruck sexueller Empfindungen. [...]
7. Das Recht auf freie Partnerwahl. [...]
8. Das Recht auf freie und verantwortungsbewusste Fortpflanzungsentscheidungen. [...]
9. Das Recht auf wissenschaftlich fundierte Sexualaufklärung. [...]
10. Das Recht auf umfassende Sexualerziehung. [....]
11. Das Recht auf sexuelle Gesundheitsfürsorge. [...]« (World Association for Sexual Health 2013, 73 f.).

In der UN-BRK wird die Thematik insbesondere in Artikel 16 (Freiheit von Ausbeutung, Gewalt und Missbrauch) mit Bezugnahme auf den Schutz vor sexualisierter Gewalt und in Artikel 23 (Achtung der Wohnung und der Familie) in Hinblick auf sexuelle und reproduktive Rechte thematisiert. Am fachlichen Umgang mit Sexualität bei Menschen mit geistiger Behinderung lässt sich jedoch bislang kein unmittelbarer Anschluss an diese Entwicklungen erkennen, es sind vielmehr anhaltende Reglementierungen, Zuschreibungen und Widerstände damit verbunden (Kunz 2022, 62 f.; Heck 2022, 174 ff.).

»Konkretisierbar für den Bereich der sexuellen Selbstbestimmung ist diese generelle Feststellung an spezifischen Problembereichen, z. B. der mangelnden Wahrung der Privat- und Intimsphäre, nicht durchgehend vorhandenen abschließbaren Toiletten- und Waschräumen, einer zu geringen Beachtung genderbezogener Aspekte in der pflegerischen Begleitung der Bewohnerinnen und Bewohner sowie der Tatsache, dass in vielen Einrichtungen keine Wohnmöglichkeiten für Paare und Familien bereitgestellt werden« (Jennessen et al. 2019, 8).

Bis heute gelten Menschen mit Behinderung zudem zuweilen als geschlechtslose Wesen, was wiederum die Tabuisierung von Sexualität im Kontext von Beeinträchtigung aufrechterhalten kann. »[D]enn wessen Geschlecht nicht existiert, über dessen Sexualität muss auch nicht gesprochen oder geschrieben werden« (Köbsell 2013, 125).

Gleichwohl ist festzuhalten, dass seit der Einführung des Normalisierungsprinzips und der damit einhergehenden Formulierung des Rechts auf Selbstbestimmung bezüglich der Themen Partnerschaft und Sexualität in den 1970er Jahren (Nirje 1994, 17 ff.) zu einer zunehmenden Ausdifferenzierung der Fragestellungen im Kontext dieser Thematiken kam. Dies betrifft beispielsweise die Bereiche von Kinderwunsch und Elternschaft oder der Sexualassistenz (Sprecht 2008, 295), die im weiteren Verlauf (▶ Kap. 6) gesondert aufgegriffen werden sollen.

Trotz dieser Fortschritte, auch im Kontext von Enttabuisierung und Professionalisierung im Bereich der Sexualität allgemein, lässt sich anhand übereinstimmender Ergebnisse von Studien der vergangenen 25 Jahre im deutschsprachigen Raum konstatieren, dass die sexuelle Selbstbestimmung von Menschen mit geistiger Behinderung noch lange keine selbstverständliche Unterstützung erfährt (Kunz 2022, 64). Die Entwicklungen in diesem Feld erscheinen zunächst eher minimal. So gaben 60 Prozent der in Einrichtungen der Behindertenhilfe lebenden Befragten in einer aktuellen Studie zu »Erfahrungen und Prävention von Gewalt an Menschen mit Behinderung« an, dass sie sich noch nicht mit ihrer eigenen Sexualität auseinandersetzen konnten. Zuzüglich weiterer unkonkreter Antworten bei dieser Frage resümieren Mayrhofer und Seidler schließlich, dass bei etwa zwei Drittel eingeschränkte oder fehlende Erfahrungen zu vermuten sind (Mayrhofer/Seidler 2020, 38). Eine Vielzahl an Themen, die in den letzten Jahrzehnten Eingang in die Fachdiskussion nahmen, unterliegen weiterhin einer deutlichen Aktualität, wie unter anderem die Fachbeiträge von Mayrhofer und Seidler sowie Jennessen et al. zeigen, die sich mit dem Recht auf sexuelle Selbstbestimmung und dem Schutz vor sexualisierter Gewalt beschäftigen und diese entweder mit einem Fragezeichen versehen oder eingängige Zitate anführen, die sogleich auch auf eine unzureichende Umsetzung dieser Themen verweisen (vgl. Mayrhofer/Seidler 2020; vgl. Jennessen et al. 2019). Kunz verweist auf folgende Aussage aus einer qualitativen Untersuchung zu Einschränkungen im Kontext von Sexualität bei Menschen mit geistiger Behinderung:

> »Ich durfte sie zwei Mal im Monat sehen. Meine Freundin hatte eine Frau als Vormund – die war sehr streng mit ihr. Sie hat bestimmt, wie fleißig wir uns sehen durften: deshalb durften wir uns nur zwei Mal im Monat sehen. Einmal musste ich zu ihr fahren und das zweite Mal durfte sie zu mir in die WG kommen« (Paraza 2018 zit. n. Kunz 2022, 62).

Eventuell steht dies mit fortwährenden Infantilisierungstendenzen in Zusammenhang, denn erwachsene Menschen mit geistiger Behinderung gelten mitunter »[…] als verwunderliche, ewige Kinder, die ein Niemandsland bewohnen, in das so etwas wie Sexualität niemals eindringen wird« (Sinason 2000, 32).

> In diesem Kontext gab eine Mutter im Interview an, dass sich ihre Tochter selbst als »Halbfrau« (Elterninterview Frau G, 2016, Z. 55) bezeichne, für die Sexualität nicht vollumfänglich in Frage käme.

Daneben bestehen teilweise bereits widerlegte Vorurteile einer maßlosen Triebhaftigkeit oder Asexualität von Menschen mit geistiger Behinderung weiter fort (Sprecht 2008, 295), wenn die Sexualität des Personenkreises ausschließlich auf die Wahrnehmung ihrer Beeinträchtigung reduziert wird. In diesem Zusammenhang werden auch gesellschaftliche Schönheitsideale und das in den Medien vermittelte Bild einer leistungsgesteuerten Sexualität relevant, denen Menschen mit geistiger Behinderung nur schwer genügen können, wenn sie eher mit Schwäche und Abhängigkeit assoziiert werden (Stöhr et al. 2019, 97). Zusätzlich ist es ungleich schwerer, persönliche und individuelle Wünsche im Bereich von Partnerschaft und Sexualität einzufordern, wie beispielsweise eine bauliche Barrierefreiheit (Köbsell 2013, 131).

Auch starre normative Grundsätze bei der Einschätzung sexueller Bedürfnisse der Personengruppe, die eine höhere Akzeptanz erlauben, je stärker sie Bildern von Liebe in einer festen Partnerschaft entsprechen (Kunz 2022, 62), behindern mitunter die Wahrnehmung und Unterstützung sexueller Selbstbestimmung. Treten dazu Abweichungen von Vorstellungen von Zweigeschlechtlichkeit und Heterosexualität auf, erfahren Reglementierungen zumeist eine Verschärfung (Wittmann et al. 2017, 43).

Nicht zuletzt wird die fortdauernde Tabuisierung von Kinderwunsch und Elternschaft bei Menschen mit geistiger Behinderung durch strukturelle und soziale Zwänge aufrechterhalten. So konstatierte der UN-Ausschuss für die Rechte von Menschen mit Behinderungen zur Umsetzung der UN-Behindertenrechtskonvention im Jahr 2015, dass es weiterer Maßnahmen zur Entgegenwirkung von (Zwangs-)Sterilisationen von Frauen mit Lernschwierigkeiten bedarf (vgl. BRK-Allianz 2015, o. S.). Worin sind diese durchaus einschränkenden Prozesse nun begründet, wenn sich doch seit mehreren Jahren eine grundsätzliche Sensibilisierung für die Bedeutung der Thematik sowie ein Wille von Einrichtungen und Diensten abzeichnet, die sexuellen Bedürfnisse der Adressat*innen wahrzunehmen und zu achten (Sprecht 2008, 295)?

4.4 Verstehende Annäherung an die Perspektive der Fachkräfte

»Wenn Sexualität ins Spiel kommt, ist es offenbar besonders schwer, die Situation richtig einzuschätzen und angemessen zu reagieren« (Eggert-Schmid Noerr/Heilmann/Weißert 2017, 8). Diese Aussage zielt zwar auf den Umgang mit Sexualität bei Kindern und Jugendlichen ab, erscheint jedoch gleichermaßen für die fachliche Auseinandersetzung in der Begleitung von Menschen mit geistiger Behinderung relevant.

Allerdings sind Fachkräfte in diesem Kontext nicht nur mit dem herausfordernden Feld der Sexualität konfrontiert, sondern auch mit dem Phänomen Behinderung, das nicht nur »unser blinder Fleck« (de Groef 1997, 23) ist, sondern auch als »angstauslösende[s] Befremdliche[s]« (Gerspach 2012, 51f.) wahrgenommen werden kann. Es konfrontiert uns womöglich (unbewusst) mit bedrohlichen Inhalten, wie beispielsweise der Angst, selbst eine Beeinträchtigung zu erwerben oder auch Ausgrenzung und Angewiesenheit spüren zu müssen (Katzenbach 2012, 92). Wenn man davon ausgeht, dass die meisten Beeinträchtigungen im Verlauf des Lebens erworben werden (vgl. Statistisches Bundesamt 2022), ist durchaus nachzuvollziehen, dass in diesem Kontext die eigene Verletzlichkeit berührt wird. Indessen können empfundene Ängste und Ablehnungen auf Seiten der Fachkräfte und Mitarbeitenden in Einrichtungen nur schwer aufgegriffen und damit reflexiv verstehbar gemacht werden, da sie häufig mit Schuldgefühlen (Heck 2019, 104f.)

oder gar Scham (Wulff/Ruthemeier 2015, 90) einhergehen, wenn damit eine fehlende fachliche Kompetenz im Sinne von »so dürfen wir als Fachkräfte doch nicht fühlen« assoziiert wird.

Überdies sind auch Fachkräfte und Mitarbeitende in Einrichtungen in gesellschaftliche Prozesse eingebunden und man kann mit Bezugnahme auf den gesellschaftlichen Wandel im Kontext von Sexualität (▶ Kap. 4.1) vor dem Hintergrund des Lebensalters von differenten gesellschaftlich geprägten Erfahrungsräumen ausgehen. Die Betrachtung von Sexualität, Partnerschaft und geistige Behinderung ist daneben eng mit Moral- und Wertvorstellungen (▶ Kap. 2.3) verknüpft (Herrath 2010, 11). Bei Fachkräften und Mitarbeitenden in Einrichtungen führen diese in ihrer Verwobenheit mit individuellen biografischen Erfahrungen schließlich zu einer Ausbildung unterschiedlicher »moralische[r] Grenzlinien« (Günther 2017, 123), vor deren Hintergrund Sexualität wahrgenommen und gedeutet wird (Rieske et al. 2021, 14). »Dass sich eine Definition [von Sexualität – d. Verf.] aus konservativ-religiöser Sicht mit einer Definition von jungen emanzipierten Menschen höchstwahrscheinlich nicht decken wird, ist dann nachvollziehbar« (Plaute 2016, 46). Gleichwohl scheint eine alleinige Fokussierung auf das Lebensalter der Bezugspersonen nicht ausreichend differenziert, wie die folgenden Interview-Aussagen einer jungen, etwa 20-jährigen Fachkraft vermuten lassen:

> »Also ich habe bislang nur im Seniorenbereich gearbeitet, in einem Wohnheim. Da ist das überhaupt gar kein Thema. Die sind alle im Alter von 41 und 77 oder so was. Da ist das gar kein Thema mehr. Natürlich gibt es da Knutschereien, auch unter Männern. Denen ist das dann egal, die nehmen das, was da ist. Aber, ähm, so über Sex oder so wird da gar nicht geredet. Und Partnerschaften gibt es da auch nicht. Es gab da mal ein Pärchen, die waren verlobt. Wo die Frau dann gestorben ist. Ähm, man weiß nicht, was da gewesen ist. Die haben zusammen in einem Bett geschlafen, aber man weiß es nicht, ne, ob sie wirklich Geschlechtsverkehr hatten, und seit einem Jahr arbeite ich in einer ambulanten Wohnberatung, dort sind natürlich auch Jüngere, die ich betreue, im Alter von 20 bis, wie alt ist der Älteste? Ähm, meine ich. Ähm, bei den Jüngeren, da ist das so, da gibt es jemanden der hat schon eine längere Partnerschaft« (Fachkräfteinterview Frau B, 2016, Z. 5–16).

In einer weiteren Textpassage wird die Thematik mit ähnlich auffallender Diskrepanz zwischen den eigenen Aussagen aufgegriffen:

> »Ich betreue ja auch noch einen ganz, ganz alten Mann, fällt mir gerade ein. Der ist schon 60. Der hat mit Sex überhaupt nichts am Hut. Aber er macht so Andeutungen mit Busen und Po so, ne« (ebd., Z. 68–70).

Darin schwingen nicht nur (unbewusste) Bilder einer an Jugend gebundenen Sexualität mit, sondern die Thematik scheint ebenfalls nur einseitig auf genitales Erleben bezogen. Bedürfnisse, auch im Kontext von Queerness (▶ Kap. 5.4), können womöglich aufgrund einer fehlenden fachlichen Rahmung, die im späteren Interviewverlauf sichtbar wird, nicht als solche wahrgenommen werden.

Ein weiterer Erklärungsansatz wäre, dass die Konfrontation mit dem Sexuellen in der heilpädagogischen Praxis nicht selten starke Emotionen hervorruft, die mit der eigenen (sexuellen) Biografie in Zusammenhang stehen und gemeinsam mit den normativ-moralischen Bewertungen zu »prä-reflexiven Handlungsmuster[n]« (Rieske et al. 2021, 17) führen, die es einzuordnen und aufzulösen gilt. Wird die eigene sexuelle Biografie nicht ausreichend reflektiert[13], besteht die Gefahr, die eigenen Themen und Bedürfnisse überzustülpen und Grenzen der Adressat*innen zu verletzen (Kahle 2016, 98).

> »Das sexuelle Selbstkonzept sollte bei sexualpädagogisch Tätigen möglichst klar differenziert, elaboriert und [...] realitätsangemessen sein. Dazu gehören als zentrale Bestandteile ein Bewußtsein über Einstellungen und Werte, denen man sich verpflichtet fühlt, und über die biographischen Bedingungen, die sie mitgeformt gaben, die Kenntnis der eigenen Stärken und Schwächen, Vorlieben, Abneigungen sowie ein Wissen um Wiedersprüche innerhalb der eigenen Identität« (Burchardt 1999 zit. n. Ortland 2020, 190).

Dies schließt das Bewusstsein mit ein, die eigene sexuelle Biografie und die daraus entwickelten Vorstellungen und Haltungen nicht mit dem professionellen Handeln gleichzusetzen, da sich Teilhabechancen von Menschen mit geistiger Behinderung ansonsten vorrangig an persönlichen Neigungen ableiten ließen, wie die folgende Aussage einer Fachkraft verdeutlicht:

> »[W]enn man im privaten Bereich auch relativ entspannt ist und seine eigene Sexualität lebt, glaube ich, oder die Offenheit hat, sie auszuleben, gesteht man sie auch jedem anderen auch eher zu oder da kann man auch offener damit umgehen« (Fachkräfteinterview Frau D, 2016, Z. 236–239).

Die Wirkmächtigkeit moralisch-normativer Aspekte lässt sich ebenfalls in Hinblick auf die Fokussierung auf Gefährdungspotenziale im Umgang mit Sexualität betrachten, die als »Ausdruck bürgerlicher Sexualnormen« (Rieske et al. 2021, 17) bewertet werden kann. Rieske et al. resümieren, dass

> »das Thema ›Sexualität‹ vielfach eine Überforderung darstellt und nicht immer entsprechend professionsethischer Standards bearbeitet wird, auch wenn sich [...] häufig ein tiefes Ringen der Pädagog*innen und Sozialarbeiter*innen um den richtigen Umgang mit sexuellen Phänomenen zeigt« (ebd., 18).

So beschreibt auch eine Fachkraft die Herausforderungen für ihr Team im Interview:

> »Ähm, und habe ich dann hier im Kontext erlebt, dass darüber wenig gesprochen wird, also es wird von den Leuten schon oft thematisiert, aber von Seite hier von den Pädagogen oder Betreuer ist da viel Unsicherheit einfach vorhanden im Umgang mit ›darf ich das zulassen‹ und ›wo muss ich Grenzen setzen‹ oder ›wie setze ich Menschen mit geistiger Behinderung Grenzen‹. Also ›wie kann ich das sprachlich gut rüberbringen?‹. Ja, vor allem die Thematik hier war wohl für viele einfach ganz neu« (Fachkräfteinterview Frau E, 2016, Z. 12–17).

---

13 Eine erste Orientierung können die Leitfragen zur eigenen sexuellen Biografie »Erinnerst du dich?« und zu den Erfahrungen der eigenen Sexualerziehung von Ortland (2020, 191 ff.) bieten.

Trotz dieses Wissens um vielfältige Verunsicherungen wird die Thematik von Sexualität und Partnerschaft zumeist aus Diskursen über Professionalität ausgeklammert oder nur peripher behandelt. So evaluierte Voß in einer aktuellen Studie zur Verankerung der Wissens- und Kompetenzentwicklung in den Bildungslehrplänen und Curricula von Ausbildungs- und Studiengängen relevanter Sozial- und Gesundheitsberufe explizit für Trans- und Intergeschlechtlichkeit, dass die Themen in den meisten Modulhandbüchern deutscher Hochschulen nicht explizit als Lehr- und Forschungsfeld ausgewiesen sind (vgl. Voß 2021, 28). Und auch Siemoneit, Verlinden und Kleinau stellen in ihrem aktuellen Herausgeberinnenband einleitend fest, dass Sexualität an deutschen Universitäten insbesondere unter dem Präventionsaspekt von sexualisierter Gewalt behandelt wird und dies vor allem in zeitlich begrenzten Projekten. Ein sexualitätsbejahender Blick auf entwicklungsfördernde Momente bleibt in der Regel aus (Siemoneit et al. 2023, 7 f.). Dies scheint umso verwunderlicher, da Fachkräften nicht nur in der Begleitung von Menschen mit geistiger Behinderung eine zentrale Rolle in der Durchsetzung des Rechts auf sexuelle Selbstbestimmung zugeschrieben wird. Um eine professionelle Handlungsfähigkeit in diesem Bereich auszubilden und zu bewahren, bedarf es einer kontinuierlichen Reflexion, beispielsweise von Macht- und Verstrickungsprozessen (Rieske et al. 2021, 12 ff.).

Fest verankerte diskursive Räume zur Thematik in Team oder Supervision sowie an Zugängen zur professionellen Selbstreflexion (Heck 2022, 174 ff.) sind jedoch nicht selbstverständlich, wenngleich diese unabdingbar erscheinen (Häberli 2019, 44; Specht 2008, 300; Kahle 2016, 98). So fasst auch eine Fachkraft im Interview zusammen:

> »Ähm, das ist natürlich die Kunst eines jeden Menschen, der in der Sozialen Arbeit tätig ist, da irgendwo neutral zu bleiben. Die Biografie spielt da immer mit rein, das wird man auch merken, aber da geht's einfach um Selbstreflexion, um zu sehen, wie komme ich, was mache ich in dem Moment daraus, wo ich merke, ups, da geht's jetzt gerade um mich und meine Biografie und nicht mehr um den Menschen, wo ich zuständig bin, wo ich jetzt Betreuer, Begleiter wie auch immer bin. [...] Wir sprechen da [im Team – d. Verf.] halt immer nur über, was heißt nur wir, wir sprechen über den Klient, die Klientin, aber nicht über uns selbst. Also der Umgang, wie wir Kollegen auch miteinander umgehen oder wie wir mit der Situation umgehen, wird nicht besprochen. Und das finde ich eigentlich den viel viel wichtigeren Part« (Fachkräfteinterview Frau E, 2016, Z. 330–381).

Nicht zuletzt bedarf es eines aktuellen Fachwissens, das beispielsweise die sexuelle Entwicklung (▶ Kap. 4.2), die Bedeutung der Medien (▶ Kap. 6.7) oder Fragen zu Liebe, Beziehungsformen (▶ Kap. 3) und sexualisierter Gewalt (▶ Kap. 6.3) einbezieht (Kahle 2016, 99).

Treffen die unterschiedlichen Erfahrungshintergründe und Positionen auf eine fehlende fachliche Rahmung, ist es nur allzu nachvollziehbar, dass die Beschäftigung mit dem komplexen und höchst persönlich und emotional besetzten Feld der Sexualität (vgl. Heck 2019, 107 ff.) vielen Fachkräften als große Herausforderung im pädagogischen Alltag erscheint (vgl. Ortland 2015). Ein fachlich haltender Rahmen kann offenkundig auch nicht selbstverständlich in sexualpädagogischen Konzeptionen gefunden werden, denn diese »[…] adressieren überwiegend Menschen ohne Behinderungen, die heterosexuell begehren, sich in die geschlechtsbinäre Ordnung einfügen können, weiß und lesestark sind« (Siemoneit et al. 2022, 9). Findet keine dezidierte Abstimmung bezüglich eines gemeinsamen Vorgehens oder einer gemeinsamen Haltung im Team statt (Specht 2008, 302), scheinen Aussagen wie die folgende keine Ausnahme zu sein:

> »Das Bedürfnis ist da und die Sexualität steht im Raum, aber keiner weiß dann nicht so genau damit umzugehen. Ich denke auch, der Verein, der Träger an sich auch nicht so unbedingt« (Fachkräfteinterview Frau A, 2016, Z. 120–123).

Und eine andere Fachkraft resümierte treffend:

> »Wir reden ja nur aus der Erfahrung, wie gesagt, wir hatten ja keine Fortbildung. Und alles, was wir mit den Leuten besprechen, ist ja aus unserer Erfahrung heraus« (Fachkräfteinterview Frau B, 2016, Z. 287–289).

Die notwendige Verzahnung von Theorie und Praxis scheint somit mehrfach erschwert, wodurch die Bereitstellung eines professionellen Beziehungsangebots teilweise verunmöglicht wird. Unleugbar sind Fachkräfte aus den beschriebenen Gründen oftmals mit einer Handlungsunsicherheit konfrontiert, die letztlich in unterschiedlichen Dimensionen ihren Ausdruck finden kann. In der tiefenhermeneutischen Auswertung der Fachkräfteinterviews konnten insbesondere zwei Positionen identifiziert werden. Zum einen wurde eine uneingeschränkte (scheinbare) Offenheit gegenüber der Thematik von Sexualität und Partnerschaft bei Menschen mit geistiger Behinderung betont, zum anderen trat auch eine hohe Verunsicherung in der Konfrontation mit diesen Themen zum Vorschein. In der Interpretationsgruppe wurde schließlich diskutiert, inwieweit sich mit Bezugnahme auf diese Positionen Fallstricke in der heilpädagogischen Praxis eröffnen, die eine fachliche Unterstützung einer selbstbestimmten Sexualität der jeweiligen Adressat*innen erschweren. Die angebotenen Interpretationen sind dabei keineswegs wertend oder personalisierend gemeint, sie verweisen vielmehr auf Professionalisierungslücken vor dem Hintergrund der bereits beschriebenen gesellschaftlichen und strukturellen Bedingungen und können somit als nachvollziehbare Strategien in der Bewältigung der Alltagsherausforderungen verstanden werden. So ist es beispielsweise nicht verwunderlich, wenn die eigenen Grenzen und die des Gegenübers verschwimmen, wenn man sich als Fachkraft als einzige Ansprechpartner*in zu der Thematik der Sexualität im Team oder gar der eigenen Institution begreift. Frau A gab beispielsweise an, die fehlende fachliche Rahmung und die unzureichenden Reflexionsräume durch Gespräche im privaten Umfeld auszugleichen. Der Wunsch nach Austausch über die eigenen beruflichen Erfahrungen ist dabei natürlich nachvollziehbar, allerdings erscheint eine differenzierte Betrachtung sowie die Wahrung des Datenschutzes nicht ausreichend gegeben. Werden Unterstützungsangebote der

Klient*innen überdies mit Ausflügen mit Freund*innen verknüpft, rückt die Reflexion von Nähe und Distanz sowie die Fokussierung auf die Bedürfnisse des*der Klient*innen zwangsläufig in den Hintergrund:

> »Also ich geh damit auch ganz offen, wenn jemand auf mich zukommt, dann so bei der Arbeit dann halt, dann bin ich ja auch ganz offen. Ja, ich verschließe mich überhaupt nicht. [...] Also ich war zum Beispiel mit meiner besten Freundin, [...] wir haben ihm [dem Klienten – d. Verf.] auf jeden Fall ein Taschenmuschi quasi dann halt geholt. [...] Eine ziemlich teure sogar. [...] Also habe ich meinen Klienten auch öfters gefragt, ich meinte ›Und wie ist das Teil? Komm, erzähl mal, ja‹. Also, ähm und äh, weil es mir auch wichtig war. Ich meine das Ding war verdammt teuer, wir haben uns da relativ lange beraten lassen und, ähm, ihm da eventuell dann auch noch irgendwie zu helfen« (Fachkräfteinterview Frau A, 2016, Z. 143–347).

Eine andere Fachkraft verweist darauf, dass kein »Tabu oder kein [...] No-Go« (Fachkräfteinterview Frau E, 2016, Z. 329) in der Auseinandersetzung mit den Themen Sexualität und Partnerschaft für sie existiert, da sie sich als alleinige Fachkraft für ungefähr 200 Menschen mit Behinderung als Ansprechpartnerin zu den Themen Sexualität und Partnerschaft wahrnimmt. Der in dieser Aussage spürbare Druck kann nicht nur als eine Belastung interpretiert werden, sondern auch hier wird eine Wahrnehmung von (eigenen) Grenzen scheinbar nicht zugestanden. Gleichzeitig schwingt in der postulierten Offenheit in allen Interviews mit Fachkräften aber auch eine spürbare Unsicherheit mit, die exemplarisch an folgender Antwort auf die Frage nach persönlichen Herausforderungen im Kontext der fachlichen Begleitung der Thematik deutlich wird:

> »[...] Manchmal ist es schon unangenehm, Tipps zu geben, weil man natürlich nur aus Erfahrung spricht« (Fachkräfteinterview Frau B, 2016, Z. 116–117).

Aber auch bei einem möglichen Rückbezug auf fundiertes Fachwissen, können Fachkräfte und Mitarbeitende im Kontext der Themen Partnerschaft, Sexualität und geistige Behinderung an ihre Grenzen stoßen, die es im Team zu kommunizieren gilt, um Aufgaben auf Kolleg*innen zu übertragen oder externe (Beratungs-)Stellen einzubeziehen (Häberli 2019, 46f.). In jedem Fall benötigt es aber eines solchen Wissens (Ortland 2020, 191), das handlungsweisende Ansätze, Leitideen und Konzepte mit einbezieht, um der Thematik professionell begegnen zu können.

5 Handlungsweisende Ansätze, Leitideen und Konzepte

Wie bereits in Kapitel 2.2 (▶ Kap. 2.2) dargelegt, kann ein professionelles Handeln nicht ohne Bezugnahme auf theoretische Zugänge gelingen. Davon ausgehend, dass sich Theorie und Praxis stets gegenseitig beeinflussen, können durch die kritische theoretische Einordnung bestehender Konzepte auch Paradigmenwechsel angestoßen werden, die mit neuen Perspektiven und Handlungsspielräumen einhergehen (Hohmeier 2004, 128 f.). Allerdings treffen diese in der Praxis mitunter auf Widerstände, insbesondere dann, wenn die bisherigen Ansätze als bewährt eingestuft werden (Schädler 2002, 5 f.). Es gilt, die »Schwerkraft der Routine« (Herriger 2020, 251) in den Blick zu nehmen, wenngleich eine solche vor dem Hintergrund unzureichender institutioneller Rahmenbedingungen nur allzu nachvollziehbar erscheint, da mit ihr Sicherheiten verbunden sind und vordergründig (weitere) Überforderungen auf individueller Ebene vermieden werden (ebd., 252). Gleichzeitig ist es nur wenig empfehlenswert, als Fachkraft in den Einzelkampf zu treten, da dies vor allem mit Belastungen verbunden ist und nur gemeinsam im Team eine machtvolle Position eingenommen werden kann (Iten 2020, 58). Dennoch macht es der bereits dargelegte Widerspruch zwischen dem theoretischen Diskurs und den anhaltenden Reglementierungen und Tabuisierungen im Kontext von Sexualität, Partnerschaft und geistiger Behinderung umso wichtiger, sich mit aktuellen handlungsweisenden Ideen, Leitlinien und Konzepten auseinander zu setzen, deren Reflexion als »Kernaufgabe der permanenten Professionalisierungsarbeit« (Lüdtke 2016, 472) anzusehen ist.

Zur Hervorhebung eines grundlegenden verstehenden Zugangs beginnt das Kapitel mit einer Einführung zu Psychoanalytischer Pädagogik und geistiger Behinderung, da diese »eine unübertroffene theoretische wie methodische Möglichkeit abgibt, um sich mit der variantenreichen Heterogenität ihrer Situation [der Adressat*innen – d. Verf.] zu befassen und im Sinne eines affekt- und entwicklungsfreundlichen Unterstützungsangebots tätig zu werden« (Gerspach 2021, 183). Daneben gelten der Umgang mit sexueller Vielfalt, Nähe und Distanz sowie Empowerment und Selbstbestimmung als wesentliche fachliche Rahmungen in der Unterstützung von Sexualität und Partnerschaft (vgl. Henningsen 2016) und sollen daher ebenfalls in diesem Kapitel zunächst grundlegend eingeordnet werden, um sie anschließend auf unterschiedliche Praxisfelder (▶ Kap. 6) übertragen zu können. Nicht zuletzt sei in der Begleitung von Menschen mit geistiger Behinderung auf die Bedeutung des Konzepts der Leichten Sprache verwiesen, das mit seinen Chancen und Fallstricken in diesem Abschnitt ebenfalls Beachtung findet.

5.1 Psychoanalytische Pädagogik und geistige Behinderung

Die Psychoanalytische Pädagogik konzentrierte sich in ihren Anfängen zunächst nur auf die Betrachtung von Verhaltensauffälligkeiten, Menschen mit geistiger Behinderung wurden nicht in die Überlegungen einbezogen. Dies war insbesondere der Annahme geschuldet, dass das innere Erleben des Personenkreises nicht ausreichend verstehbar sei (Datler/Winninger 2006, 18). Auch heute kann nicht selbstverständlich von einer Etablierung psychoanalytischer Heilpädagogik (vgl. Gerspach 2009) gesprochen werden, wenngleich psychoanalytisch-pädagogische Zugänge durchaus auch in der Arbeit mit Menschen mit geistiger Behinderung handlungsweisend wirken (Schnoor 1992, 200) und zumindest eine Zunahme an psychodynamischen Betrachtungsweisen (▶ Kap. 1.2) in den letzten Jahrzehnten zu verzeichnen ist (Datler/Winninger 2006, 19).

Psychoanalytische Pädagogik ist grundsätzlich auf eine Subjekt-, Beziehungs- und Entwicklungsorientierung ausgerichtet. Übertragen auf den Personenkreis von Menschen mit geistiger Behinderung bedeutet erstere insbesondere die Anerkennung des Soseins des Gegenübers, die nur vor dem Hintergrund einer Reflexion und Auflösung von Zuschreibungen und blinden Flecken gelingen kann (Pforr 2022b, 499). Bei der Beziehungsorientierung steht das Einlassen auf den Menschen mit geistiger Behinderung im Vordergrund und das Aushalten auch schwieriger oder gar bedrohlicher Empfindungen in der Konfrontation mit Themen von Fremdbestimmung, Trauer, Wut, Abhängigkeit, Zurückweisung oder ähnlichem, denen der Personenkreis im Verlauf des Lebens oft vielfältig begegnet. Hier gilt es, nicht aus der Beziehung zu treten und weiterhin als verlässliche*r Partner*in zur Verfügung zu stehen, um eine Konfliktbearbeitung anzustoßen und neue, korrigierende Erfahrungen erlebbar zu machen, die dem Aufbau reifer psychischer Strukturen und somit der Weiterentwicklung, die in der dritten Orientierung angesprochen wird, dienen (ebd., 499 ff.). Wie können diese komplexen Herausforderungen nun in einem psychoanalytisch-pädagogischen Verständnis bewältigt werden, um professionelles Handeln zu ermöglichen?

5.1.1 Psychoanalytisch-pädagogisches Verstehen

»Weniger durch spezifisches Handeln als durch eine verstehende Haltung zeichnet sich die psychoanalytische Pädagogik aus« (Bernfeld 1921 zit. n. Kreuzer 2020, 415).

In Kapitel 2.2 wurde bereits darauf verwiesen, dass Verstehensprozesse einen wesentlichen Kern des professionellen Handelns darstellen. In der Psychoanalytischen Pädagogik gelten sie als unumgänglich und als Ausgangspunkt für die Unterstützung von gelingenden Beziehungs- und Entwicklungsprozessen (vielfältige Beispiele finden sich hierzu u. a. in Günther et al. 2022). Verstehen setzt dabei nicht nur die Anerkennung des Nicht-Verstehens voraus, es ist auch ausgerichtet auf zwei unterschiedliche Pole. Zum einen geht es um eine verstehende Annäherung an die Adressat*innen, meines Erachtens stets ohne den Anspruch, deren Erlebenswelten vollständig erfassen zu können, zum anderen sind sie auf die Herausforderungen und Empfindungen der Fachkraft selbst ausgerichtet, die immer auch als individuelle Person mit eigener (Berufs-)Biografie in die professionelle Beziehung tritt (Günther et al. 2022, 9). Dabei fließen unbewusste Dimensionen mit in die Betrachtung ein, da das von außen zu beobachtende Verhalten nur teilweise bewusst steuerbar ist und in ihm innerpsychische Prozesse ihren Ausdruck finden (Datler/Wininger 2010, 228), die ihren Ursprung in frühen Beziehungserfahrungen haben und in aktuellen Interaktionen fortwirken (Behringer et al. 2022, o. S.).

Das Nachdenken über Beziehungen nimmt somit einen zentralen Stellenwert in der Psychoanalytischen Pädagogik ein und folgt der Grundannahme, dass unbewältigte Themen und Konflikte aus früheren Beziehungserfahrungen unbewusst im Hier und Jetzt neu in Szene gesetzt werden und den aktuellen Beziehungskontext, beispielsweise zur Fachkraft, »verfälschen« (vgl. Gerspach 2020; Rauh 2022). Damit geht gleichermaßen einher, dass sich diese Konflikte nicht nur in der Beziehung zur Fachkraft verschlüsselt zeigen, sondern dadurch auch eine verstehende Annäherung an die Innenwelt der Adressat*innen ermöglicht wird (Behringer et al. 2022, o. S.). Der Einbezug unbewusster Motive erlaubt eine Interpretation eines auf den ersten Blick un-sinnigen Verhaltens als subjektiv bedeutsam (Leuzinger-Bohleber/Garlichs 1997, 157), wodurch sich neue Handlungschancen ergeben und weitere Verstehensprozesse auf Seiten der Fachkräfte sowie der Klient*innen angeregt werden können.

Eine methodische Konkretisierung der Psychoanalytischen Pädagogik liefert das Konzept des Szenischen Verstehens[14] und des Fördernden Dialoges, das in Abbildung 4 veranschaulicht wird (▶ Abb. 4).

Szenisches Verstehen geht von der Grundannahme aus, dass frühere konflikthafte Interaktionserfahrungen, die als bedrohlich erlebt wurden und im Sinne der Affektregulation fortan dem bewussten Zugang verborgen bleiben, in neuen Beziehungen aktualisiert werden (Datler/Wininger 2010, 232). In der Psychoanalytischen Pädagogik spricht man von Übertragungen als komplexe Phänomene unbewusster Reinszenierungen erlebter oder auch erwünschter Szenen in aktuell bedeutsamen Beziehungskonstellationen, wodurch diese nachhaltig gefärbt werden (Rauh 2022, 214). Es spannen sich Erinnerungsspuren über Interaktionen im Hier und Jetzt, die mit vielfältigen inneren Bildern einhergehen (Datler/Wininger 2010, 232), die für eine bewusste Wahrnehmung zu schmerzhaft wären und sich daher in verkleideter Weise in Szene setzen (Gerspach 2020, 18). Im Gegensatz zu einem psychoanalytisch-therapeutischen Setting ist nicht die Aufdeckung der ins Unbewusste abgewehrten Konflikte als Ziel formuliert, sondern die Erarbeitung neuer Perspektiven und Handlungsmöglichkeiten im Dialog mit den Klient*innen (Gerspach 2009, 111).

Ein psychoanalytisch orientierter verstehender Zugang ist in der Heilpädagogik insbesondere dann gefragt, wenn das Alltagsverständnis an seine Grenzen gerät (vgl. Trescher 1992). Das Szenische Verstehen kann als Zielpunkt angesehen werden, wenn weder logisches noch psychologisches Verstehen ausreichen, um die Situation

---

14 Eine Vertiefung und differenzierte Auseinandersetzung mit unterschiedlichen Diskurslinien und offenen Fragen zum Konzept des Szenischen Verstehens finden sich bei Katzenbach et al. (2017).

5.1 Psychoanalytische Pädagogik und geistige Behinderung

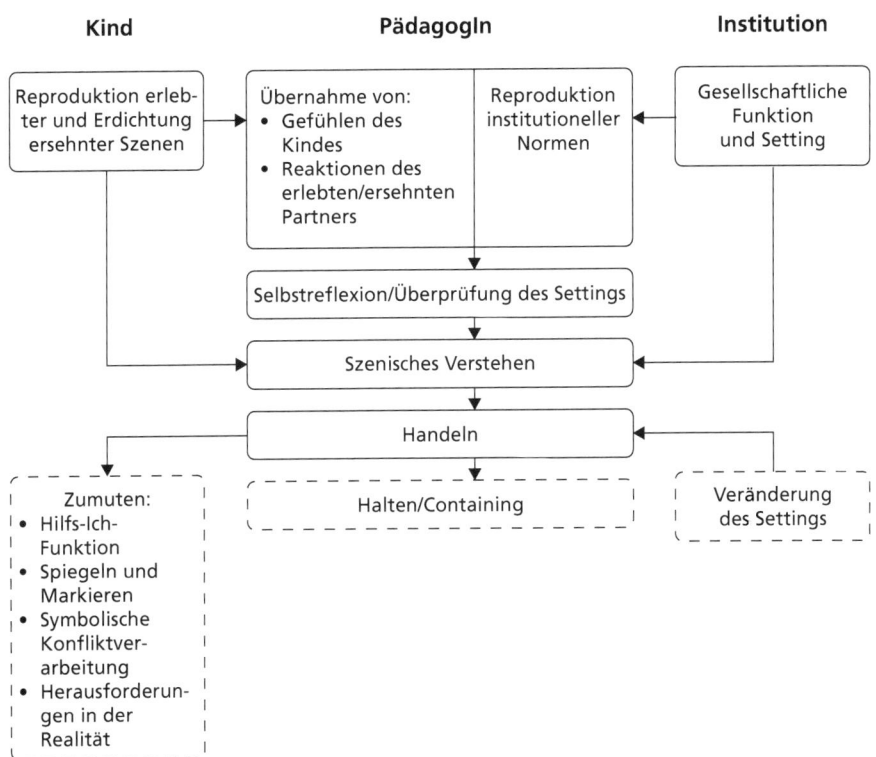

Abb. 4: Szenisches Verstehen (aus: Naumann, T. M. (2010): Beziehung und Bildung in der kindlichen Entwicklung. Psychoanalytische Pädagogik als kritische Elementarpädagogik. Orig.-Ausg. Gießen: Psychosozial-Verlag (Therapie & Beratung), 132)

in ihrer Vielfalt zu erfassen. Dies ist insbesondere dann der Fall, wenn das logische Verstehen des Gesprochenen oder des zu beobachtenden manifesten Verhaltens an seine Grenzen stößt, da es beispielsweise als unlogisch eingeschätzt wird und auch eine verstehende Annäherung über den Bezug zur Biografie und zu den psychischen Strukturen keine befriedigende Antwort im Sinne eines psychologischen Verstehens liefert (Trescher 1985, 140). Über das Nachdenken der Fachkraft über die eigenen Gefühle, die sie in der Interaktion empfindet, die Gegenübertragungsreaktionen, kann das Szenische Verstehen eine neue Erkenntnisquelle in Hinblick auf die unbewussten Dimensionen der Beziehung liefern. Gegenübertragungsreaktionen können sich in oder nach der Interaktion einstellen und treten in der Regel als irritierende Gefühle auf, die nicht sogleich einordbar erscheinen (Datler/Wininger 2010, 231). Die verstehende Annäherung an die sich entfaltende Dynamik von Übertragungs- und Gegenübertragungsprozessen beschreibt Rau als »Weg zum Aufschließen des latenten Sinngehalts der Szene« (Rauh 2022, 215). »Statt das Verhalten eines Menschen direkt oder unmittelbar zu bewerten oder in erklärende Zusammenhänge einzuordnen, wird die Selbstwahrnehmung dazwischengeschaltet und dient als Grundlage der Hypothesenbildung« (ebd., 216). Allerdings darf dabei kein unmittelbar linearer Zusammenhang zwischen Übertragung und Gegenübertragungsgeschehen angenommen werden, da in diese Dynamik immer auch eigene Anteile der Fachkräfte sowie spezifische situationsbedingte Aspekte mit einfließen (ebd.).

»Szenisches Verstehen heißt also, erfassen, wie einen der Klient in seine verschlüsselten Mitteilungen und Gestaltungen einbezieht. Aus seinen immer neuen Ergänzungen wird versucht, die ursprüngliche Szene herauszufinden. Dabei geht es weniger um objektive Sachverhalte, als vielmehr, wie Beziehungen und in Zusammenhang damit belastende Ereignisse erlebt wurden. Daraus erwächst die Möglichkeit, diese über Neuinszenierung mit jemandem, der sie als solche versteht, zu bewältigen« (Leber 1985 zit. n. Petrik 1992, 164).

Gelingt das Szenische Verstehen, mündet es bestenfalls in einen Fördernden Dialog ein, in dessen dialektischem Verhältnis von *Halten/Containing* und *Zumuten* eine neue Antwort gegeben und Entwicklungschancen eröffnet werden können (Behringer et al. 2022, o. S.). Halten impliziert die haltgebende und stützende Reaktion der Fachkräfte (Heinemann 2003, 73 f.). Diese kann sich in »einer über Krisen, Ablehnungen und Zurückweisungen hinaus gleichbleibenden Zugewandtheit« (Gumbinger 2022, 239) zeigen. Das Modell des Containing geht auf Bion zurück und beschreibt einen Prozess, in dem die Fachkräfte die Gefühle und Affekte der Klient*innen in sich aufnehmen und diese zunächst in sich bewahren, ohne dass eine direkte Reaktion in der konkreten Situation erfolgen muss. Eine Reflexion, beispielsweise in der Fallbesprechung, erlaubt schließlich die Rückgabe in verdauter Form an die Klient*innen, die somit erfahren, dass die Gefühle und Affekte ausgehalten und bearbeitet werden können (ebd., 240).

Zumuten zielt mitunter auf eine sensible Konfrontation mit Selbst- und Fremdeinschätzungen ab (Behringer 2022, o. S.).

»Es geht neben (neuen) Beziehungserfahrungen vor allem um eine verstärkte Einsicht in das eigene Verhalten. [...] Eine Konfrontation mit unliebsamen Wahrheiten und unbequemen Anforderungen ist pädagogisch vielfach unerlässlich. Sie muss aber so an das Kind [respektive den Erwachsenen – d. Verf.] herangetragen werden, dass eine konstruktive Verarbeitung möglich wird. Das ist einer der Gründe dafür, dass im pädagogischen Kontext keine genetischen Deutungen gegeben werden sollten. [...] ›Symbolische Konfliktverarbeitung‹ und Möglichkeiten einer Wiedergutmachung gehören ebenfalls zum Zumuten, immer unter der Voraussetzung, dass innere Beteiligungen erkannt und entsprechend verarbeitet werden« (Ahrbeck 2008, 505, Hervorhebung im Original).

Nicht zuletzt kann zunächst eine Anpassung des Settings im Vordergrund stehen, beispielsweise eine Veränderung der Arbeits- oder Wohnsituation.

»Die Unterstützung im realen Bereich – trotz der Vermutung, dass hier ein innerer Konflikt agiert wird – anerkennt zunächst, dass ein innerer Konflikt nur so ertragen werden kann, dass er *im Äußeren verhandelt wird*. Die Entlastung durch die Hilfe im Konkreten macht überhaupt erst einen Denkraum möglich, der einen Zugang zum Konflikt eröffnen kann« (Gumbinger 2022, 241, Hervorhebungen im Original).

Ich möchte das Szenische Verstehen an einem Beispiel verdeutlichen.

Ich lernte den 5-jährigen Max[15] im Rahmen der Frühförderung kennen, als ich seine Begleitung von einer ausscheidenden Kollegin übernommen hatte. Bei

---

15 Name geändert.

unserer ersten Begegnung hatte Max bereits einige Male an einer Kleingruppe mit zwei anderen Kindern gleichen Alters teilgenommen. Er begrüßte mich mit den Worten »Ach, schon wieder eine Neue« und setzte sich schließlich zum Begrüßungsritual im Sitzkreis nieder. Schon nach wenigen Sekunden begann er damit, das gemeinsam angestimmte Lied zu unterbrechen, trat seinem Sitznachbarn ans Bein, stand auf, setzte sich aber umgehend wieder in den Kreis und zappelte schließlich ununterbrochen hin und her. Als wir im Anschluss daran ein gemeinsames Spielangebot begannen, feuerte er die dafür angedachten Materialien quer durch den Raum, schlug einem Kind ins Gesicht und schrie:»Ich bleib eh nicht bei Euch, ich geh jetzt wieder«. In den darauffolgenden Wochen traf ich mich mit Max alleine. Er schien sich über mein Angebot der Einzelförderung zu freuen und war zu Beginn der Stunden zunächst freundlich zugewandt. Sobald ich jedoch das Gefühl hatte, eine Beziehung zu ihm anbahnen zu können, wurden diese Versuche abrupt von ihm unterbrochen, indem er entweder die gerade genutzten Spielmaterialien zerstörte, mich oder den Boden anspuckte, mit seiner Stahlflasche Furchen in den Boden kratzte oder ähnliches. Zudem entfernte er sich während den Stunden mehrfach mit Aussagen, wie »Dich will ich nie mehr sehen«, kam aber nach einem kurzen Aufenthalt bei seiner Mutter im Wartebereich stets wieder, um wenig später erneut fluchtartig den Raum zu verlassen. Ich verspürte in diesen Situationen einen starken Drang, mich aus der Beziehung zu begeben und die Frühförderung zu beenden. Ich war wütend über seine Fluchtversuche und konnte dieses Gefühl nur schwer einordnen, da mir ein solcher Ärger bislang fremd erschien in pädagogischen Situationen. Gleichzeitig nahm ich ein Gefühl der Unzulänglichkeit wahr, wenn er mich einsam im Raum zurückließ. Sein Verhalten erschien zunächst nicht nachvollziehbar und ich fürchtete mich zunehmend vor den Stunden und seinen aggressiven Ausbrüchen.

Nach Pforr ist eine solch herausfordernde Situation dadurch gekennzeichnet,»dass man sich hilflos und ohnmächtig unterschiedlichsten Gefühlen ausgesetzt fühlt, ohne jede Idee, warum das jetzt passiert, wie man es vermeiden und wie man die Situation in den Griff bekommen könnte. Als Selbstschutz bleibt dann haufig nur, den Störer auszugrenzen [...]« (Pforr 2022a, 34) oder sich in der Szene verwickeln zu lassen (ebd.).

Bei Max konnte in der Fallreflexion im Team über das Szenische Verstehen eine neue Perspektive eröffnet werden. Über die in mir wahrgenommenen Wünsche nach Beziehungsabbruch entstanden erste Phantasien darüber, dass Max sich womöglich unbewusst davor schützen wollte, neue Beziehungen einzugehen, und er diese lieber machtvoll beendete, als einer Trennung (erneut?) hilflos gegenüberstehen zu müssen. Ein Gespräch mit den Eltern unterstützte diese Annahme. Max wurde im Alter von ca. anderthalb Jahren adoptiert und wenngleich er von einer feinfühligen und zugewandten Familie aufgenommen wurde, hatte er doch bereits mehrere Trennungserfahrungen in seiner bisherigen Kindheit erleben müssen. Mit diesem Wissen und den über meine eigenen Gefühle in den Situationen mit ihm gewonnenen Erkenntnisse, erschien sein Verhalten nicht mehr länger unsinnig, sondern es war durchaus nachvollziehbar, warum er gerade in schönen Situationen der Anbahnung Aggressionen zeigte. In den folgenden Wochen konnte ich es kaum erwarten, die Stunden mit ihm zu gestalten. Meine Angst war neuen Perspektiven gewichen und ich war gespannt, ob die Versuche der verstehenden Annäherung auf fruchtbaren Boden trafen. Zunächst versuchte ich mich in einer haltgebenden Funktion zur Verfügung zu stellen, in dem ich seinen Kontaktabbrüchen mit einem unermüdlichen Beziehungsangebot begegnete. Ich versicherte ihm beispielsweise, dass wir gerne weiterspielen könnten, wenn er zurück sei, und ich stets auf ihn warten würde. Ich blieb freundlich zugewandt, nachdem er sich mit einem lauten Türenknall entfernt hatte und wiedergekommen war und versuchte, unmittelbar an die Handlung zuvor anzuknüpfen. Schleuderte er seine Wasserflasche durch den Raum, gab ich ihm Gelegenheit zur Wiedergutmachung und putzte mit ihm gemeinsam den Boden, ohne dies mit strafenden Blicken oder Kommentaren zu untermauern. Nach kurzer Zeit verließ er den Raum nicht mehr, sondern ging nur noch zur Tür und öffnete diese leicht, um sie unmittelbar im Anschluss wieder zu schließen, da er »ja sowieso wieder gleich« zurückkäme. Auch seine Aggressionen ließen zusehends nach. Gerade als sich unsere Beziehung stabilisiert hatte, rückte seine baldige Einschulung und somit auch das Ende des Frühförderangebots näher. Zunächst fürchtete ich mich vor dieser Herausforderung in der Realität. In der Fallreflexion mit den Kolleg*innen konnte ich den Abschied schließlich zunehmend als Entwicklungschance einordnen. Ich gab Max die Gelegenheit, unsere Trennung vorzubereiten und mitzugestalten, und es entstand ein Raum, in dem auch Trauer und Wut über den Abschied gezeigt werden durften.

Max konnte erleben, dass diese Gefühle aufgenommen und verdaut werden können, ohne dass dies eine Zerstörung der Beziehung zur Folge hatte. Das Szenische Verstehen und dessen Einbindung in einen Fördernden Dialog haben wesentliche Verstehenszugänge, aber auch Handlungsalternativen und Entwicklungsperspektiven eröffnet in einer Zeit, in der die Beziehung zu Max regelrecht festgefahren und negativ behaftet zu sein schien.

Nicht weniger bedeutsam erachtet auch Rauh diesen Prozess, schlägt jedoch anstelle des Terminus des Fördernden Dialogs die Bezeichnung »Bildender Trialog« vor, um den Fokus auf Bildungsprozesse zu richten (▶ Abb. 5).

Eine erste verstehende Annäherung wird über Teilhabe und Distanzierung erreicht und führt zu ersten Antworten und (Bildungs-)Angeboten. Die Darstellung macht bereits deutlich, dass es sich nicht um einen in sich abgeschlossenen Prozess handelt, sondern es womöglich mehrerer »spiralartige[r] Durchläufe« (Rauh 2022, 221) bedarf.

Im Kontext der thematischen Ausrichtung des Buches stellt sich nun allerdings die Frage, ob und wie sich diese Prozesse in der Begleitung von Menschen mit geistiger Behinderung wirksam entfalten können. Mehrere Autor*innen haben sich auch in jüngster Zeit explizit um psychoanalytisch-pädagogische Ansätze im Kontext des Phänomens der geistigen Behinderung bemüht (vgl. u. a. Gerspach 2009, 2018; Pforr 2022a, 2022b). Dennoch trifft man nach wie vor auf die Frage, ob

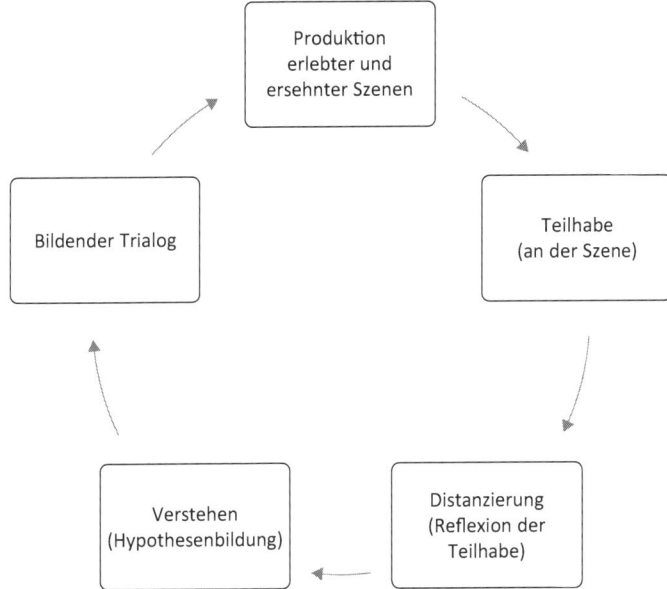

Abb. 5: Schematische Darstellung des Bildenden Trialogs nach Rauh (Rauh, B. (2022): Szenisches Verstehen. Die Kultivierung einer alltäglichen Kompetenz zur psychoanalytischen Methode. In: M. Günther, J. Heilmann und A. Kerschgens (Hg.): Psychoanalytische Pädagogik und Soziale Arbeit. Verstehensorientierte Beziehungsarbeit als Voraussetzung für professionelles Handeln. Orig.-Ausg. Gießen: Psychosozial-Verlag (Psychoanalytische Pädagogik, Band 55), S. 221)

Szenisches Verstehen auch in der Begleitung von Menschen mit geistiger Behinderung möglich sei. Pforr stellt hierzu deutlich fest:

> »Für Szenisches Verstehen im allgemeinen Sinne braucht es keinen Originalvorfall, keine Sprach- und Symbolisierungsfähigkeit, nicht einmal die Fähigkeit zur Trennung zwischen Subjekt und Objekt oder zur Übertragung. Egal, auf welchem Entwicklungsniveau man sich befindet, man wird sich im Rahmen seiner Möglichkeiten verhalten und auf Personen reagieren. Und damit kreiert man Szenen, auf die man sich als Gegenüber einlassen kann« (Pforr 2022b, 501).

Gerspach konstatiert ebenfalls, dass die sprachlich-symbolische Ebene keine Voraussetzung für das Szenische Verstehen bildet, da Reinszenierungen auch in nonverbaler Form dargestellt werden (Gerspach 1994, 347).

Ein eindrückliches Beispiel für das Szenische Verstehen führt Pforr in ihrem aktuellen Aufsatz über »Die Bedeutung der emotionalen Ebene im Szenischen Verstehen« (Pforr 2022a) an, in dem sie ihre Verstehensprozesse in der Begleitung eines Mannes mit geistiger Behinderung in einer Komplexeinrichtung schildert.

5.1.2 Implikationen für die heilpädagogische Praxis

Die Annahme, jedem Verhalten einen subjektiv bedeutsamen Sinn zu erstellen, wenngleich dieser womöglich auch nicht auf den zweiten oder dritten Blick erkennbar ist, bedarf der »Kultivierung einer besonderen Wahrnehmungshaltung« (Behringer et al. 2022, o. S.). Deren Entwicklung kann beispielsweise im Team durch folgende Reflexionsfragen zur Analyse des Übertragungsgeschehens angeregt werden, die Hierdeis für die Arbeit mit Kindern und Jugendlichen entwickelt hat und die sich m. E. auch auf die Begleitung und Unterstützung von Menschen mit geistiger Behinderung übertragen lassen:

- »Welche psychische Wirklichkeit steckt hinter den Gefühlsäußerungen […] mir gegenüber?
- In welchen Zeichen begegnen sie mir, und wie kann ich sie verstehen?
- Was löst meine Gefühle und Phantasien gegenüber den […] [Menschen mit Behinderung – d. Verf.] aus?
- In welcher Weise sind sie handlungsrelevant?
- Wo stimmen unsere Gefühlwelten überein, wo entwickeln sich Dissonanzen, Entfremdungen und Konflikte?
- Wie kann ich den anderen als möglichen Teil meiner eigenen Person, seine Geschichte als mögliche eigene Geschichte und seine Bedürfnisse als mögliche eigene Bedürfnisse fühlen und begreifen, ohne dass die Grenze zwischen ihm und mir verschwimmt oder aufgehoben wird?
- Was an Verstehen und ›Gefühlsarbeit‹ muss ich leisten, damit meine Beziehungen […] für den Erziehungs- und Bildungsprozess fruchtbar bleiben?« (Hierdeis 2016 zit. n. Behringer et al. 2022, o. S.)

Weitere Impulsfragen zur ersten Annäherung an die eigene emotionale Beteilung in der Beziehung zu den Adressat*innen schlagen Behringer et al. mit Bezugnahme auf Walter vor:

- »Inwiefern sind (meine) Verhaltensweisen (in einer gegebenen Situation) von emotionalen Faktoren geprägt?
- Welche emotionale Reaktion habe ich?
- Wie gehe ich mit meinen Emotionen um?
- Wie reagiere ich auf die Emotionen anderer?
- Welche Art Beziehung biete ich meinem Gegenüber an?
- In welche Rolle (Retter, Mutter, Freund, …) begebe ich mich?
- Woher (aus meinen früheren Beziehungen) kenne ich diese Rolle?« (Walter 2017 zit. n. Behringer et al. 2022, o. S.).

Es bleibt jedoch unbestritten, dass neben diesen ersten Möglichkeiten der Annäherungen eine weitere fachliche Reflexion in Supervision oder Fallreflexion im Team notwendig ist, um die (unbewussten) in der Beziehung zu den Adressat*innen vorherrschenden Dimensionen möglichst umfangreich zu erspüren und den damit verbundenen Belastungen und Herausforderungen auf Seiten der Fachkräfte einen Raum zu bieten (Behringer et al. 2022, o. S.). Eine Professionalisierung in diesem Kontext ist nicht ohne das Zusammenspiel von Selbsterfahrung, Theoriebezug und Reflexion der Praxis denkbar (Rauh 2022, 224). Letztere gestaltet sich bestenfalls in Gruppenbezügen, in denen eine Fallschilderung sowohl für die an der Szene beteiligte Fachkraft als auch für die bei der Reflexion anwesenden Kolleg*innen eine Bereicherung darstellt, insbesondere dann, wenn sie ein- und mitfühlend an der Fallvorstellung teilhaben. Zudem erweitert sich der Blick auf den Fall durch unterschiedliche Perspektiven (vgl. Würker 2022).

Eine methodische Strukturierung von Fallbesprechungen im Team mit Bezugnahme auf das Szenische Verstehen liefert Rauh mit folgendem Leitfaden:

»1. Die Fallbesprechung beginnt mit der Festlegung der Moderation, sofern sie nicht durch das Setting [...] vorgegeben ist, und der Auswahl des zu besprechenden Falls. Bereits da startet die Szene *in* der Fallbesprechungsgruppe, da deren Dynamik schon in Zusammenhang mit dem Fall stehen kann.
2. Nun beginnt die eigentliche Fallbesprechung (Teilhabe an der Szene) mit
2.1 der assoziativen Situationsdarstellung der/des Fallgeber:in.
2.2 Der nächste Teilschritt dient zur Verständniserklärung durch Nach- und Rückfragen an die fallgebende Person.
2.3 Daran schließt die Phase der freien Assoziation an – Lorenzers Spiel mit dem Material, in der die anderen Teilnehmer*innen ihre Gegenübertragungen zum dargestellten Fall äußern und sich auch auf die Äußerungen anderer Teilnehmer*innen beziehen.
3. Bei der Distanzierung von der Teilhabe (Gegenübertragungsanalyse) werden Hypothesen, Ideen, Theoriekonzepte und -modelle, Verstehens- und Erklärungsversuche zur dargestellten Szene und zu den Assoziationen aus der Teilhabe geäußert und diskutiert sowie Hypothesen gebildet.
4. Anschließend meldet die fallgebende Person der Gruppe zurück, wie das, was die Gruppe an Hypothesen erarbeitet hat, auf sie gewirkt hat und welche Assoziationen und Verstehensversuche ihr merkenswert und wichtig erscheinen.
5. Auf der Basis der Gewichtung der fallgebenden Person werden gemeinsam Handlungsansätze erarbeitet.
6. Eine kurze evaluierende Reflexion bildet den Abschluss der Fallbesprechung« (Rauh 2022, 225).

Eine weitere psychoanalytische Methode zur Reflexion von Beziehungs- und Interaktionsdynamiken stellt die »Work Discussion« dar, in der nicht mündliche Falldarstellungen, sondern schriftliche, deskriptiv gehaltene Protokolle über die eigene Praxis, die in erlebnisnaher Sprache verfasst wurden, und deren regelmäßige Besprechung die Grundlage bilden (vgl. Datler/Datler 2014).

Bei diesen skizzierten Zugängen bleibt zu beachten, dass sie keine konkreten Handlungsempfehlungen, sondern bestenfalls Rahmungen darstellen, sich verstehend an das innere Erleben der Adressat*innen anzunähern. Gleichzeitig bedarf es nicht immer tiefergehender Verstehensbemühungen, sondern manche Konflikte beziehen sich unmittelbar auf das Hier und Jetzt, beispielsweise Aggressionen als Antwort auf fremdbestimmte Interventionen. Gleichzeitig können Schamgefühle oder Ängste vor einer negativen Bewertung der eigenen Arbeit Hürden bei der Falleinbringung darstellen (Rauh 2022, 226 f.).

Gelingt eine verstehende Annäherung an die Klient*innen, ermöglicht dies nicht nur die Eröffnung neuer Entwicklungsräume, sondern auch korrigierende Beziehungserfahrungen, die sich letztlich ebenfalls positiv auf die Mentalisierungsfähigkeit (▶ Kap. 1.2) auswirken können (Gingelmaier et al. 2021, 30). Eine zentrale Basis dafür stellt ein Zutrauen in die grundsätzliche Entwicklungsfähigkeit von Menschen mit geistiger Behinderung dar, die den Blick auf die Ressourcen richtet und sich nicht ausschließlich auf die Beeinträchtigung konzentriert, denn

»[d]ie erschrockene Fixierung auf die Behinderung lähmt ihre [der Fachkraft – d. Verf.] Spiegelungs- und Mentalisierungsfunktion und macht, dass das Kind in den Bann einer lähmenden, defektologischen Zuschreibung gerät. Nicht selten wird dann versucht, mit magischen Therapiebemühungen die Behinderung ungeschehen zu machen« (Gerspach 2004, 86).

Gelingt hingegen ein dialogisches Eingehen auf die*den Gegenüber und die Herstellung einer sicheren Bindung, unterstützt dies die (weitere) Ausbildung der Mentalisierungsfähigkeit (Allen/Fonagy 2009, 46), die wiederum eine Identifizierung und Regulierung der eigenen Affekte anregt und das bei Menschen mit geistiger Behinderung oft verwundete Selbstgefühl stärken kann (ebd., 34). Es geht also darum, sich einfühlend an die Perspektive der Klient*innen anzunähern und das professionelle Handeln von diesem Punkt aus zu gestalten. Dabei steht die Wahrnehmung der eigenen und fremden mentalen Zustände sowie deren Verknüpfung mit Absichten und Wünschen im Vordergrund (Gingelmaier/Schwarzer 2019, 15). Man unterscheidet zwischen impliziten und expliziten Mentalisieren. Ersteres entsteht eher beiläufig und wirkt intuitiv in den meisten interpersonellen Interaktionen. Explizites Mentalisieren ist vor allem dann gefragt, wenn Dialoge missglücken und man dezidiert über die eigene Perspektive (Warum habe ich so gehandelt?) oder die einer anderen Person (Was könnten ihre Beweggründe sein?) nachdenkt (Gerspach 2018, 82f.). Eine konkrete Anwendung des Mentalisierungskonzepts auf der Seite der Fachkräfte zeigt sich beispielsweise als

> »eine neugierige, forschende Haltung des Nichtwissens, Vermittlung einer sicheren Basis, Spiegelungsprozesse, markierte Emotionen, die Förderung eines emotionalen Engagements, ebenso wie Präzision und Einfachheit, die Unterstützung zur Selbst- und Welterforschung […] das Sich-selbst-zur-Verfügung-Stellen, Selbstenthüllung, das eigene Denken […] transparent zu machen respektive […] daran teilhaben zu lassen und sich infrage zu stellen« (Link 2018, 259).

Diese Aufstellung sei jedoch nicht als Liste konkreter Techniken zu verstehen (ebd.), sondern verweist vielmehr auf eine spezifische Haltung der Fachkraft als »mentalisierender Akteur« (ebd., 260) in der Beziehung zu den Adressat*innen. Dadurch können zum einen Entwicklungsräume eröffnet werden, zum anderen unterstützt die Mentalisierungskompetenz eine differenziertere Reflexion auch von konflikthaften Situationen, woraufhin letztendlich auch die Interventionsmöglichkeiten »passgenauer« abgestimmt werden können (Rauh 2018, 272). Dies gilt natürlich für alle Menschen, dennoch sei für den Personenkreis von Menschen mit geistiger Behinderung hervorzuheben:

> »Gerade im Konzept des Mentalisierens wird deutlich, was bei einem geistig behinderten Menschen nicht gelungen ist. Die primären Bezugspersonen konnten aus den unterschiedlichsten Gründen dem Säugling gerade nicht vermitteln, dass er ein denkendes Wesen sei, das darüber hinaus wirkmächtig in dieser Welt sei. Allein diese Sichtweise kann viele ursprünglich der organischen Schädigung zugeschriebene Verhaltensweisen von Menschen mit einer geistigen Behinderung erklären« (Pforr 2022b, 498).

Eine aktuelle Weiterentwicklung des Konzepts des Mentalisierens findet sich in der Diskussion um den Begriff des epistemischen Vertrauens. Auf den Punkt gebracht fokussiert sich das professionelle Handeln auf die Förderung einer vertrauensvollen Beziehung, in der sich die Klient*innen in ihrem So-Sein gesehen und verstanden fühlen.

> »Ein wichtiger Schritt der Professionalisierung in (sonder)pädagogischen Interaktionen wäre es demnach, im Zuge wohlwollend- und verlässlich-mentalisierender pädagogischer Haltung (Gingelmaier 2019; 2020) und sich daraus ergebender Beziehung beim Kind als intentionalem Akteur, dessen Erleben und Verhalten einer eigenen und wirkmächtigen

mentalen Realität unterliegt, epistemisches Vertrauen zu fördern« (Gingelmaier et al. 2021, 33).

Die damit verbundene Haltung bei den Fachkräften fassen Gingelmaier et al. wie folgt zusammen: »Dieser Prozess lebt also in Erziehung und Bildung von kontinuierlich-mentalisierenden, beziehungsbasierten Interaktions- und Reflexionsprozessen mit verstehenden, kooperativen, geduldigen und ressourcenorientiert-positiv denkenden Pädagog:innen« (ebd., 31).

Selbstredend ist damit ein hoher Anspruch formuliert, der sich als Fachkraft alleine nicht bewältigen lässt (▶ Kap. 2.2). Ich bin jedoch mit Heigl und Senckel sowie Gingelmaier und Schwarzer der Meinung, dass ein solches Setting durchaus entlastend und förderlich für die Fachkräfte wirkt und zum eigenen Wohlbefinden beiträgt (Heigl/Senckel 2020, 67; Gingelmaier/Schwarzer 2019, 16), da unbearbeitete Belastungen in der Begleitung in die Beziehung einwirken und sich im schwierigsten Fall spiralartig negativ entfalten und bei unzureichender Beachtung und Bearbeitung zu hohem Leidensdruck auf beiden Seiten führen. Die dargestellten Konzepte können dabei unterstützen, sich selbst als Fachkraft auch wohlwollend-verstehend in den Blick zu nehmen und »aufwendige irrationale Abwehranstrengungen und Konflikteskalationen« (Würker 2022, 44) zu vermeiden. Sie dienen letztendlich, zugespitzt formuliert, einer »Burn-out-Prophylaxe« (ebd.).

5.2 Selbstbestimmung versus Fürsorge oder die Frage nach der Legitimation paternalistischer Interventionen

Im neuen Gesetz zur Stärkung der Teilhabe und Selbstbestimmung von Menschen mit Behinderungen, kurz Bundesteilhabegesetz – BTHG, wird nicht nur im Titel, sondern auch in Artikel 1 der Anspruch auf Selbstbestimmung für Menschen mit Behinderung explizit benannt. Dort heißt es:

»Menschen mit Behinderungen oder von Behinderung bedrohte Menschen erhalten Leistungen nach diesem Buch und den für die Rehabilitationsträger geltenden Leistungsgesetzen, um ihre Selbstbestimmung und ihre volle, wirksame und gleichberechtigte Teilhabe am Leben in der Gesellschaft zu fördern, Benachteiligungen zu vermeiden oder ihnen entgegenzuwirken«.

Selbstbestimmung stellt auch in der UN-Behindertenrechtskonvention eine wesentliche Basis dar: »Die Grundsätze dieses Übereinkommens sind: a) die Achtung der dem Menschen innewohnenden Würde, seiner individuellen Autonomie, einschließlich der Freiheit, eigene Entscheidungen zu treffen, sowie seiner Unabhängigkeit« (Beauftragter der Bundesregierung für die Belange von Menschen mit Behinderungen o. J., o. S.).

Nach Mohr und Maier bringt Selbstbestimmung »das Ziel und das Recht zum Ausdruck, in der Gestaltung der persönlichen Lebensumstände und in der Interaktion mit anderen dem eigenen Willen und eigenen Entscheidungen zu folgen, um dadurch die subjektive Lebensqualität zu erhöhen oder zu sichern« (Mohr/Maier 2018, 36). Waldschmidt beleuchtet den Begriff noch stärker in Bezug auf Macht- und Herrschaftsverhältnisse:

> »Somit verweist Selbstbestimmung von der Wortgeschichte her auf ein einzelnes Wesen, das sich erkennt, indem es sich definiert und zugleich Macht über sich ausübt. In anderen Worten, der Selbstbestimmungsbegriff bündelt selbstreferentielle, erkenntnis-theoretische und individualistische Facetten sowie Aspekte von Macht und Herrschaft« (Waldschmidt 2003, 14).

Schmid Noerr setzt den Terminus in direkten Bezug zur Menschenwürde, indem der Mensch als Subjekt wahrgenommen wird, dessen Autonomie gewahrt werden soll (Waldschmidt 2021, 165). Insbesondere dieser Aspekt wurde Menschen mit geistiger Behinderung allerdings über lange Zeit abgesprochen (Kulig/Theunissen 2006, 238).

In Deutschland gilt die Gründung der Independent-Living-Bewegung von Menschen mit körperlicher Beeinträchtigung in den 1960er Jahren als wegweisend für den Diskurs um Selbstbestimmung als neue Leitidee in der Heilpädagogik (Theunissen 2001, 15). Menschen mit geistiger Behinderung schlossen sich erst in den 1990er Jahren nach amerikanischem Vorbild in People First Gruppen zusammen, um sich gegenseitig zu stärken, Forderungen zu formulieren und Wünsche und Vorstellungen auszuloten (Niehoff 1997, 53; Mensch zuerst 2023). Seit dieser Zeit hat sich der Leitbegriff der Selbstbestimmung zu einer zentralen Kategorie in der heilpädagogischen Theorie und Praxis entwickelt und ist spätestens seit Inkrafttreten der UN-Behindertenrechtskonvention unmittelbar mit rechtlichen Ansprüchen für Menschen mit Behinderung verbunden (Grimm 2020, 27). Diese positiven Entwicklungen sind durchaus hervorzuheben, genügen alleine jedoch noch nicht, um einen fachlichen Umgang mit Bezugnahme auf die Leitidee zu gewährleisten. Beispielsweise existieren durchaus unterschiedliche Verständnisse von Selbstbestimmung (Kulig/Theunissen 2006, 237), die im fachlichen Alltag eine konkrete Bezugnahme erschweren, insbesondere dann, wenn im Team keine explizite Auseinandersetzung mit der Thematik erfolgt, wodurch die unterschiedlichen Dimensionen und Herausforderungen womöglich verkannt bleiben (Katzenbach/Uphoff 2008, 70). »[D]er Begriff Selbstbestimmung [wird – d. Verf.] eher selbstverständlich gehandhabt, als dass er erklärt wird« (Langer 2023, 23). Nicht selten berichten mir Fachkräfte, dass Selbstbestimmung zwar in vielfältigen schriftlichen Dokumenten der Einrichtungen, beispielsweise in Konzeptionen und Flyern, auftauche, jedoch noch keine direkte Diskussion im Team darüber erfolgt sei, wie an die Leitlinie in der Arbeit mit den Adressat*innen anzuknüpfen ist. Nicht zuletzt auch aufgrund der mitunter inflationären Verwendung läuft Selbstbestimmung so Gefahr, als »inhaltsleere Modefloskel« (Hahn 1999, 18) zu verkommen, wenngleich selbstverständlich keine konkrete Anleitung für die Umsetzung von Selbstbestimmung in der Praxis existieren kann. Es gilt vielmehr, Spannungsfelder, Reflexionsansätze und Fallstricke herauszuarbeiten, die eng mit dem Gedanken der Selbstbestimmung verflochten scheinen. Gelingt eine differenzierte Betrachtung, kann dies »zu einem selbstkritischen Hinterfragen sonderpädagogischer Theorie und Praxis« (Rittmeyer 2001, 144) führen, die auch die Rolle der Fachkräfte neu definiert, indem Entscheidungen auf die Menschen mit geistiger Behinderung übertragen, Wahlmöglichkeiten bereitgestellt und hierarchische Strukturen auf den Prüfstand gelegt werden (Rock 2001, 178 ff.).

Unter neoliberalen Gesichtspunkten ist anzumerken, dass Selbstbestimmung immer mehr zur Pflicht wird, der die einzelnen Subjekte nachkommen müssen. Für die Umsetzung mit den damit verbundenen Ressourcen haben sie selbst zu sorgen, indem soziale Fragen und Herausforderungen zunehmend individuell betrachtet werden (Katzenberg/Uphoff 2008, 69). Lindner spricht in diesem Kontext von einer »Eigenverantwortungsrhetorik« (Lindner 2022, 178) sowie einer »Normalisierung optimierender Selbstverwirklichung« (ebd.) autonomer Subjekte. Mit direkter Bezugnahme auf die Selbstbestimmung ist darin eine Paradoxie zu erkennen, denn »[d]er Aufforderung ›sei selbstbestimmt‹ Folge zu leisten, heißt nichts anderes als Gehorsam zu zeigen und damit seine Selbstbestimmung aufzugeben« (Katzenbach/Uphoff 2008, 69, Hervorhebung im Original). In der Arbeit mit Menschen mit geistiger Behinderung ist zudem auf Machtstrukturen in der asymmetrisch angelegten Beziehung zu den Fachkräften zu verweisen, die einer Ausgestaltung von Selbstbestimmung diametral entgegenstehen können (ebd., 70). Der Diskurs in der heilpädagogischen Praxis muss daher stets auf eine Reflexion des Spannungsfeldes zwischen Selbstbestimmung und Paternalismus[16] ausgerichtet sein. Paternalismus bedeutet eine Entscheidung der Fachkraft über die Klient*innen hinweg zu deren Wohle. Eine solche darf allerdings nicht willkürlich getroffen werden, sondern es stellt sich stets die Frage nach der Erforderlichkeit und Begründung paternalistischer Interventionen oder mit Düber formuliert: »Was dürfen wir tun, wenn Andere ihr Wohl oder Interesse zu verfehlen drohen? Wie weit dürfen wir uns in ihr Leben einmischen, wenn dort etwas schief zu laufen scheint?« (Düber 2013 zit. n. Leith 2020, 339). Eventuell werden bei diesem Zitat Assoziationen von Fragen um Krankheit oder Gesundheit oder gar Leben oder Tod geweckt. Auch ich kenne unzählige Beispiele aus meiner eigenen Praxis, in denen ich mit Verhaltensweisen von Klient*innen konfrontiert war, die ihnen aus meiner Perspektive schadeten und in deren Kontext ich um eine »richtige pädagogische Antwort« gerungen habe. Dies betraf beispielsweise die Themen Übergewicht, Alkohol und Medikamenteneinnahme oder ausgeprägte Formen mangelnder Hygiene. Ich könnte an dieser Stelle eines der Beispiele weiter ausführen, möchte mich jedoch stattdessen auf eine Alltagssituation beziehen, die Katzenbach und Uphoff in ihrem Aufsatz beschreiben, da an ihr in besonderem Maße deutlich wird, wie schnell man in der Praxis dazu verführt ist, die Selbstbestimmung von Menschen mit geistiger Behinderung einzuschränken, wenngleich sicherlich auch der in der Fallvignette beschriebenen Fachkraft zu unterstellen ist, dass diese nicht bewusst die Selbstbestimmungsversuche der Klientin zu unterbinden versuchte. Es handelt sich um eine Szene aus einer teilnehmenden Beobachtung von Studierenden in einer Wohneinrichtung, die Katzenbach und Uphoff wie folgt zusammenfassen:

---

16 Häufig auch als Spannungsfeld von Selbstbestimmung und Fürsorge bezeichnet (Schmid Noerr 2022, 166). Der Begriff Paternalismus markiert meines Erachtens in diesem Kontext jedoch noch deutlicher das zu beachtende Machtgefälle zwischen Fachkräften und Menschen mit geistiger Behinderung.

»Die Wohngruppe sitzt beim Abendessen, ein Mitarbeiter kümmert sich um Frau S. Er möchte ihr ein Brot schmieren und fragt sie, ob sie lieber Käse oder Wurst wolle. Frau S. antwortet, etwas schwer verständlich: ›Wurst‹. Der Mitarbeiter fragt noch einmal nach, ob sie nicht doch lieber Käse wolle. Darauf antwortet Frau S.: ›Käse‹. Sie müsse sich entscheiden, sagt der Mitarbeiter darauf hin: ›Käse oder Wurst‹. Frau S. reagiert darauf, indem sie wiederum nicht sehr gut verständlich ›Käse Wurst‹ brummelt. Das gehe nun nicht, erklärt ihr der Mitarbeiter: ›Entweder Käse oder Wurst‹. ›Trinken‹ ist die Antwort von Frau S. Der Mitarbeiter, bemüht, die Geduld zu wahren, erklärt, sie könne gerne etwas zu trinken haben, aber vorher müsse sie sich entscheiden: ›Käse oder Wurst‹. Frau S. wendet den Blick ab und entscheidet sich für Saft […]« (Katzenbach/Uphoff 2008, 70).

Anhand dieses Beispiels wird deutlich, dass

- es sich selbst in banal anmutenden Situationen lohnt, sich reflexiv mit dem Leitgedanken der Selbstbestimmung zu befassen;
- Selbstbestimmung sich nicht auf das Angebot von Wahlmöglichkeiten reduzieren lässt und in jedem Fall auch deren determinierenden Grenzen (warum eigentlich nicht Wurst und Käse?) kritisch hinterfragt werden müssten;
- sich eigene Zuschreibungen über geistige Behinderung in Alltagssituationen mit Auswirkungen auf die Selbstbestimmung wirkmächtig entfalten können;
- grundsätzlich zwischen Selbstbestimmung und Selbständigkeit zu unterscheiden ist und letztere nicht die Voraussetzung für erstere darstellt. Bezogen auf die Fallvignette sei jedoch zu erwähnen, dass die Studierenden sehr wohl den Eindruck hatten, dass Frau S. durchaus in der Lage gewesen wäre, das Brot selbst zu belegen;
- Selbstbestimmung auch darüber hergestellt werden kann, sich einer Situation zu entziehen, wie Frau S. durch ihre Entscheidung für Saft und der damit einhergehenden Ablehnung einer Wahl zwischen Wurst oder Käse zeigt;
- Fachkräfte auf eine fachliche Rahmung ihrer Entscheidungen angewiesen sind (vgl. ebd., 70 ff.).

Eine Orientierung für das professionelle Handeln lässt sich aus dem Wertequadrat in Abbildung 6 ableiten, das die Balance von Fürsorge und Selbstbestimmung aufgreift sowie die bei einer jeweiligen Überbetonung einhergehenden Pole der Vernachlässigung und Bevormundung (▶ Abb. 6).

Eine weitere Rahmung für professionelles Handeln könnte in der Unterscheidung zwischen einem schwachen und starken Paternalismus zu finden sein. Weicher Paternalismus meint dabei die Unterstützung der Adressat*innen bei eigenen Entscheidungen durch Informationen und Reflexionsimpulse im Sinne einer präventiven Aufklärung, wobei kein Eingriff in die letztendliche Wahl erfolgt. Beim starken Paternalismus hingegen steht ein aktives Handeln der Fachkräfte im Vordergrund, um Klient*innen vor Schaden zu schützen. Dies geht mit einer Einschränkung der Selbstbestimmung in Hinblick auf Entscheidungen und Handlungen einher (Leith 2020, 344 f.). Bei der Abwägung der beiden Formen können folgende Aspekte hilfreich sein:

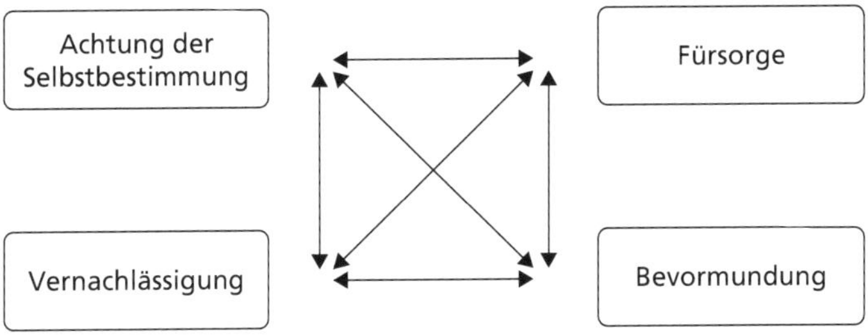

5.2 Selbstbestimmung versus Fürsorge

Abb. 6: Das Spannungsfeld von Selbstbestimmung und Fürsorge nach Schmid Noerr (2022, 172)

- »Es besteht keine Alternative zur Abwendung des Schadens.
- Es handelt sich um einen ernsthaften abzuwendenden Schaden.
- Durch den paternalistischen Akt entsteht kein ernsthafter Schaden.
- Die zu erwartenden positiven Folgen des paternalistischen Aktes sind gewichtiger als der durch den paternalistischen Akt auferlegten Schaden.
- Die Einschränkung des Respekts vor der Freiheit des Anderen ist minimal« (Childress zit. n. Leith 2020, 344).

Schmid Noerr plädiert grundsätzlich für ein dreistufiges Entscheidungsmodell im Kontext von Betreuung von der »*assistierten Selbstbestimmung*« (Schmid Noerr 2022, 180, Hervorhebung im Original) über das »Prinzip der *stellvertretenden Entscheidungen*« (ebd.) unter Bezugnahme auf die Wünsche der Klient*innen nur im Notfall hin zum »Prinzip des *angenommenen objektiven Interesses*« (ebd.), wenn kein »Mindestmaß an Entscheidungskompetenzen« (ebd.) zur Verfügung steht. In jedem Fall sind eine Transparenz und die Begründung einschränkender Maßnahmen erforderlich, um die Gefahr willkürlicher Interventionen zu minimieren (ebd., 165). Auch aus rechtlicher Perspektive stellt die Diagnose der geistigen Behinderung noch keine Legitimierung für fremdbestimmte Maßnahmen dar. Beispielsweise ist nicht per se von einer umfassenden Aufsichtspflicht bei erwachsenen Menschen mit geistiger Behinderung in Wohneinrichtungen auszugehen.

> »Soweit Hausordnungen z. B. vorsehen, dass um 22 Uhr alle BewohnerInnen zu Hause zu sein haben und ihr Besuch das Haus zu verlassen hat, sind diese Regelungen unwirksam. Dies gilt selbst dann, wenn der BewohnerInnenbeirat ordnungsgemäß beteiligt war. Das Hausrecht an den einzelnen Zimmern liegt bei den BewohnerInnen, nicht dem Einrichtungsträger« (Zinsmeister 2013, 67).

Daneben ist mit Bezugnahme auf die Leitidee der Selbstbestimmung in der Arbeit mit Menschen mit geistiger Behinderung zu bedenken, dass Fachkräfte in Kontakt mit Personen treten können, deren Leben bislang vornehmlich von Prozessen der Fremdbestimmung gekennzeichnet ist. Hier ist Selbstbestimmung als Ziel anzusehen und es Bedarf womöglich einer Begleitung, um die Kompetenz überhaupt erst zu entfalten. Ich möchte dies an einem Beispiel verdeutlichen.

In meiner Studienzeit arbeitete ich in einer Wohneinrichtung für erwachsene Menschen mit geistiger Behinderung. Um die Selbstbestimmung der Bewohner*innen zu unterstützen, reifte im Team die Idee, die Wahl der Freizeitangebote zukünftig vollständig in die Hände der Klient*innen zu übergeben. Dazu fand

> ein Gruppenabend statt, in dessen Rahmen Ideen für Ausflüge und weitere Aktivitäten gesammelt werden konnten. Unsere Ankündigung, dass die Bewohner*innen nun selbst entscheiden dürften, wie sie zukünftig ihre Freizeit planen möchten, wurde zunächst mit irritierten Blicken beantwortet. Schließlich gab ein Mann an, dass wir doch einfach so weiterplanen könnten wie bisher. Ich nahm eine Welle der Erleichterung in den Gesichtern der übrigen Anwesenden wahr, die sogleich zustimmten.

Nun könnte man diese Wahl bereits als selbstbestimmten Prozess bezeichnen. Allerdings käme eine solche Betrachtung wohl zu kurz, denn sie negiert, dass unsere Frage womöglich zunächst als eine Überforderung wahrgenommen wurde, da man bislang nur wenige Entscheidungsräume selbst ausfüllen und vielleicht auch keine Idee haben konnte, welche Alternativen zum herkömmlichen Freizeitangebot überhaupt infrage kämen. Überdies ist bei Menschen mit geistiger Behinderung nicht selten eine Gewöhnung an fremdbestimmte Prozesse zu beobachten, denen sie mitunter seit Jahrzehnten ausgesetzt waren. Schmid Noerr verweist in diesem Zusammenhang auf den Entlastungseffekt von Fremdbestimmung, indem andere die Entscheidungen treffen und man nicht eigenverantwortlich handeln muss (Schmid Noerr 2022, 164). In der in der Fallvignette beschriebenen Wohngruppe war schließlich eine Begleitung auf dem Weg zur Selbstbestimmung erforderlich, in der Entwicklungsmöglichkeiten eröffnet werden, beispielsweise die Wahrnehmung und Artikulation eigener Bedürfnisse, die einen wesentlichen Ausgangspunkt für Selbstbestimmung darstellen. Allerdings darf letztere Aussage nicht zu einem Ausschluss von Menschen mit Schwerstbehinderung in der Diskussion um Selbstbestimmung führen (Weingärtner 2005, 58 f.), da Selbstbestimmung als ein »Wesensmerkmal des Menschen« (Hahn 1999, 18) anzusehen ist. Hier gilt es vielmehr, auf ein sensibles Eingehen der Fachkräfte, auch im nonverbalen Dialog, zu verweisen, um auch kleinste Regungen wahrzunehmen und zu beantworten.

Grundsätzlich stellen der verbale und nonverbale Dialog eine wesentliche Komponente im Ringen um Selbstbestimmung dar im Sinne einer »Bewegung des Zuwendens und Antwortens zwischen Ich und Du« (Lüpke 1995, 32), denn es geht nicht um die »Freisetzung von sozialen Bindungen, sondern [um – d. Verf.] eigenverantwortliches Entscheiden und autonomes Handeln in der Beziehung zum Du« (Theunissen/Plaute 1995, 54). Selbstbestimmung sollte demnach stets beim Dialog mit den Adressat*innen ansetzen. Diese Aussage ist wahrscheinlich unbestritten, dennoch lohnt sich auch hier ein weiterer Blick. Wie oft habe ich es in meiner eigenen Praxis und in Reflexionssitzungen mit Studierenden erlebt, dass von (angehenden) Fachkräften (auch mir selbst) intensive und differenzierte Überlegungen angestellt wurden, was dem Wohle der Klient*innen dienen könne, und darüber vergessen wurde, den Menschen zunächst und vor allem selbst nach seinen Wünschen und Einschätzungen zu befragen.

Daneben ist Selbstbestimmung nicht absolut anzusehen. Sie kann vielmehr in unterschiedlichen Lebensbereichen, -altern und oder -situationen mehr oder weniger ausgeprägt oder temporär eingeschränkt sein und muss auch hier in ihrer sozialen Eingebundenheit betrachtet werden, da die eigene Selbstbestimmung dort endet, wo die Selbstbestimmung anderer Menschen verletzt wird (Schmid Noerr 2022, 167).

Nicht zuletzt ist mit einer ausschließlichen Fokussierung auf die Idee der Selbstbestimmung die Möglichkeit einer Idealisierung autonomer Prozesse verbunden.

> »[D]ann ginge mit der einseitigen Ausrichtung auf die Figur der Selbstbestimmung die Gefahr einher, den Blick für bestehende, offene oder verdeckte Abhängigkeiten behinderter Menschen, seien sie innerer, psychischer oder äußerer, gesellschaftlicher Natur, eher zu verschleiern als zu schärfen« (Katzenbach 2004, 127).

Es scheint in diesem Kontext lohnend, »Selbstbestimmung bei gleichzeitigen Ertragen-Können eines Mehr an behinderungsbedingter Abhängigkeit« (Weiß 2000, 139) als Bildungsziel anzuerkennen, um dieses höchst herausfordernde und widersprüchliche Spannungsfeld gemeinsam mit Menschen mit geistiger Behinderung zu beleuchten und damit verbundene Entwicklungschancen aufzuspüren. Dies betrifft selbstverständlich auch das Feld der sexuellen Selbstbestimmung, das in Kapitel 6 (▶ Kap. 6.2) mit Bezugnahme auf den Bereich Wohnen aufgegriffen und konkretisiert wird.

5.3 Empowerment

Eng verbunden mit der Leitidee der Selbstbestimmung gilt Empowerment als weiteres handlungsleitendes Konzept in der Arbeit mit Menschen mit geistiger Behinderung (Weiß 2000, 129). Empowerment bedeutet übersetzt »Selbst-Bemächtigung« oder »Selbst-Befähigung« und wurde ursprünglich in den Bürgerrechts- und Emanzipationsbewegungen der frühen 1970er Jahre in den USA geprägt (Theunissen 1997, 4). In Deutschland wurde der Ansatz insbesondere in der Sozialen Arbeit, im Gesundheitswesen und der Unterstützung von Menschen mit Behinderung aufgegriffen und weiterentwickelt (Herriger 2007, 9). Seit den 1980er Jahren hat er zunehmend an Bedeutung in der Begleitung von Menschen mit geistiger Behinderung gewonnen (Schuppener 2011, 215).

Nach Herriger lassen sich grundsätzlich zwei Zugänge unterscheiden. Zum einen zielt das Konzept auf eine Selbstbemächtigung von Menschen in marginalen Positionen ab im Sinne eines eigenmächtig angestoßenen Prozesses zur Gewinnung oder Rückgewinnung von Entscheidungsmacht über die Ausgestaltung des eigenen Lebens (Herriger 2007, 9). Diese (Re-)Aktivierung der Selbstverfügungskräfte mit dem Ziel der Autonomie schließt sowohl die Selbsthilfe des Individuums als auch den Zusammenschluss in Selbstvertretungsgruppen mit ein (Kulig/Theunissen 2006, 243). Dabei ist hervorzuheben, dass die eigenen Ressourcen und Stärken im Empowerment-Prozess womöglich zunächst noch erkannt und entfaltet werden müssen (Theunissen/Plaute 1995, 61 f.). Dazu bedarf es entsprechender Entwicklungs- und Ermöglichungsräume sowie eine Einbettung in eine psychodynamische Betrachtungsweise, die beispielsweise eine denkbare Regression als Bewältigungsversuch anerkennt. Die Ressourcenorientierung sollte daher nicht individualistisch verkürzt gelesen werden, sondern in ihrer Komplexität Anerkennung finden (Böhnisch 2017, 308).

Der zweite Zugang reflektiert den Empowerment-Gedanken aus der Perspektive der Fachkräfte (Herriger 2007, 14), an die nicht mehr länger die Zuschreibung der Expert*innenrolle erfolgt, diese wird vielmehr den Menschen mit geistiger Behinderung zugewiesen (Theunissen/Plaute 1995, 11). Empowerment geht mit einem veränderten fachlichen Selbstverständnis einher, das die mitunter noch vorherrschende »legitimierte pädagogische Autoritätsmacht« (Sierck 2020, 26) eindeutig kritisch hinterfragt. Böhnisch spricht in diesem Kontext von einer »tiefgreifende[n] Neubesinnung im Hilfe- und Interventionsverständnis« (Böhnisch 2017, 309), Herriger von einer »neue[n] Professionalität in der Behindertenarbeit« (Herriger 2007, 11), die auf folgende Weise deutlich wird: Die Adressat*innen sind nicht mehr länger als »betreuungsbedürftige Mängelwesen« (Herriger 2007, 10) anzusehen, auf die mit »institutioneller Überbehütung und Überversorgung; Paternalisierung und mangelndem Respekt vor dem Erwachsen-Sein des Anderen« (ebd.) reagiert wird, sondern es wird eine Stärkenperspektive gefordert, die den Menschen als Expert*in in eigener Sache anerkennt (Theunissen/Plaute 1995, 11). Dabei gilt es nicht, den Unterstützungsbedarf zu negieren (Gerspach 2009, 186), sondern in offene Aushandlungsprozesse mit den Adressat*innen zu treten, in denen sich stets neu um die konkrete Ausgestaltung von Assistenz und Zurücknahme verständigt werden muss. Eine umfangreiche Assistenz widerspricht somit nicht zwangsläufig dem Empowerment-Gedanken, wenn man sie in der Dialektik von Unterstützung und Selbstbestimmung reflektiert (Theunissen et al. 2000, 132). Gerade diese »dialektische Grundorientierung« (Weiß 2000, 129) hebt auch Weiß hervor und sieht sie als unverzichtbar an, um sich von einer »einseitigen Bedürftigkeits-Perspektive« (ebd., 131) ab- und den Rechten und Möglichkeiten von Menschen mit geistiger Behinderung zuzuwenden, ohne die darin enthaltenen Widersprüche vollständig aufzulösen (ebd., 131).

> »Mit dem Konzept ›Empowerment‹ können wir nicht länger Menschen einfach als ›Kinder in Not‹ oder als ›Bürger mit Rechten‹ sehen, sondern vielmehr als vollwertige menschliche Wesen, die sowohl Rechte als auch Bedürfnisse haben. Wir müssen uns mit dem Widerspruch auseinandersetzen, dass selbst Menschen mit wenigen Fähigkeiten oder in extremen Krisensituationen, genauso wie jeder von uns, eher mehr als weniger Kontrolle über ihr eigenes Leben brauchen. Das heißt nicht notwendigerweise, daß wir deren Bedürfnisse nach Hilfe vernachlässigen, wenn wir für mehr Selbstbestimmung votieren. ›Empowerment‹ ist eine Denkweise, die mehr Klarheit über die divergente Natur sozialer Probleme bringt« (Rappaport 1985 zit. n. Weiß 2000, 134 f., Hervorhebungen im Original).

Eine Orientierung am Empowerment-Konzept stellt eine »professionelle Handlungsorientierung für die Unterstützung von Selbstbestimmung« (Theunissen 2017, 406) dar. Gleichwohl darf der Ansatz nicht auf die Selbstbestimmungsidee reduziert werden (Weiß 2000, 129) oder in anderer Weise simplifiziert werden, da dies dem Konzept nicht gerecht werden würde.

> »Mittlerweile wird […] jede Hilfe, die irgendwie modern und professionell klingen soll, Empowerment genannt […]. Der Begriff und das verbundene Konzept wird inflationär

benutzt, ist zur Worthülse degradiert oder so unterkomplex dargestellt, dass zentrale Faktoren einfach verschwinden [...]« (Pankofer 2016, 292).

So scheint es beispielsweise wesentlich, darauf zu verweisen, dass Empowermentprozesse von Fachkräften und Mitarbeitenden in Einrichtungen weder unmittelbar initiiert noch gelenkt werden können (Specht 2013, 170). Es sind vielmehr Möglichkeitsräume für Menschen mit geistiger Behinderung zur Verfügung zu stellen, die bestenfalls Empowermentprozesse anstoßen (Bössing et al. 2022, 30 ff.), denn »Empowerment der Menschen mit geistiger Behinderung ist [...] nicht nur eine Voraussetzung, sondern fast mehr noch ein Ergebnis ›richtig angelegter Teilhabe‹« (Erhardt/Grüber 2013, 16, Hervorhebung im Original).

Da das fachliche Handeln stets auch in konkrete gesellschaftliche Verhältnisse eingebunden ist, gilt es darüber hinaus zu reflektieren, inwieweit das Empowerment-Konzept in neoliberalen Diskursen instrumentalisiert werden kann, wenn das Ziel der »Hilfe zur Selbsthilfe« überformt und das Paradigma nur verkürzt betrachtet wird. Herriger merkt hierzu treffend an:

»Eine empowermentorientierte soziale Praxis, will sie nicht zu Erfüllungshilfen der neuen sozialstaatlichen Zwangsprogrammatik werden, muss auf dem Eigensinn der Lebensentwürfe ihrer Adressaten beharren. Sie muss offen bleiben für unkonventionelle Lebensgestaltungen, muss Raum lassen für Widerspenstiges, muss sich einlassen auf ergebnisoffene Entwicklungsprozesse und Identitätsverläufe, die die engen Grenzen der Arbeitsmarktrationalität überschreiten« (Herriger 2007, 16).

Dieses Zitat verweist zugleich, wenn auch nicht explizit benannt, auf die Bedeutung der Leitlinie für die Themen Partnerschaft und Sexualität bei Menschen mit geistiger Behinderung. Hierbei spielt nicht nur die erwähnte Akzeptanz unkonventioneller Lebensentwürfe eine wesentliche Rolle, es gilt gleichermaßen, das eigene Bild von Menschen mit Behinderung als Individuen zu reflektieren und sich von mitunter starren Zuschreibungen zu lösen, durch die Entwicklungspotenziale aus dem Blick zu geraten drohen. Nur so können Räume eröffnet werden, die eine Auseinandersetzung mit eigenen Wünschen und Vorstellungen über das weite Feld der Sexualität ermöglichen und beispielsweise Entscheidungen für oder gegen eine Partnerschaft oder Elternschaft im Sinne eines Expertentums über das eigene Leben zulassen (Jennessen et al. 2019, 11). In Herringers Formulierung werden aber auch Herausforderungen und Unsicherheiten im fachlichen Alltag deutlich, die es in den Institutionen gleichermaßen zu bestimmen und diskutieren gilt, da ansonsten »[...] Autonomie und Selbstbestimmung ebenso Empowerment, Teilhabe, Dialog oder Achtsamkeit bloße Appelle an die Professionellen [bleiben – d. Verf.] und [...] zu Leerformeln in Sonntagsreden oder in Selbstrechtfertigungen von Einrichtungen« (Jantzen 2015, 49) verkommen.

5.4 Professionelle Unterstützung im Kontext von Queerness und geistige Behinderung

Wie bereits in Kapitel 4.1 (▶ Kap. 4.1) skizziert, hat sich das Verständnis menschlicher Sexualitäten in den letzten Jahren zunehmend ausdifferenziert. Der Diskurs über Queerness wird jedoch vor allem medial und in der wissenschaftlichen Auseinandersetzung verhandelt, eine unmittelbare Auswirkung auf die einzelnen Lebensrealitäten kann ihm bislang nur bedingt zugesprochen werden (El Ismy et al. 2022, 146). So müssen sich Heranwachsende mit und ohne Beeinträchtigungen in ihrer sexuellen Entwicklung vornehmlich mit sozialen Norm- und Wertvorstellungen auseinandersetzen, die auf eine Akzeptanz von Heterosexualität und Zweigeschlechtlichkeit abzielen (Flaake 2022, 279). Trotz der gesellschaftlich vielfältig ausgesprochenen Toleranz pluralisierter Lebensformen scheint weiterhin eine binär ausgerichtete Wahrnehmung vorzuherrschen, in der Heterosexualität als zentraler Ausgangspunkt gilt und Homosexualität als vorherrschende Form sexueller Vielfalt angesehen wird (Hartmann 2017, 58 ff.). Dies wird auch an folgender Aussage einer Fachkraft deutlich, die Heterosexualität als »normale« Variante begreift:

> »Äh, bei Homosexuellen ist es so, wenn die das Bedürfnis haben, auch zusammen zu leben, äh, wird ihnen, äh, das gleiche erstattet oder gestattet wie, äh, den normalen da, wie den heterosexuellen Paaren. Also da gibt es im Grunde genommen keinen Unterschied und ja. Wenn sie es halt wollen, und damit umgehen können und nicht, äh, andere damit stören oder damit belästigen, dann, äh, sind wir offen und es wird ihnen gestattet« (Fachkräfteinterview Frau C, 2016, Z. 13–18).

Demgegenüber ist mit Sielert festzuhalten:

> »Die Einteilung der Menschen in heterosexuell, homosexuell sowie heterosexuell liebend und lebend beruht auf gewachsenen und machtvoll vermittelten Konstruktionen, ist aber faktisch eine grobe Vereinfachung, die nicht alle sexuellen Verhaltensweisen von Männern und Frauen sowie diversen Transgendervarianten gerecht wird. Vor allem reduziert sie menschliche Begegnung und Anziehung auf den Aspekt des Begehrens und der Genitalität« (Sielert 2015, 86).

So genannte ›Abweichungen‹ von diesen Normvorstellungen sind auch heute mannigfaltig mit Vorurteilen belegt und führen häufig zu Diskriminierungserfahrungen (Hartmann 2017, 58 ff.). Nicht selten treten sogar Mehrfachdiskriminierungen auf, die jedoch zumeist nicht explizit aus der Perspektive von Menschen mit Beeinträchtigungen reflektiert werden (vgl. ebd.), die in diesem Diskurs eine deutlich unterrepräsentierte Personengruppe darstellen. Allgemein wird der Thematik Queerness und geistige Behinderung auch in der wissenschaftlichen Auseinandersetzung nur eine marginale Rolle zuteil, was sich beispielsweise in fehlenden Studien zu Trans*-Menschen mit geistiger Behinderung oder einer einseitig ausgerichteten Betrachtung von Homosexualität bei Männern der Personengruppe zeigt (El Ismy et al. 2022, 147). Vor dem Hintergrund, dass sich »Sexualität offenbart […] als gesellschaftliche Ordnungskategorie, über die Identität wie Macht, soziale Anerkennung wie Teilhabechancen zugewiesen und verhandelt werden« (Hartmann 2017, 62), wird es umso bedeutsamer, Queerness auch im Kontext von geistiger Behinderung genauer zu betrachten. Denn queere Menschen mit geistiger Behinderung treffen nicht nur in ihrem direkten Umfeld häufig auf fehlende Akzeptanz, die Ausgrenzungserfahrungen weiten sich oftmals auch auf die LGBTIQ[17]-Community aus, in der sie keine selbstverständliche Anerkennung erfahren (Wittmann et al. 2017, 43; El Ismy et al. 2022, 147). Die Zugänge zu letzterer werden insbesondere aufgrund baulicher Barrieren, einer fehlenden Sensibilisierung sowie durch vorurteilsbehaftete Einstellungen auf beiden Seiten erschwert, wodurch für Menschen mit geistiger Behinderung eine Identifikation sowohl in der Gruppe der Menschen mit Beeinträchtigungen als auch in der queeren Szene nicht uneingeschränkt möglich ist (Michl 2021, 26). Zu den weiteren Herausforderungen, mit denen sich queere Menschen mit geistiger Behinderung konfrontiert sehen, zählen das Outing vor den Bezugspersonen, auf das mitunter aus Angst verzichtet wird, sowie der Umgang mit teils unverständlichen Reaktionen (El Ismy et al. 2022, 148). In diesem Zusammenhang sei auf ein Beispiel aus einem eigens konzipierten Bildungsangebot für Menschen mit geistiger Behinderung zu den Themen Partnerschaft und Sexualität verwiesen.

> Zur Einführung wurden auf einem Plakat in Leichter Sprache verschiedene Sexualitäten vorgestellt, woraufhin sich ein Teilnehmer mit strahlenden Augen von seinem Stuhl erhob und ausrief: »Ich dachte immer, ich bin falsch und das ist nicht richtig. Ich habe schon lange so komische Gefühle für meinen Kollegen.« Diese Aussage wurde in der Gruppe zunächst mit irritierten Blicken beantwortet. Eine Teilnehmerin reagierte schließlich auch verbal, indem sie mitteilte, dass es absolut nicht in Ordnung sei, wenn ein Mann einen Mann liebe oder eine Frau eine Frau. Weitere Anwesende stimmten lautstark mit ihr überein und es fielen Aussagen wie »Das ist doch eklig!« oder »Das darf nicht sein!«. Der zunächst sichtbar erfreute Teilnehmer sank bei diesen Ausrufen immer mehr in sich zusammen und es bildeten sich Tränen in seinen Augen. Auf meine Nachfrage hin, warum es denn nicht sein dürfe, dass Menschen gleichen Geschlechts ineinander verliebt seien, wurde prompt damit geantwortet, dass dies von den Eltern oder Betreuer*innen so kommuniziert würde. Schließlich räumte eine zuvor noch fest von dieser Annahme überzeugte Teilnehmerin mit Blick auf ihren weinenden Arbeitskollegen ein, dass sie eigentlich doch auch nicht wisse, was daran »falsch« sei. In diesem Moment änderte sich die Stimmung in der Gruppe zusehends. Die Gesichter erhellten sich und es entwickelte sich eine wohlwollende Atmosphäre, die nun von Sätzen wie dem folgenden geprägt war: »Wenn man jemanden liebt, liebt man jemanden. Ist doch eigentlich egal.« In einem weiteren Termin begrüßte mich der Teilnehmer, der sich zuvor in der Gruppe geoutet hatte, mit einem strahlenden Lächeln und erklärte, dass er sich nun endlich getraut habe,

---

17 LGBTIQ umfasst »**L**esbische, **S**chwule (engl. **G**ay), **B**isexuelle, **T**ransidente, **I**ntergeschlechtliche und **Q**ueere (**LGTBIQ-**)Menschen« (Damisch/Haller 2018 zit. n. Ortland 2020, 98, Hervorhebungen im Original).

seinem Arbeitskollegen seine Gefühle zu offenbaren, und er sich dadurch viel freier fühle. Die beiden führten fortan eine partnerschaftliche Beziehung.

Diese Fallsequenz soll nicht als Kritik an den Teilnehmerinnen des Bildungsangebotes, den familiären Bezugspersonen oder Fachkräften verstanden werden. Sie macht meines Erachtens vielmehr deutlich, wie hoch die Verunsicherungen bei dieser Thematik auf allen Seiten zu sein scheint. Ein weiteres Beispiel liefert die Aussage einer Fachkraft im Interview, die nicht nur auf leitende Normvorstellungen verweist, sondern auch dafür sensibilisieren könnte, inwieweit das Erleben der Menschen mit geistiger Behinderung von den Einstellungen der Bezugspersonen abhängig sein kann:

»Also (räuspert sich) auf einer Freizeit hatten wir dann wirklich, tatsächlich ein, äh, zwei ältere Herren, die, ähm, dann ganz oft, sich auch geküsst haben (spricht in einer hohen, verniedlichten Stimme) und zusammen dann irgendwie auf der Couch gesessen haben, also es waren, sich eher gestreichelt haben halt irgendwie, sich gegenseitig irgendwie so ein bisschen die Wärme gegeben haben. Ähm, wo wir das auch nicht untersagt, also wir haben dann auch gesagt, das ist vollkommen okay. Und da hat dann der eine Teilnehmer, äh, wie, wie, das sind Schwuchteln und so (spricht tiefer). Meine eine Teilnehmerin und da haben wir dann halt gesagt, ähm, das sind keine Schwuchteln, wenn mögen die sich halt einfach und es ist okay« (Fachkräfteinterview Frau A, 2016, Z. 225–234).

Eine andere Fachkraft scheint in folgender Interviewpassage auszudrücken, dass Homosexualität für sie unmittelbar mit der Beeinträchtigung verwoben scheint:

»Ich glaube, die wissen gar nicht, was das ist. Bei uns ist das so, es gibt welche, die nicht so geistig, die sind alle geistige eingeschränkt, aber die, die noch, ähm, gut denken können in Anführungszeichen, die wissen schon, was das bedeutet. Ja, die, die sind dann aber auch offen und sind dann aber wirklich nur für Heterobeziehungen oder sexuelle Sachen. Ja« (Fachkräfteinterview Frau B, 2016, Z. 180–184).

Eine einseitige Feststellung, dass Eltern, Peers und Fachkräfte die Bedürfnisse queerer Menschen mit Beeinträchtigungen nicht anerkennen (Michl 2021, 28), wirkt jedoch verkürzt. Wenn queere Menschen mit geistiger Behinderung bereits in Forschungsprojekten »im bundesdeutschen Kontext weitestgehend unsichtbar« (Amschlinger 2022 zit. n. El Ismy et al. 2022, 148) bleiben, können dadurch auch keine vertieften Erkenntnisse gewonnen werden, die eine differenziertere Reflexion ermöglichen. Zudem darf die Wirkmächtigkeit heteronormativer Vorstellungen auch für das eigene Handeln nicht unterschätzt werden (Wittmann et al. 2017, 43). Um diese aufzubrechen, bedarf es der vielfach angesprochenen Reflexionsmöglichkeiten, in denen eine Sensibilisierung und ein Umdenken angeregt werden im Sinne eines »flexiblen Normalismus« (El Ismy et al. 2022, 150). Für Menschen mit geistiger Behinderung stellen diese Räume empowernde Angebote dar (ebd.), für

5.4 Professionelle Unterstützung im Kontext von Queerness und geistige Behinderung

Fachkräfte bilden sie eine Basis einer professionellen Handlungsfähigkeit. Schmauch hat in diesem Kontext den Begriff der »Regenbogenkompetenz« entwickelt, der »die Fähigkeit einer sozialen Fachkraft [beschreibt – d. Verf.], mit dem Thema der sexuellen Orientierung und geschlechtlichen Identität professionell, vorurteilsbewusst und möglichst diskriminierungsfrei umzugehen« (Schmauch 2020, 308). Diese wird ihrer Einschätzung nach bislang nur in einem geringen Anteil an Einrichtungen der so genannten Behindertenhilfe aktiv umgesetzt. Neben einer ebenfalls kleinen Anzahl an Institutionen, in der eine unmittelbare Diskriminierung von queeren Menschen deutlich wird, scheinen die meisten Angebote von der beschriebenen Heteronormativität geprägt, ohne diese bewusst zu reflektieren, wodurch die verschiedenen Sexualitäten zumeist nicht zum Vorschein kommen. Für die konkrete Umsetzung einer Regenbogenkompetenz bedarf es zum einen zunächst eines Austausches mit Team und Leitung, zum anderen reicht die bloße Formulierung eines Leitbildes oder Konzeptes nicht aus, wenn dadurch nicht auch die Haltungen der Fachkräfte berührt werden. Schmauch schlägt daher ein Vorgehen auf zwei Ebenen vor. Von Seiten der Institution geht es vor allem um die Schaffung von Strukturen wie Fortbildungen, Konzeptionstage und Supervision zu Themen der sexuellen Orientierung, aber auch um eine Verständigung von Fachkräften und Leitung zu einem Vorgehen bei Diskriminierung oder in der Begleitung von queeren Adressat*innen. Als weiterer Baustein wird die Enttabuisierung der Thematik durch Benennung in Materialien der Öffentlichkeitsarbeit, aber auch die Anschaffung von Büchern, Filmen oder ähnlichem angesprochen (Schmauch 2015, 172 ff.). Eine mögliche Umsetzung auf der Ebene der Fachkräfte ist in folgender Grafik zusammengefasst (▶ Abb. 7).

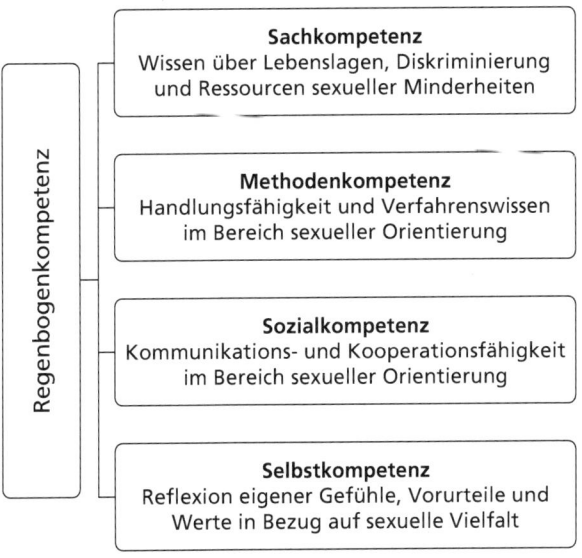

Abb. 7: Regenbogenkompetenz in Anlehnung an Schmauch (2015, 176)

Eine solche professionelle und weitestgehend diskriminierungsfreie Unterstützung zielt vorrangig auf die Stärkung der sexuellen und geschlechtlichen Selbstbestimmung ab. Mit Bezug auf das professionelle Handeln sei jedoch zunächst noch auf das Ergebnis der Berliner Studie zu verweisen, das sich meines Erachtens auch auf andere Fachkraftgruppen übertragen lässt:

> »Die Berliner Studie unterstützt die Annahme, dass die Qualifizierung von Lehrkräften zu sexueller und geschlechtlicher Vielfalt die Situation an den Schulen verbessern würde. Je besser sich die Lehrkräfte zu sexueller Vielfalt auskannten, desto mehr thematisierten sie sie im Unterricht und desto eher intervenierten sie gegen Diskriminierung« (Klocke 2014 zit. n. Ortland 2020, 101).

5.5 Zur Bedeutung des Konzepts der Leichten Sprache

Der Bereich der Kommunikation ist für alle Menschen eng mit der partnerschaftlichen und sexuellen Selbstbestimmung verbunden. Obgleich, wie bereits erwähnt, in professionellen Beziehungen aufgrund eines »strukturelle[n] Machtüberhang[s]« (Wittke 2007, 312) grundsätzlich von einer asymmetrischen Interaktion auszugehen ist, kann diese unter anderem durch fehlende Zugänge zu Informationen auf Seiten der Menschen mit geistiger Behinderung noch weiter verschärft werden. Treten Einschränkungen in der Kommunikation auf verbal- und schriftsprachlicher Ebene auf, sind sie mitunter als »massive Behinderungspraxis« (Trescher 2017, 151) anzusehen, die sich negativ auf jedwede Verständigungsprozesse auswirken können. Es stellt sich in diesem Kontext die Frage, inwieweit das Konzept der Leichten Sprache, das zunehmend in Wissenschaft und Praxis aufgegriffen und diskutiert wird (Trescher 2021, o. S.), dieser Dynamik entgegenwirkt und einen Beitrag zu mehr Selbstbestimmung und Empowerment leistet.

Leichte Sprache hat ihre Ursprünge in der Selbstvertretung von Menschen mit so genannten Lernschwierigkeiten, People First, in den 1970er Jahren in den USA und wurde 2001 vom deutschen Pendant, dem Verein Mensch zuerst, verbreitet (Schuppener et al. 2018, 216). In der Praxis findet teilweise das Konzept der so genannten »Einfachen Sprache« synonyme Verwendung, wenngleich sie ein weniger starres Regelwerk und ein höheres Maß an Komplexität vorweist (Bergelt et al. 2016, 107).

Leichte Sprache zielt auf einen barrierefreien Zugang für Menschen mit geistiger Behinderung insbesondere zur Schriftsprache ab, wodurch wichtige Informationsquellen in verschiedenen Lebensbereichen erschlossen werden (Rüstow 2011, 3). Für sie wurden spezifische Regelwerke[18] erarbeitet, die darauf ausgelegt sind, einen

---

18 Es existiert kein einheitliches Regelwerk, jedoch unterscheiden sich die Zugänge nicht

verständlichen Zugang zu ermöglichen. Sie zeichnet sich beispielsweise durch die Verwendung kurzer Sätze, dem Verzicht auf Fremdwörter oder deren Erklärung in Leichter Sprache sowie eine angepasste Grammatik aus (Schrader et al. 2021, 50). Darüber hinaus stellt die Überprüfung der Verständlichkeit ein wesentliches Merkmal im Konzept der Leichten Sprache dar (Rüstow 2011, 13), die durch die Mitarbeit von Menschen mit geistiger Behinderung[19] als Prüfer*innen garantiert werden soll. Das Konzept der Leichten Sprache findet heutzutage zunehmend Verwendung, unter anderem angestoßen durch die Verordnung zur Schaffung barrierefreier Informationstechnik im Behindertengleichstellungsgesetz (Schrader et al. 2021, 51).
Dabei ist festzuhalten, dass

> »die Definition der Barrierefreiheit für Menschen mit Körper- und Sinnesbehinderungen weit fortgeschritten ist [...], Entwicklungen für die Gruppe der Menschen mit kognitiven Beeinträchtigungen [stehen hingegen – d. Verf.] ganz am Anfang. Wegen des mangelhaften Kenntnisstandes gibt es für diese Personengruppe einen besonderen Bedarf nach Grundlagenforschung und gesichertem Wissen. Dies betrifft zum Beispiel Informationen in ›Leichter Sprache‹ [...]« (BRK-Allianz 2013, 22, Hervorhebung im Original).

Weiterhin fehlt es an einer differenzierten Auseinandersetzung mit möglichen Fallstricken und Anforderungen in der Praxis (Trescher 2021, o. S.). So kann das Angebot an Leichter Sprache zwar durchaus mehr Teilhabe für Menschen mit geistiger Behinderung ermöglichen, gleichzeitig »wird durch ihre Funktion einer ›Sondersprache‹ Behinderung an den durch sie adressierten Personen reproduziert« (ebd., Hervorhebung im Original). Dabei stellt sich ebenso die Frage nach Identifikationsprozessen, da Leichte Sprache von Menschen mit geistiger Behinderung nicht selbst zur Kommunikation genutzt wird, wie beispielsweise die Gebärdensprache (Klix et al. 2022, o. S.).

Wenngleich Leichte Sprache als ein »wichtige[s] handlungspraktische[s] Werkzeug« (ebd.) anzusehen ist, etablierte sie sich vornehmlich in größerer Anzahl im Bereich der politischen Kommunikation (Schuppener et al. 2018, 216) oder in Themenfeldern, die spezifisch auf den Personenkreis von Menschen mit geistiger Behinderung zugeschnitten sind (Seitz 2014, 3 f.), wenngleich Schrader et al. in ihrer aktuellen bundesweiten Studie zur Bestandsaufnahme der Tätigkeiten und Entwicklungstendenzen in Büros für Leichte Sprache die Ansätze eines Wandels erkennen lassen, wie auch eine Leitungsperson schildert:

> »Also früher waren es tatsächlich häufig fast nur Einrichtungen der Behindertenhilfe und vielleicht mal irgendein Teilhabeamt oder so, aber das wird jetzt. Die Anfragen werden sehr breit, auch aus dem Kulturbereich tut sich ganz viel, auch zunehmend Unis und Forschungseinrichtungen und auch privatwirtschaftliche Unternehmen. Also es merken mehr Leute, dass sie Leichte Sprache gut gebrauchen können« (Scharder et al. 2021, 54).

---

wesentlich voneinander (vgl. Netzwerk Leichte Sprache 2022; Bundesministerium für Arbeit und Soziales 2014).

19 Im Kontext der Leichten Sprache hat sich die Verwendung des Terminus von Menschen mit Lernschwierigkeiten weitestgehend etabliert (vgl. Schrader et al. 2021). Zur stringenten Argumentation findet im vorliegenden Werk auch hier die Bezeichnung der geistigen Behinderung Verwendung.

Dennoch führt die nach wie vor eingeschränkte Nutzbarkeit zu einer »Exklusivität von Wissen« (Aichele 2014, 25), nicht zuletzt, da Menschen ohne einen Grundzugang zur Schriftsprache von der Nutzung ausgeschlossen bleiben (Klix 2022, o. S.). Leichte Sprache kann ebenso mit der Gefahr einer »positiven Diskriminierung« (Seitz 2014, 4) einhergehen, wenn aus der Position von Menschen ohne Behinderung heraus eine Deutungsmacht darüber besteht, welche Inhalte für eine zuvor konstruierte Personengruppe von Relevanz sind (ebd.) oder auch eine allgemeine Zuschreibung von Defiziten, beispielsweise ein fehlendes Zutrauen im Umgang mit Komplexität, erfolgt (Schuppener et al. 2018, 218).

Diese Aspekte scheinen insbesondere in Hinblick auf die weiterhin vorherrschende Tabuisierung von Partnerschaft und Sexualität zentral, wenn Menschen mit geistiger Behinderung beispielsweise der Umgang mit der Thematik nicht zugetraut wird (Mayrhofer/Seidler 2020, 37) oder Prozesse von Infantilisierung und Fremdbestimmung zu beobachten sind (Jennessen et al. 2019, 6). Leichte Sprache kann hier meines Erachtens insbesondere dann empowern, wenn Zugänge zu Medien nicht weiterhin vornehmlich auf zielgruppenspezifische Themen beschränkt bzw. durch deren Zuschreibungen geprägt sind, wodurch eine am Subjekt orientierte Nutzung ermöglicht wird. Zudem könnte durch einen barrierefreien Zugang zu Informationen ohne Unterstützung Dritter die Gefahr einer paternalistischen oder auch infantilisierenden Zensur erheblich reduziert werden. Dem Internet kommt hier sicherlich eine wesentliche Bedeutung zu. Zaynel führt in ihrer Arbeit zur Internetnutzung von Menschen mit geistiger Behinderung drei Studien[20] an, die einheitlich konstatieren, dass das Fehlen von Leichter Sprache eine deutliche Barriere darstellt und im Umkehrschluss ein bemerkbares Ansteigen von Teilhabechancen bei der Möglichkeit der Nutzung von Leichter Sprache festzustellen ist (Zaynel 2017, 52 ff.). Bezogen auf die Themen Partnerschaft und Sexualität sollen die damit verbundenen Möglichkeiten und Herausforderungen in Kapitel 6.7 (▶ Kap. 6.7) weiter diskutiert werden.

---

20 Studie 1: Die Studie der Stiftung digitale Chancen aus dem Jahr 2001 mit 3302 Befragten, von denen 84 Personen eine geistige Behinderung hatten.
Studie 2: Die von Aktion Mensch geförderte Studie Web 2.0/barrierefrei aus den Jahren 2007/2008, die das Nutzungsverhalten von 671 Menschen mit Behinderung, davon 13 mit geistiger Behinderung, evaluierte.
Studie 3: Die Studie »Barrierefreies Internet für Menschen mit einer geistigen Behinderung« aus dem Jahr 2007, in der 75 Menschen mit geistiger Behinderung zu deren Internetverhalten befragt wurden (vgl. Zaynel 2017).

5.6 Nähe und Distanz als Spannungsfeld professionellen Handelns

»Professionelle Arbeitsbeziehungen [...] können Intimeres betreffen als die intimste private Beziehung und gleichzeitig distanzierter sein als die meisten bloß funktionalen Beziehungen« (Müller 2019, 171). So ist ein wesentliches Merkmal professionellen Handelns im adäquaten Umgang mit dem Spannungsfeld von Nähe und Distanz in der Beziehung zwischen Fachkraft und Adressat*innen zu verorten (Dörr/ Müller 2019, 16). Da die asymmetrisch angelegte Beziehungsstruktur nicht nur eine besondere Sensibilität in der Ausgestaltung von Nähe und Distanz verlangt, sondern ebenso einen möglichen Risikofaktor im Kontext sexualisierter Gewalt (Rieske/ Stuve 2021, 115) darstellt, ist weniger verwunderlich, dass diese beiden Dimensionen häufig nebeneinander in Publikationen benannt sind (Dörr/Müller 2019, 17; Rieske et al. 2021, 12). Insbesondere die seit 2010 öffentliche Aufklärung über sexualisierte Gewalt durch Fachkräfte in angesehenen Institutionen führte zu einer zunehmenden Sensibilisierung für die Thematik, hatte aber auch eine hohe Verunsicherung im fachlichen Alltag zur Folge (Georgi-Tscherry/Calabrese 2019, 20). Im wissenschaftlichen Diskurs kam es schließlich zu einer verstärkten Auseinandersetzung (vgl. beispielsweise Reimann et al. 2021), in Institutionen der Behindertenhilfe zeigten sich die Unsicherheiten in unterschiedlichen Ausgestaltungen von Nähe und Distanz und gipfelten mitunter in einem »regelrechten Berührungsverbot« (Georgi-Tscherry/Calabrese 2019, 21) von Menschen mit Behinderung. Georgi-Tscherry und Calabrese verweisen in diesem Kontext auf die Bedeutung der Auseinandersetzung mit professioneller Nähe in einem positiven und ressourcenorientierten Verständnis (ebd.).

Bevor sich dem Thema der sexualisierten Gewalt im folgenden Kapitel genauer gewidmet wird, liegt der Fokus in diesem Abschnitt zunächst auf einer grundsätzlichen Bedeutung von Nähe und Distanz für die professionelle Beziehungsgestaltung zu den Klient*innen. Nach Dörr ist hier von einer »Professionalisierungsbedürftigkeit« (Dörr/Müller 2019, 16) auszugehen, die sich in dem Anspruch zeigt, »einerseits formale Berufsrollen kompetent auszufüllen, andererseits sich zugleich auf persönliche, emotional geprägte und nur begrenzt steuerbare Beziehungen einzulassen« (ebd.). Unterdessen sehen sich Fachkräfte in der Beziehung zu ihren Adressat*innen emotional gefärbten Themen, wie dem der Sexualität, gegenüber und es bedarf einer professionellen Distanznahme, eines »exzentrischen Standpunkte[s]« (ebd., 21) zu den Lebenswelten der Klient*innen, aber auch zu strukturellen Bedingungen des fachlichen Handelns und nicht zuletzt zu den eigenen Verstrickungen und blinden Flecken. Um den Blick auf letztere zu schärfen, leistet die Psychoanalytische Pädagogik und eine Reflexion der Übertragungs- und Gegenübertragungsphänomene im Rahmen des Szenischen Verstehens (▶ Kap. 5.1) einen wesentlichen Beitrag (ebd., 23). Sie argumentiert im Diskurs um Nähe und Distanz gegen Forderungen von mehr Distanz in der Beziehung zu den Adressat*innen und versteht das Einnehmen einer inneren distanzierten Haltung über Reflexion als zentrales Element (heil-)pädagogischer Praxis, das nicht im Gegensatz steht zu einer intensiven Beziehungsarbeit. »Innere Distanz ist nicht durch Abständigkeit zu gewinnen, durch ein weniger an Sich-Berühren-Lassen und Selbst-Berühren. Vielmehr geht es darum, die heiklen Verwicklungen von Nähe und Distanz in der praktischen Arbeit ins Denken hineinzubekommen, immer wieder erneut in ein reflektierendes Nachdenken zu überführen« (Schmid 2019, 70).

Das Zusammenspiel von Nähe und Distanz ist nicht nur in einem körperlichen Sinne zu betrachten, es kann sich unter anderem auch über emotionale Berührung, biografische Ähnlichkeiten zu den Adressat*innen oder der Vermischung von Privat- und Berufsleben wirkmächtig entfalten (Rieske et al. 2021, 12). Nähe und Distanz stehen stets in direkter Abhängigkeit zueinander, denn

> »wo keine Distanz mehr herrscht, kommt es zu Symbiosen, Übergriffen, Kämpfen, emotionaler Abhängigkeit. Wo jede Nähe fehlt, waltet Gleichgültigkeit. [...] Nähe kann als Geborgenheit, Halt oder als Bedrängnis erlebt werden; Distanz als Freiraum, Toleranz oder als Indifferenz« (Schmalenbach 2014, 38).

Unterschiede in der Ausgestaltung von Nähe und Distanz sind auf individueller Ebene bei den Fachkräften und Adressat*innen zu finden und können sich auf kultureller Ebene beispielsweise in einem unterschiedlichen Streben nach körperlicher Nähe zeigen (ebd., 39). Nähe und Distanz sind grundsätzlich nicht objektiv zu erfassen und deren Verhältnis unterliegt unterschiedlichen Interpretationsansätzen (Georgi-Tscherry/Calabrese 2019, 20).

Weitestgehend ungeachtet bleiben bislang Dimensionen des Sexuellen im Spannungsfeld von Nähe und Distanz, die nicht selten der Verdrängung unterliegen (Thole/Cloos 2006, 124). Sie treten entweder, wie eingangs erwähnt, einseitig mit Bezugnahme auf sexualisierte Gewalt auf (Dörr 2019, 130) oder kommen in Fallvignetten als ein Interpretationsmoment zur Geltung. Schmid beschreibt beispielsweise den 15-jährigen Theo, der sich in einer Kleinschule von einer Mitarbeiterin durch eine aufmunternde Berührung (unbewusst) verführt sah, so dass er, so die Annahme, in eine aggressive Distanz zur Fachkraft gehen musste, indem er ihr Auto mit sexualisierten Begriffen beschmierte (vgl. Schmid 2019, 67 ff.). Datler et al. nähern sich der Dimension des Sexuellen im Kontext von Nähe und Distanz in der Fallvignette von Herrn Hofer an, der als 83-jähriger Mann in einer Pflegeeinrichtung von einer 27-jährigen Projektmitarbeiterin in seinem Alltag beobachtet wurde. Wenngleich sich auch diese Falldarstellung nicht explizit auf die Arbeit mit Menschen mit geistiger Behinderung bezieht, kommen in ihr wesentliche Aspekte im Kontext von Nähe, Distanz und Sexualität zum Tragen, die sich ebenfalls auf die Unterstützung des Personenkreises beziehen lassen.

> So ist das Erleben von Herrn Hofer von Einsamkeit nach dem Verlust seiner Frau gekennzeichnet und die anwesende Projektmitarbeiterin stellt eine ersehnte Abwechselung im Heimalltag dar. Er verwickelte die junge Frau stets in intensive Gespräche, die sie dazu zwangen, ihre Beobachtungsposition zu verlassen und immer wieder um Abgrenzung zu ringen. Gleichzeitig konnte sie in diesen Situationen die Sehnsüchte von Herrn Hofer nachspüren, der Einsamkeit entfliehen zu wollen und (wieder) als sexuell attraktiver Mann wahrgenommen zu werden. Das Sexuelle in der Beziehung trat auch an einem heißen Sommertag

deutlich heraus, an dem die Mitarbeiterin Herrn Hofer nur in einem Top bekleidet aufsuchte und sein Blick an ihrem Ausschnitt gefangen war. Daraufhin sah er sich nicht nur die Trauer über die anschließende Zurückweisung der jungen Frau konfrontiert, sondern musste in einer weiteren Sequenz auch eine Art Spott über sich ergehen lassen, als die von ihm ausgesprochenen Heiratswünsche an die Mitarbeiterin von einem anwesenden Pfleger in eine überspitzte Komik gezogen wurde (vgl. Datler et al. 2012, 94 ff.).

Hier scheint mir ein Phänomen ersichtlich, das auch in der Arbeit mit Menschen mit geistiger Behinderung nicht selten zu beobachten ist. Ich möchte es an einer weiteren Fallvignette meiner eigenen Arbeit verdeutlichen.

Im Rahmen eines Bildungsangebots zum Thema Biografie für ältere Menschen mit geistiger Behinderung in einem tagesstrukturierenden Setting fertigten die Teilnehmerinnen eine Wunschcollage an. Die Übung stieß auf große Begeisterung und die Plakate wurden auf kreative Weise beschrieben, bemalt und beklebt. Ein Teilnehmer griff zu einer Zeitschrift und schnitt das Bild einer gleichermaßen attraktiven wie prominenten jungen Frau aus und platzierte es zentral auf seiner Wunschcollage. Dies wurde im Vorbeigehen von einer Mitarbeiterin der Einrichtung bemerkt und mit entsprechenden Kommentaren ins Lächerliche abgewehrt.

Womöglich ist dies in der Tabuisierung von Sexualität im Alter sowie Sexualität und geistige Behinderung begründet, in jedem Fall verwehrt eine solche Betrachtung eine Zuwendung auf ernstzunehmende Wünsche von Partnerschaft und Sexualität, wenngleich diese sich zunächst auf unerfüllbare Ideale hin orientieren.

Fallvignetten stellen nicht nur in der Psychoanalytischen Pädagogik die Basis für einen Erkenntnisgewinn zu Handlungsmöglichkeiten in der Praxis dar (Schmid 1997, 184), ihre Einbettung in fachbezogene Gruppendiskussionen scheint auch besonders geeignet, um sich über Fragen zu einem professionellen Umgang mit Sexualität im pädagogischen Alltag zu verständigen. So bildet folgende Fallvignette die Grundlage für die Entwicklung professioneller Handlungsoptionen im Kontext von Nähe, Distanz und Sexualität im Rahmen eines BMBF-Forschungsprojekts zu »Berufsbiographische[n] Identitätskonstruktionen und Sexualität« (Anders et al. 2020, 33):

»Die 26-jährige Sozialpädagogin Paula Ziegler arbeitet in einer Wohngruppe. Seit einiger Zeit verbringt sie öfters Zeit mit dem 18-jährigen Marco Heinrich. Beide stellen in ihren Gesprächen fest, dass sie den gleichen Musikgeschmack teilen. Während einer Unterhaltung über Hobbys bemerkt Paula Ziegler, dass Marco Heinrich kurz ihren Körper mustert. Sie spürt eine kurze Erregung, wechselt dann aber das Thema und spricht ihn auf seine anstehende Abiturprüfung an. Auf dem Nachhauseweg denkt Paula Ziegler an den Moment ihrer Erregung und schämt sich kurz. Zur gleichen Zeit erzählen zwei 16-jährige Mädchen der 45-jährigen Teamleiterin Manuela Maier, dass Paula Ziegler und Marco Heinrich

> immer miteinander herumhängen würden und Turteltäubchen seien. Manuela Maier ist unentschlossen[,] ob sie Paula Ziegler im Rahmen der nächsten Dienstübergabe auf die Situation ansprechen soll« (ebd., 35).

Aus der Arbeit mit dieser Fallvignette leiten Anders et al. verschiedene Thesen ab, die auch in der Begleitung mit Menschen mit geistiger Behinderung von Relevanz sind. So benötigen Fachkräfte, deren Beziehungen zu den Adressat*innen von zu viel Nähe gekennzeichnet sind, eine fachliche Rahmung durch ein haltgebendes Team, das solche Verstrickungen nicht nur auf der Ebene fehlender Fachlichkeit diskutiert. Daneben sollten Kolleg*innen und Leitungspersonen, die eine Dynamik von zu viel Nähe beobachten, eine solche sensibel mitteilen, wenngleich es sich um tabuisierte Themen wie das der Sexualität handelt. Dies setzt eine Auseinandersetzung mit subjektiv unterschiedlichen Standpunkten zu übermäßiger Nähe voraus, sowohl auf Seiten der beteiligten Fachkräfte als auch aus der Perspektive der Adressat*innen. Grundlegend ist hierbei eine vorurteilsfreie Haltung, die einen offenen Dialog zwischen allen Beteiligten ermöglicht (ebd., 37 ff.).

In der Begleitung von Menschen mit geistiger Behinderung scheint die angesprochene reflexive Auseinandersetzung mit Nähe und Distanz noch aus weiteren Gründen höchst bedeutsam. Hier ist insbesondere auf die konkreten Abhängigkeitsverhältnisse und eine eventuelle Pflegebedürftigkeit zu verweisen, die ein gesundes Ausbalancieren der beiden Pole nicht begünstigen oder in manchen Fällen gar verunmöglichen, da sie stets mit der Gefahr eines bewussten oder unbewussten Überschreitens von Grenzen einhergehen. Dies kann die körperliche Ebene in der Pflege betreffen oder auch das vielfältige Eingreifen in intime Themen und Räume durch fremdbestimmte Prozesse im (institutionellen) Alltag (Denk 2012, 99). So scheint es in Pflegesituationen durchaus erschwert, sich körperlich oder sprachlich auszudrücken, wenn man eine Situation als zu nah empfindet. Dies gilt gleichermaßen für Pfleger*innen und zu Pflegende, wenngleich letztere in der Diskussion nicht immer selbstverständlich als Subjekte wahrgenommen werden. Es bedarf eines feinfühligen Eingehens auf die Signale des Gegenübers bei gleichzeitigem Bewusstsein darüber, dass man in Pflegesituationen mit basalen Grundbedürfnissen von angenehmen oder gar lustvollen Körpererfahrungen konfrontiert sein kann. Zugleich stellt die Pflege eine höchst intime Handlung dar, die womöglich auch von Scham und Ekel begleitet ist, die es wiederum nicht zu negieren und in das Spannungsfeld von Nähe und Distanz einzuordnen gilt (Heintzenberg 2011, 82 ff.). Dazu bedarf es für Fachkräfte und Mitarbeitende des bereits angesprochenen haltenden Umfeldes, um eigene unterschiedliche Empfindungen und Perspektiven im Team einordnen und besprechen zu können. Ob dabei stets jegliche komplexe Dimensionen in den Blick geraten dürfen, scheint zumindest fraglich, wie auch die Aussage einer Fachkraft vermuten lässt, die zwar eine offene Ansprache in ihrem Team als gegeben ansieht, bei der Frage nach möglichen Empfindungen der Kolleg*innen in der Konfrontation sexueller Erregung in der Pflege allerdings durchaus unsicher wird:

> »Sie gehen eigentlich sehr offen damit um und haben da eigentlich keine Berührungsängste, sie sind nicht irgendwie dann jetzt, na gut, überrascht ist man schon, aber sie sind da jetzt nicht sch-schockiert oder dergleichen« (Fachkräfteinterview Frau B, Z. 61–63).

An anderer Stelle im Interview werden Aspekte von Scham und zu viel Nähe nur ersten Pflegetätigkeiten zugestanden, wenngleich sich die Frage stellt, ob sich diese Themen tatsächlich auflösen lassen oder vielmehr zum eigenen Schutz im weiteren Verlauf nicht mehr gespürt werden dürfen. So werden die Herausforderungen in Pflegesituationen durchaus feinfühlig in folgender Textpassage deutlich:

> »Und die Pflege ist natürlich da was ganz anderes, wenn man nackt da liegt und keinerlei Schutz hat, keinerlei Sichtschutz hat, ähm, das ist ein sehr sehr großer Eingriff, der auch schwierig ist für Betreuer, die anfangen« (ebd., Z. 253–255).

Die Relativierung erfolgt jedoch unmittelbar:

> »Allerdings sind die Teilnehmer das auch so gewohnt, das, das ist halt, wenn sie zwanzig Jahre gepflegt werden, ähm, hat sich einfach auch was. Bei denen hat sich eine Normalität eingeschlichen, so ein Alltag eingeschlichen, dass das nicht mehr so für sie merkwürdig auch ist, einfach. Sie gehen damit auch sehr locker mit um, also da gibt es auch wenig Scham und dergleichen« (ebd., Z. 258–262).

Wenngleich eine tiefergehende Auseinandersetzung mit möglichen Formen des Erlebens von Menschen mit geistiger Behinderung, die auf Pflege angewiesen sind, zu schmerzhaft zu sein scheint, können wesentliche Aspekte von Nähe und Distanz von der Fachkraft abschließend benannt werden:

> »Es wird natürlich versucht, die Privatsphäre der Teilnehmer auch in der Pflege zu wahren, ähm, ja, aber man muss halt trotzdem den Intimbereich waschen, da geht halt kein Weg dran vorbei. Aber man kann ja auch schon viel machen, um das so gut wie möglich zu gestalten. Da gibt es halt so kleinere Sachen wie, ähm, das manche ziehen zum Beispiel, ähm, Menschen mit Behinderung komplett einmal aus. Und dann fangen sie an, oben zu waschen, bis sie unten fertig sind. Das bedeutet aber, dass dieser Mensch steht die komplette Zeit nackt da oder liegt komplett nackt da. Das ist ja schon was, was sehr sehr unangenehm ist. Wir waschen halt immer nur Teilbereiche. Das bedeutet, komplett angezogen. Wenn sie den Oberkörper waschen, ziehen sie das oben aus. So wenn sie da fertig sind, ziehen sie das wieder an. Dann gehts weiter. Oder halt, dass immer ein Handtuch auf dem Intimbereich liegt und das tatsächlich nur kurz hochgehoben wird, um die Intimwäsche kurz zu machen und dann direkt wieder draufgelegt wird. Das sind auch solche Sachen, es ist nur ein kleines Handtuch, aber das ist, das hilft tatsächlich einfach beim Gefühl« (ebd., Z. 262–274).

Eine weitere Perspektive auf Nähe, Distanz, Sexualität und geistige Behinderung betrifft den häufig problematisierenden Umgang von Verhaltensweisen der Personengruppe.

> »Dabei ist gerade für Menschen mit geistiger Behinderung die Körpersprache manchmal das einzige Mittel, Zuneigung oder Ablehnung, Wunsch nach Nähe oder das Bedürfnis nach Rückzug zu zeigen. Einerseits werden Klientinnen bei ihren Versuchen, Grenzen zu setzen, bewusst nicht gehört oder nicht verstanden. Zeigen sie andererseits ihre Zuneigung auf körpersprachlicher Ebene in Form von anschmiegen oder Streicheln wird das von der Umgebung als distanzlos gedeutet. In beiden Fällen wird ihr Verhalten als auffällig oder schwierig interpretiert« (Heintzenberg 2011, 82).

6 Ausgewählte Praxisfelder

6.1 Sexuelle Bildung und geistige Behinderung

In der Fachliteratur finden die Termini sexuelle Bildung und Sexualpädagogik mitunter synonyme Verwendung, wenngleich sie durchaus unterschiedlich konnotiert und in einen zeitlichen Wandel einzuordnen sind (Lache 2018, 54). Die Begriffe Sexualerziehung und Sexualaufklärung werden dabei zumeist der Sexualpädagogik zugeordnet (Langer 2023, 18; Valtl 2008, 126). Die Entwicklung der Sexualpädagogik hat sich seit den 1960er Jahren anhand unterschiedlicher Stränge vollzogen (Henningsen et al. 2016, 12). In den 1960er und 1970er Jahren war diese von »Befreiung« und »Aufklärung« (Sielert 2016, 71 ff.) geprägt, jedoch noch auf eine rein kognitive und biologische Sexualaufklärung ausgerichtet (ebd.; Valtl 2008, 126). In den 1970er Jahren verschob sich dieser Diskurs zunehmend in Richtung Prävention, indem Themen wie sexueller Missbrauch und sexuell übertragbare Krankheiten in die fachliche und öffentliche Diskussion rückten. Auch mit der Entwicklung neuer Zugänge zu Informationen über Sexualität und Pornografie im Zuge der Etablierung des Internets verschärfte sich der Präventionsauftrag an die Sexualpädagogik, der nicht zuletzt durch die bereits angesprochene Aufdeckung zahlreicher Missbrauchsfälle in Institutionen seit 2010 eine Aktualisierung erfuhr (Henningsen et al. 2016, 12). Seit 2000 wird der Begriff der Sexualpädagogik zunehmend von dem der sexuellen Bildung abgelöst (Lache 2018, 55), der ein umfassendes Verständnis von Bildungsprozessen über die gesamte Lebensspanne betont (Krüger et al. 2022, 59). Valtl bezeichnet sexuelle Bildung als »*gegenwärtige Form der Sexualpädagogik*« (Valtl 2008, 125, Hervorhebung im Original).

Sexuelle Bildung stellt keine völlig neue Orientierung dar, sondern eher eine »Akzentverschiebung« (ebd.). Dabei ist der Begriff der Bildung an sich bereits positiv konnotiert (Langer 2023, 16) und es verwischen sich darin bisweilen seine kritisch zu reflektierenden Dimensionen. »Der Bildungsbegriff selbst ist normativ und machtförmig« (ebd., 20), da er in gesellschaftliche Machtverhältnisse eingebunden ist, die mitbestimmen, wie beispielsweise sexuelle Vielfalt zu definieren ist und welche Subjekte Anerkennung erfahren (ebd., 27). Diese Punkte scheinen mir insbesondere in Hinblick auf die Auseinandersetzung mit der sexuellen Bildung bei Menschen mit geistiger Behinderung zentral, ebenso wie folgende Entwicklungslinien und Schlaglichter:

1. Mit sexueller Bildung werden zusätzliche Zielgruppen angesprochen, wodurch nicht nur das lebenslange Lernen[21], sondern auch Menschen in marginalen Positionen, z. B. Menschen mit geistiger Behinderung, in den Vordergrund rücken[22].
2. Eine solche konzeptionelle Ausrichtung adressiert jegliche Person in einer ganzheitlichen Betrachtungsweise (Langer 2023, 17).
3. Sexuelle Bildung ist auf selbstbestimmte Prozesse ausgerichtet (Valtl 2008, 128) und auf eine »Begleitung zur Selbsttätigkeit« (Schmidt/Sielert 2017 zit. n. Langer 2023, 17).
4. Sexuelle Bildung stellt sich gegen eine einseitige Fokussierung auf Gefahren und Präventionsaspekte, ohne diese zu negieren, und betont eine sexualitätsbejahende Perspektive (Langer 2023, 18).
5. Sexuelle Bildung besitzt einen emanzipatorischen Charakter (Lache 2018, 55).
6. Sexuelle Bildung betont die Notwenigkeit professionellen Handelns und die Betrachtung von Strukturen und Kulturen in Organisationen und ist mit der Forderung nach »sexuell gebildete[m] pädagogischen Personal« (Langer 2023, 18) verbunden.

Sexuelle Bildungsangebote sind für Klient*innen, Angehörige, Fachkräfte und Mitarbeitende in Institutionen gleichermaßen von Bedeutung (Lache 2018, 55).

> »Zielgruppe sexueller Bildungsangebote sind also nicht nur Kinder, Jugendliche oder erwachsene Menschen mit Behinderungen, sondern auch deren Eltern und Hauptbezugspersonen, Pädagog:innen und Mitarbeiter:innen in Institutionen. Sie alle sind Adressat:innen von Informations- und Wissensvermittlung, brauchen Zeit und Raum für die Reflexion eigener Haltungen und Zugänge und den Erwerb von Handlungskompetenzen für den Umgang mit im weitesten Sinn sexuellen Themen und übergriffigen oder gewalttätigen Situationen« (Mayrhofer/Seidler 2020, 41).

Nicht nur für Menschen mit geistiger Behinderung ist sexuelle Bildung eng mit der Befähigung zum Treffen selbstbestimmter Entscheidungen verbunden. Fachkräfte und Mitarbeiter*innen in Institutionen[23] ermöglicht sexuelle Bildung die Reflexion von Entwicklungsmöglichkeiten des Personenkreises unter der Leitidee der Selbstbestimmung (Krüger et al. 2022, 60), die bestenfalls auch von Eltern und Angehörigen geteilt werden. In einem solchen Verständnis sind sexuelle Bildungsangebote

---

21 Kindliche Sexualität darf dabei nicht mit der Sexualität im Erwachsenenalter verwechselt werden (Kahle 2016, 94). »Es gilt insbesondere kindlichen Ausdrucksformen, die denen erwachsener Sexualität ähneln, wie beispielsweise Masturbation oder mehr noch «gespielter» Geschlechtsverkehr, nicht vorschnell mit den Augen und Deutungen erwachsener Sexualität zu begegnen, denn das würde bedeuten, sie gründlich misszuverstehen und kindliches Agieren unangemessen zu sexualisieren« (ebd., 95).
22 Die Ausweitung auf andere Personengruppen ist allerdings nicht nur dem neuen Leitbegriff der sexuellen Bildung zuzuschreiben, sondern wurde bereits seit den 1980er/1990er Jahren für die Sexualpädagogik diskutiert. Sie umfasste mit Einführung des Normalisierungsprinzips auch einen (noch eingeschränkten) Blick auf Menschen mit geistiger Behinderung. Mit Bezugnahme auf die sexuelle Bildung hat dieses Verständnis eine zusätzliche Erweiterung erfahren (Lache 2018, 54f.).
23 Mögliche Themen für Fortbildungen für Fachkräfte und Mitarbeitende finden sich bei Ortland (2020, 209 ff.).

unmittelbarer Ausdruck für eine an Empowerment und Selbstbestimmung (▶ Kap. 5) orientierte Unterstützung (Specht 2013, 172).

Dem Begriff der Bildung kommt in der Arbeit mit Menschen mit geistiger Behinderung grundsätzlich eine besondere Bedeutung zu, wurde dem Personenkreis doch lange eine Bildungsunfähigkeit oder ausschließlich praktische Bildbarkeit diagnostiziert. Verstehen wir Bildung mit Gerspach heute als »selbstreflexive[n] Akt […], als Selbstversicherung des (lebens-)geschichtlich Gewordenen und als Entwicklungsraum des Potenzials zum Werden« (Gerspach 2022a, 69) ist der damit beschriebene Entwicklungsraum allen Menschen zu ermöglichen.

> »Bildung heißt für Menschen mit geistiger Behinderung, mehr noch als bei anderen, die Tür zur Bildung zu öffnen. Immer, d. h. ausnahmslos, ist die Selbstständigkeit im Denken zu fokussieren, die aus Lernen erst Bildung macht. Auch bei Menschen mit einer geistigen Behinderung ist vom Postulat der Bildbarkeit auszugehen. Bildung ist als Selbstvergewisserung zu begreifen, worin die Fähigkeit zum Erkennen – und mehr noch: das Ertragen der eigenen Unzulänglichkeit – eingeschlossen ist« (ebd., 72).

Sexuelle Bildung vollzieht sich in unterschiedlichen Settings von der Familie über Kita, Schule und Peer-Groups bis hin zu institutionellen Angeboten im Erwachsenenalter (Lache 2018, 56). Bei erwachsenen Menschen mit geistiger Behinderung ist davon auszugehen, dass die schulische Sexualerklärung oftmals als unzureichend erlebt wurde und auch eine proaktive Unterstützung im Elternhaus in Kindheit und Jugend[24] nicht selbstverständlich anzunehmen ist (Jennessen/Ortland 2019, 154; Mayrhofer/Seidler 2020, 37). Wenngleich Lehrkräfte in der aktuellen österreichischen Prävalenzstudie von den befragten Personen mit Behinderung noch am ehesten mit sexueller Bildung in Zusammenhang gebracht werden, wirft folgendes Zitat ein Schlaglicht auf weitere Realitäten:

> »Das Netzwerk […] hat die Erfahrung gemacht, dass beeinträchtigte Jugendliche während sexualpädagogischer Einheiten oft aus der Klasse genommen werden, weil ihnen das Thema oder den Lehrkräften der Umgang mit ihnen im Rahmen dieses Themas nicht zugetraut wird« (Frauengesundheitszentrum & Netzwerk Sexuelle Bildung Steiermark 2019 zit. n. Mayrhofer/Seidler 2020, 37).

Fehlende Peer-Group-Erfahrungen und eingeschränktere Zugänge zu Aufklärungsmedien stellen weitere hemmende Faktoren dar und heben den Bedarf an sexueller Bildung im Erwachsenenalter und Alter deutlich hervor (Jennessen/Ortland 2019, 154). Jedoch wird Menschen mit geistiger Behinderung eine altersgemäße Sexualaufklärung im Erwachsenenalter auch »faktisch verwehrt« (Mayrhofer/Seidler 2020, 37) und es fehlt an geeigneten fachlichen Ansprechpartner*innen in Institutionen (ebd., 38). Eltern fühlen sich in dieser Frage häufig verunsichert, was auch die Aussage der Mutter einer erwachsenen Tochter erkennen lässt, die einen Bedarf an Aufklärung mit Möglichkeitsräumen zur Auslebung genitaler Sexualität in Zusammenhang bringt:

> »Ja, Aufklärung kam vielleicht zu kurz. Auch von meiner Seite aus, muss ich ehrlich sagen. Ich weiß jetzt net, was sie in der Schule so gemacht haben, also ich meine, ich erkläre ihr das mit dem alle 4 Wochen, das haben alle jungen Frauen,

---

24 Mögliche Gründe werden in Kapitel 6.5 beleuchtet (▶ Kap. 6.5).

> in der Vorbereitung, dass man ein Baby bekommen könnte oder so was, ja. Aber, ähm, dass jetzt direkt so Geschlechtsverkehr oder solche Geschichten, habe ich ihr noch net. [...] Vielleicht ein Fehler, aber ich weiß es nicht. [...] Also wenn sie in einer freieren WG wäre, wäre es wahrscheinlich nötig [...], aber da das alles sehr kontrolliert, wo sie jetzt ist, abläuft, halt ich das für nicht notwendig« (Elterninterview Frau J, 2016, Z. 165–176).

Im Rahmen der Institutionenbefragung der österreichischen Studie zu »Erfahrungen und Prävention von Gewalt an Menschen mit Behinderung« gaben 90 Prozent der Leitungskräfte an, sexualpädagogische Angebote für Menschen mit geistiger Behinderung bereitzustellen. Allerdings stimmten dieser Aussage nur 53 Prozent der Mitarbeiter*innen zu, was Mayrhofer und Seidler zu der Frage veranlasst, »in welchem Umfang sexualpädagogische Unterstützung, auch wenn sie formal vorgesehen wäre, tatsächlich in der Praxis gelebt wird« (Mayrhofer/Seidler 2020, 38).

So hatte mehr als ein Drittel der Befragten in der österreichischen Studie im Verlauf des Lebens keinerlei Zugänge zu Angeboten sexueller Aufklärung (Mayrhofer/Seidler 2020, 37), in einer nicht repräsentativen Studie von Ortland in Deutschland bejahten 92 Prozent der Mitarbeitenden in Einrichtungen für Menschen mit Behinderung einen erhöhten Bedarf an Aufklärung und Information (Ortland 2016, 130). Daraus lässt sich durchaus eine Forderung nach einer proaktiven Sexualaufklärung in Wohneinrichtungen für Menschen mit geistiger Behinderung im Erwachsenenalter ableiten (Häberli 2019, 45), die meines Erachtens jedoch eines professionellen Umgangs mit den in Kapitel 5 behandelten Spannungsfeldern bedarf, um Machtdimensionen nicht zu negieren und eine tatsächlich auf Selbstbestimmung ausgerichtete sexuelle Bildung zu ermöglichen. Ansonsten besteht unter anderem die Gefahr, dass Fachkräfte und Mitarbeitende in Institutionen die Deutungsmacht darüber besitzen, welche Inhalte und Medien für eine zuvor abgebildete Personengruppe als relevant erachtet werden und wer von diesen Angeboten womöglich ausgeschlossen bleibt. Ein Ausbau unabhängiger Beratungs- und Bildungsstellen[25] zur Unterstützung der Fachkräfte und Mitarbeitenden durch ausgebildete Sexualpädagog*innen[26] scheint in diesem Kontext höchst sinnvoll (Heck 2023, 182). Die im Buch behandelten Zugänge, Leitideen und Konzepte können einen Anker für professionelles Handeln im Bereich von Partnerschaft, Sexualität und geistiger Behinderung bieten und Unsicherheiten im alltäglichen Handeln rahmen, wenngleich diese niemals völlig aufzulösen sind.

> »Ich arbeite jetzt seit 15 Jahren in der Behindertenhilfe. Natürlich achten wir immer darauf, was die Menschen wirklich wollen, für die wir da [sind – d. Verf.]. Aber wenn es um sexuelle Bedürfnisse geht, da halten sich die meisten meiner

---

25 Als Projekt mit Modellcharakter ist die Beratungsstelle für selbstbestimmte Sexualität für Menschen mit Lernschwierigkeiten Liebelle Mainz zu nennen, die sowohl Bildungsangebote für Menschen mit Beeinträchtigung als auch für Angehörige und Fachkräfte bereitstellt (Liebelle Mainz 2023).

26 Es existiert mittlerweile ein vielfältiges Aus- und Fortbildungsangebot, beispielsweise angeboten durch das Institut für Sexualpädagogik in Dortmund oder von pro familia (Henningsen 2016, 54).

Kollegen plötzlich voll zurück. Ich glaube, die haben echt Angst, was verkehrt zu machen und dass sie Ärger kriegen« (Celia zit. n. Herrath 2013, 25).

Führt die Angst davor, etwas Falsches zu tun, zu einem Rückzug der Fachkräfte und Mitarbeitenden, ist zu beachten, dass sexuelle Bildung in jedem institutionellen Kontext geschieht, auch durch Nichtreagieren oder Übersehen (vgl. Wanzeck-Sielert 2005). Das heißt, auch wenn nicht unmittelbar auf eine gezielte Fort- und Weiterbildung zurückgegriffen werden kann, »sollte eine im wahrsten Sinne berufsbegleitende persönliche und teamorientierte Weiterbildung vorangetrieben werden« (Müller 2017, 221). Und selbst bei zunehmender Expertise gilt eine stetige reflexive und kritische Auseinandersetzung mit eigenen (Wert-)Vorstellungen und den konkreten Situationen als unabdingbar (Henningsen 2016, 54). Baab schlägt vor, dass mindestens einer Fachkraft im Team die Aneignung einer Expertise im Bereich von Partnerschaft, Sexualität und geistiger Behinderung ermöglicht und unterschiedlichen Haltungen zur Thematik in einer gemeinsamen konzeptionellen Ausarbeitung begegnet wird (Baab 2018, 9), da »sexualpädagogische Konzepte [...] nicht wirkungsvoll verordnet werden [können – d. Verf.] – Haltungen werden erarbeitet und nicht verordnet« (Pro familia Singen e. V. 2008 zit. n. ebd.).

Sexuelle Bildung in Institutionen ist darauf ausgerichtet, Erfahrungsräume zur Verfügung zu stellen. Diese können in individuellen Gesprächssituationen, über Bücher, Filme oder andere Medien eröffnet werden (Baab 2018, 9). Aber auch gezielte Bildungsseminare zu den Themen Partnerschaft und Sexualität, bestenfalls angeboten durch externe Fachkräfte, zu denen Menschen mit geistiger Behinderung sich nicht in unmittelbaren Abhängigkeitsverhältnissen befinden, stellen Möglichkeiten sexueller Bildung dar und können folgende Themen ansprechen, beispielsweise *den eigenen Körper kennenzulernen*, indem körperliche Veränderungen und sexuelle Entwicklung eine Einordnung erfahren. Das *Erleben als erwachsener Mensch* steht damit in unmittelbarem Zusammenhang, sich selbst in dem eigenen Gewordensein wahrzunehmen und die damit verbundenen Rechte und Pflichten greifbar zu machen (vgl. Heck 2013). In Bildungsangeboten für erwachsene Menschen mit geistiger Behinderung traf ich nicht selten auf das Phänomen, dass die Teilnehmer*innen ihren eigenen Nachnamen nicht kannten, da sie bislang ausschließlich mit »Du« und dem Vornamen angesprochen wurden. Auch bei Einheiten, die mit der Frage verbunden waren, zu welchem Lebensabschnitt man sich selbst zuordnen möchte, wurden Infantilisierungsprozesse deutlich, wenn einige der Erwachsenen sich wie selbstverständlich unter »Kindheit« einfügten. Ein weiterer bedeutsamer Aspekt in sexuellen Bildungsangeboten liegt in der *Möglichkeit der basalen Auseinandersetzung mit der Wahrnehmung des eigenen Körpers und auch der eigenen Behinderung*. Aussagen aus eigens konzipierten Bildungsangeboten, wie »Ich habe mich noch nie im Spiegel angeschaut« oder »Ich weiß nicht, wie ich nackt aussehe« verdeutlichen nicht nur einen Bedarf an (positiven) Körpererfahrungen, sondern lassen bereits erahnen, dass eine solche Beschäftigung auch mit schmerzhaften Gefühlen einhergehen kann.

> Bei der Zeichnung von Körperschablonen und der anschließenden Einladung dazu, die Stellen farblich zu markieren, die man gerne oder auch nicht so gerne an sich mag, positionierten die Teilnehmerinnen der Bildungsangebote die roten Markierungen insbesondere auf den Stellen, an denen die eigene Beeinträchtigung nach außen sichtbar in Erscheinung trat. Eine Teilnehmerin gab hierzu beispielsweise an, dass ihr Gesicht »so behindert« aussehe. Diese Übungen brachten jedoch zusätzlich weitere Prozesse in Gang. So betrachteten es viele Teilnehmer*innen als tröstlich, dass sie in ihrem Empfinden nicht alleine waren, und brachten dies auch zum Ausdruck, indem sie schilderten, dass sie bislang davon ausgegangen seien, dass nur sie selbst sich als unzulänglich erachteten (Bender 2012, 156 ff.).

Die Erfahrung in der Peer-Group erlaubt somit ein gemeinsames Aushalten auch schmerzhafter Themen und wirkt bestenfalls identitätsstiftend. Weitere Inhalte sexueller Bildung können *unterschiedliche Beziehungsarten* sowie *Liebe und Partnerschaft* sein. Hatten Menschen mit geistiger Behinderung im Verlauf ihres Lebens nur wenige Möglichkeiten zur eigenständigen Beziehungsgestaltung, fällt es im Erwachsenenalter oft schwer, zwischen Freundschaft, Bekanntschaft und Liebe zu unterscheiden. Auch anhaltende Abhängigkeitsverhältnisse zu den ersten Bezugspersonen können sich hemmend auf die Hinwendung zu Partnerschaften auswirken (Bender 2012, 123). Teilnehmer*innen unserer Bildungsseminare gaben in diesem Kontext unter anderem an, dass ein gemeinsames Schlafen in einem Bett nur mit der Familie vorstellbar sei, wohingegen Küsse und Umarmungen auch an relativ unbekannte Personen gerichtet werden könnten. Nicht nur in Hinblick auf die Prävention von sexualisierter Gewalt (▶ Kap. 6.1) scheinen Explorationsräume zu dieser Thematik sinnvoll. Letzteres gilt ebenso für die Themen *Grenzen erfahren und setzen* und dem *Umgang mit Konflikten*. Gehe ich, wie viele der Teilnehmer*innen der Bildungsangebote, davon aus, dass ich kein Recht habe, ein »Nein« zu formulieren, kann dies weder ausgesprochen werden, noch in Mimik und Gestik seinen Ausdruck finden. Es erstaunt schließlich nicht, dass in Sequenzen, in denen die Teilnehmer*innen unterschiedliche Mimiken zeigten und sich dabei fotografierten, erstaunt nachgefragt wurde, wo die Bilder seien, auf denen sie »böse« schauten, wo doch nur freudige Gesichter zu finden waren. Grundsätzlich scheinen die *Einordnung und der Ausdruck der eigenen Gefühle* erschwert, was sicherlich im Zusammenhang mit der Ausbildung der Mentalisierungsfähigkeit (▶ Kap. 1.2) zu diskutieren wäre. Auch Einheiten zu den Themen *Kennenlernen und Flirten* sind als wichtige Elemente sexueller Bildungsangebote zu nennen, um sozio-sexuelle Techniken kennenzulernen und zu erproben. In der wissenschaftlichen Begleitung der Partnervermittlung für Menschen mit Behinderung richtete sich beim Kennenlernen der Fokus oftmals ausschließlich auf die noch anwesenden Bezugspersonen und es zeigten sich starke Unsicherheiten darin, wie man ein Gespräch beginnen und weiterführen könnte, wie eine neue Verabredung zu gestalten wäre oder welche Themen sich womöglich nicht für ein erstes Treffen eigneten. Diese Beispiele verdeutlichen, dass mögliche Irritationen nicht unmittelbar auf die geistige Beeinträchtigung zu beziehen sind, sondern vielmehr auf die bisherigen Entwicklungsbedingungen, die es bislang nicht erlaubt hatten, Freundschaften und

Partnerschaften selbstbestimmt und selbstständig zu gestalten oder das eigene Verhalten in der Peer-Group abzugleichen. Kurz gesagt hatten sie bislang keine ausreichenden Räume zur Verfügung, um »Beziehung [zu – d. Verf.] lernen« (Kahle 2016, 96).

Eine Anregung zur Auseinandersetzung mit *Formen von Sexualität und sexueller Orientierung* bietet schließlich einen Rahmen, um eigene, familiäre und gesellschaftliche Normvorstellungen kritisch zu hinterfragen und eine »Kultivierung des Sexuellen in Vielfalt und Freiheit« (Kahle 2016, 103) zu unterstützen. Aber auch der Themenkomplex rund um *Kinderwunsch und Elternschaft* (▶ Kap. 6.6) sowie *Verhütung und Aufklärung über sexuell übertragbare Krankheiten* sollte nicht ausgespart bleiben, um einem verantwortungsbewussten Umgang und selbstbestimmten Entscheidungen Raum zu geben. Nicht zuletzt rücken die neuen Möglichkeiten der Information, Aufklärung, Partnerschaftssuche und sexueller Befriedigung in und durch Medien und damit die *Medienbildung im Feld von Partnerschaft und Sexualität* (▶ Kap. 6.7) in den Fokus.

Fehlende Zugänge zu sexueller Bildung stehen in engem Zusammenhang mit Erfahrungen sexueller Selbstbestimmung (Mayrhofer/Seidler 2020, 38), denn

> »[w]ie sollen Menschen mit kognitiven Beeinträchtigungen ihre beziehungs- und sexualitätsbezogenen Bedürfnisse artikulieren, wenn sie in Kindheit und Jugend [und Erwachsenenalter – d. Verf.] keine umfassende Sexualaufklärung und somit keine Sprache erhalten haben, um ihre Lebensvorstellungen in diesem Punkt zu formulieren?« (Kunz 2022, 65).

6.2 Sexuelle Selbstbestimmung in Wohneinrichtungen

Sexuelle Selbstbestimmung gilt als Menschenrecht (Baab 2018, 6). Gleichwohl sind Menschen mit geistiger Behinderung häufig auf die Unterstützung der Bezugspersonen angewiesen, um selbstbestimmte Sexualität, beispielsweise im institutionellen Kontext erfahren zu können (vgl. u. a. Staudenmaier/Stadlin 2022, 8; Jennessen et al. 2019, 6; Ortland 2016, 13 ff.). Selbstredend sind nicht alle Menschen mit geistiger Behinderung in gleicher Weise von einer Einschränkung ihrer sexuellen Selbstbestimmung betroffen (Katzer/Voß 2016, 11) und es scheint zu einseitig, die Thematik nur aus der Perspektive anhaltender Reglementierungen zu beleuchten. Entwicklungen im Bereich der sexuellen Selbstbestimmung sind unter anderem daran zu erkennen, dass zunehmend Publikationen, auch in Leichter Sprache (▶ Kap. 5.5) zur Thematik veröffentlicht werden und in vielen Einrichtungen ein Bemühen um sexualpädagogische Konzeptionen erkennbar ist (Herrath 2010, 4).

Auf der anderen Seite sind in der Praxis alltägliche Situationen zu beobachten, in denen Infantilisierungen vorherrschen oder Fachkräfte und Mitarbeitende ungefragt die Zimmer der Bewohner*innen betreten, und nicht umsonst überschreiben Jennessen et al. einen aktuellen Aufsatz mit »Wenn wir Sex haben würden, dann wäre aber was los!« (Jennessen et al. 2019, 6). Die in diesem Kapitel getätigten Aussagen zu möglichen Einschränkungen der Selbstbestimmung sind jedoch nicht anklagend zu verstehen, sondern müssen selbstredend vor dem Hintergrund der Bedingungen und Herausforderungen des professionellen Handelns eingeordnet werden. Dennoch verweisen sie für viele Menschen mit geistiger Behinderung auf eine Realität, wie auch die Aussage einer Fachkraft im Interview verdeutlicht, die vom Wunsch zweier erwachsener Menschen nach gemeinsamen sexuellen Aktivitäten auf einer Freizeit berichtet, dessen Umsetzung jedoch verhindert wurde, da hier zunächst eine Erlaubnis der Eltern einzuholen sei:

> »Ähm, da die beide das Bedürfnis hatten, er ist, glaube ich, so um die 28 und die Teilnehmerin so an die 42. Und sie sitzt halt im Rollstuhl und kann sich soweit nicht bewegen. Und dann haben sie sich halt quasi verabredet und das haben wir dann halt erfahren und haben gesagt, dass ist nicht in Ordnung. Ähm, das müsst ihr wenn dann halt zu Hause machen, weil wir uns auch absichern müssen. Also es ist, eine ungewollte Schwangerschaft, ähm, nach so einer Ferienfreizeit wirft, wirft dann auch ein paar Fragen auf. Und wir wussten halt auch nicht ganz genau, weil es auch nicht thematisiert wird, ähm, wir bekommen immer Teilnehmerbögen von den Teilnehmern, aber dort wird jetzt nicht direkt erklärt, ob sie jetzt die Pille nehmen, der so, zum Beispiel von den Teilnehmern her. Ähm, deswegen haben wir dann gesagt, ihr musst es wenn zu Hause machen, beziehungsweise eure Eltern fragen, ob ihr euch treffen könnt« (Fachkräfteinterview Frau A, 2016, Z. 109–120).

Eine andere Fachkraft kann mögliche Unsicherheiten gut nachvollziehen, äußert in diesem Kontext jedoch eine andere Haltung:

> »[A]nsonsten noch viel Unsicherheit da und vielleicht auch viel Schamgefühl, auch die Angst, dass von Eltern und von Betreuerseite wir da auf den Deckel bekommen könnten für irgendwelche Dinge, die hier [Werkstatt für Menschen mit Behinderung – d. Verf.] stattfinden, weil es haben hier schon, ähm, wirklich, ähm, einige Dinge in versteckten Räumlichkeiten, hat hier schon sexueller Körperkontakt stattgefunden, wo die Leute in den Pausen und so heimlich irgendwo hingehen und, ähm, ja. Ich sehe mich net da als Richter, dass ich da dann irgendwas. Wir hab hier ja, wir sind keine geschlossene Einrichtung […], das ist die Selbstbestimmung der Menschen, die möchte ich für mich auch haben, also dürfen das die Leute auch haben, egal in welcher Einrichtung sie sind […]« (Fachkräfteinterview Frau E, 2016, Z. 288–294).

Dem Bereich des Wohnens kommt bei der Ausgestaltung von sexueller Selbstbestimmung eine besondere Bedeutung zu, ist er doch Ort von Intimität und Privatheit bei mitunter hoher Strukturierung des Alltags durch feste Zeiten für beispielsweise Essen und andere Gruppentätigkeiten, die wiederum fremdbestimmte Prozesse begünstigen (Jennessen et al. 2019, 8). In der Studie zur Lebenssituation von Frauen mit Behinderungen in Deutschland konnte ein höherer Anteil an partnerschaftlichen Beziehungen, Sexualität und Elternschaft bei Frauen erhoben werden, die nicht in einer Wohneinrichtung lebten (Schröttle et al. 2012, 52; 245). Und auch in Einrichtungen, die eine Offenheit zu den Themen Partnerschaft und Sexualität nach außen tragen, scheint nicht zwangsläufig eine unhinterfragte Selbstbestimmung zugestanden, wenn eine Fachkraft im Interview an drei Stellen davon spricht, dass das Team es »gestatte« (Fachkräfteinterview Frau C, 2016, Z. 8, 14, 18), wenn Paare gemeinsam in einem Zimmer oder einer Wohnung leben möchten und sie im späteren Verlauf betont:

> »Dann sind sie auch zusammengezogen, mit unserem Einverständnis. Und natürlich auch mit dem Einverständnis der Eltern oder Betreuer, je nachdem« (ebd., Z. 32–33).

Diese ersten Skizzierungen deuten bereits eine hohe Komplexität im Umgang mit Sexualität in Wohnkontexten an (Häberli 2019, 47), nicht zuletzt dadurch, dass unterschiedliche Interessen und (Wert-)Vorstellungen von Menschen mit geistiger Behinderung, Mitarbeitenden, gesetzlichen Betreuer*innen, Eltern und Angehörigen sowie der Organisation aufeinandertreffen (Specht 2013, 175).

Zunächst gilt es jedoch, zu klären, was eigentlich genau unter sexueller Selbstbestimmung zu verstehen ist?

> »Sexuelle Selbstbestimmung hat in ihrer Realisierung als subjektiv befriedigende Sexualität keine äußere Norm, an der sie erkennbar wäre. […] Sexuell selbstbestimmt zu leben kann eine (zeitweise) Entscheidung gegen oder für Genitalsexualität bedeuten, eine Entscheidung gegen oder für partnerschaftliche Sexualität, eine Entscheidung gegen oder für vermehrte Masturbation und vieles andere mehr« (Ortland 2020, 62).

In diesem Zitat wird deutlich, dass sexuelle Selbstbestimmung nicht nur unterschiedliche und höchst individuelle Dimensionen umfasst, sondern dass sich die damit verbundenen Norm- und Wertvorstellungen von Menschen mit geistiger Behinderung durchaus auch grundlegend von denen ihrer Bezugspersonen unterscheiden können. Fachkräfte stehen dabei vor der Herausforderung, eigene moralische Bewertungsmuster neu zu hinterfragen und zu erweitern (▶ Kap. 2.3). Dabei sind grundsätzlich die Rahmenbedingungen zu reflektieren, in denen sexuelle Selbstbestimmung stattfinden kann, nämlich in »Grenzen von Gewaltfreiheit, Grenzachtung und Nicht-Diskriminierung« (Debus 2017 zit. n. Langer 2023, 24). Das Recht auf sexuelle Selbstbestimmung ist mit der Möglichkeit der Person verbunden, »ihre Sexualität nach eigenen Wünschen und Vorstellungen alleine oder im Einvernehmen mit SexualpartnerInnen zu gestalten und nicht sexuell ausgebeutet oder belästigt zu werden« (Zinsmeister 2013, 48).

Sexuelle Selbstbestimmung in Institutionen zu ermöglichen, bedeutet unter anderem die Bereitstellung von Explorationsräumen, beispielsweise durch eine Offenheit gegenüber Sexualassistenz und Kinderwunsch (▶ Kap. 6) und die Achtung von Intimität und Privatsphäre (Baab, 2018, 6; Staudenmaier/Stadlin 2022, 9), die wiederum aus professioneller Perspektive mit Bezugnahme auf Selbstbestimmung, Empowerment sowie Nähe und Distanz (▶ Kap. 5) eingeordnet werden müssen. Sexuelle Selbstbestimmung in Institutionen setzt eine fachliche Auseinandersetzung der Mitarbeitenden voraus, die auch einen wesentlichen Bezugspunkt in dem seit dem Jahr 2014 durch die BZgA geförderten und umfassend angelegten »ReWiKS«-Projekt[27] der Katholischen Hochschule Nordrhein-Westfalen, der Evangelischen Hochschule Bochum sowie der Humboldt-Universität zu Berlin bildet. So steht die Ermöglichung sexueller Selbstbestimmung in Wohneinrichtungen in unmittelbarem Zusammenhang zum grundsätzlichen Umgang mit Selbst- und Fremdbestimmung in den Einrichtungen der Eingliederungshilfe (Krüger et al. 2022, 57f.). Krüger et al. resümieren: »Die grundlegenden autonomen Entscheidungen über alltägliche Belange bieten somit die Folie, auf der auch Selbstbestimmung in Bezug auf Liebe, Partnerschaft und Sexualität realisiert werden kann« (ebd., 58).

Gleichzeitig bedarf es einer Enttabuisierung der Thematik von Partnerschaft, Sexualität und geistiger Behinderung, um einen dialogischen Austausch zu ermöglichen, der bestenfalls mit einem zunehmenden Verständnis für die Wünsche, Bedürfnisse und Befürchtungen der Klient*innen einhergeht, selbst wenn diese dem eigenen Verständnis von »richtiger« Sexualität widersprechen (Jennessen/Ortland 2019, 154). Eine solche sollte auch in »positiven Repräsentation von nicht-heteronormativen Liebens- und Lebensweisen« (Michl 2021, 28) ihren Ausdruck finden. Indessen stellen Ernstnehmen und Eingehen auf Menschen mit geistiger Behinderung noch keine Selbstverständlichkeit dar, wie auch die folgende Aussage verdeutlicht: »In der Wohngruppe erzähle ich nichts über meine Sexualität, die verstehen das nicht und erzählen komische Sachen über mich« (Bössing et al. 2022, 31).

Sexuelle Selbstbestimmung in Wohneinrichtungen wird jedoch nicht nur durch das individuelle und professionelle Verständnis von Sexualität der Fachkräfte und Mitarbeitenden beeinflusst, sondern ebenfalls durch strukturelle Bedingungen, wie beispielsweise die Verfügbarkeit von Einzelzimmern und abschließbaren Waschräumen (Ortland 2016, 13).

Die verschiedenen Pole sind auch in der Begleitung von Menschen mit geistiger Behinderung zu beachten, die auf Pflege angewiesen sind. Hierbei stellen genderbezogene Aspekte sowie die grundsätzliche Einflussnahme auf Zeitpunkte und pflegende Personen ebenso zentrale Aspekte sexueller Selbstbestimmung dar (Jennessen/Ortland 2019, 154) wie die Bezugnahme auf die Menschenwürde und eine Schamsensibilität, die sich wie folgt beschreiben lässt: »Schamkompetenz ist die Fähigkeit, die individuellen Grenzen kranker und pflegebedürftiger Menschen zu erkennen, sich diesen sensibel und respektvoll unterzuordnen und das eigene Handeln umgehend darauf auszurichten« (Bohn 2015 zit. n. Ortland 2020, 239).

Anknüpfend an die grundsätzlichen Ausführungen zur Leitidee der Selbstbestimmung (▶ Kap. 5.2), ist nicht selbstverständlich davon auszugehen, dass Rechte und Wünsche im Kontext sexueller Selbstbestimmung direkt artikuliert werden können. Umgekehrt lässt dies nicht darauf schließen, dass solche nicht vorhanden sind (Jennessen/Ortland 2019, 154f.). »Die oftmals einmaligen Aufklärungsge-

---

27 Das Projekt verfolgt das Ziel der Unterstützung sexueller Selbstbestimmung in Wohneinrichtungen auf mehreren Ebenen, beispielsweise durch die Qualifizierung der Mitarbeitenden, die Bereitstellung von Dialogräumen für Menschen mit geistiger Behinderung in Gruppen (»Freiraum: Sexualität + ICH«) sowie die Entwicklung und Erprobung des ReWiKS-Medienpaketes (vgl. Krüger et al. 2022, 59).

spräche über die anatomischen Inhalte sowie der alleinigen Aktivierung der Mitarbeiter_innen durch direkte Fragestellung der Bewohner_innen kann […] kaum der sexuellen Selbstbestimmung gerecht werden« (Baab 2018, 7).

Grenzen sexueller Selbstbestimmung treten dann ein, wenn die Rechte anderer verletzt werden, beispielsweise im Kontext sexualisierter Gewalt. Daneben führt die Einschränkung sexueller Selbstbestimmung womöglich zu herausfordernden und grenzverletzenden Situationen, wie die Masturbation in öffentlich zugänglichen Räumen der Wohneinrichtung, wenn ein Rückzug in private und abschließbare Räume nicht möglich ist (Baab 2018, 6f.). Nicht zuletzt wirkt sexuelle Selbstbestimmung im Sinne einer »Sprechmächtigkeit« (Krüger et al. 2022, 63) präventiv gegen sexualisierte Gewalt (Thomas et al. 2006, 70).

Grundlegend können Konzeptionen zum Umgang mit Partnerschaft und Sexualität (Müller 2017, 216) erste Orientierungen ermöglichen und das Thema sichtbar werden lassen. Die Leitungsebene ist hierbei besonders angesprochen, ist sie doch als Initiator*in einer sexualitätsbejahenden Kultur anzusehen (Häberli 2019, 45). Auch Ortland resümiert in ihrer Studie zur sexuellen Selbstbestimmung, dass es einer von der Leitung angestoßenen Auseinandersetzung mit professionellem Handeln im Feld der sexuellen Selbstbestimmung bedarf (Ortland 2016, 148). Dies böte beispielsweise eine Basis, um Hausordnungen auf ihre Sexualfreundlichkeit hin zu überprüfen und Besucher*innen und Übernachtungsgäste willkommen zu heißen (Baab 2018, 7). Jennessen et al. fassen die Wirkbereiche professionellen Handelns wie folgt zusammen:

> »Fragen nach Haltung und Ethos, der themenspezifischen Qualifikation der Fachleute, der Reflexion von Haltungen, Strukturen und Praktiken innerhalb der Institutionen und der Vernetzung des unterstützenden Systems stellen allesamt Ansatzpunkte zur Verwirklichung (sexueller) Selbstbestimmung dar« (Jennessen et al. 2019, 10).

Zum Unterstützer*innenkreis zählen möglicherweise auch rechtliche Betreuer*innen der Bewohner*innen, wodurch nicht selten die Frage aufkommt, welche Entscheidungen im Bereich der sexuellen Selbstbestimmung Menschen mit geistiger Behinderung eigenständig wahrnehmen dürfen. Zinsmeister formuliert hier klar: »Rechtliche Betreuung ist keine Betreuung in der allgemeinen Lebensführung« (Zinsmeister 2013, 60), d.h., es geht nicht um einen Freifahrtschein für legitimierte Eingriffe in die selbstbestimmte Lebensplanung, sondern um die Interessenwahrung der Person in rechtlichen Angelegenheiten (ebd., 58ff.). Sie führt dazu mehrere Bespiele an,

> wie das einer 32-jährigen Frau mit geistiger Behinderung, deren Schwester die rechtliche Betreuung über die Aufenthaltsbestimmung übernommen hat, und die ihr nun verbieten möchte, sich weiterhin mit einem verheirateten Mann zu treffen, um sie vor Verletzung zu schützen.

Diese Entscheidung obliegt jedoch nicht der rechtlichen Betreuerin, die im Bereich der Aufenthaltsbestimmung vornehmlich Kündigungen, Neuverträge oder Umzüge im Interesse ihrer Schwester zu regeln hätte (ebd., 61).

Die Inanspruchnahme des Rechts auf sexuelle Selbstbestimmung in Wohneinrichtungen ist demnach mit komplexen Voraussetzungen verknüpft, die Specht in folgender Grafik zusammenfasst (▶ Tab. 2).

Tab. 2: Institutionell-sozialpolitische und thematische Ansatzpunkte zur Durchsetzung des Rechts auf sexuelle Selbstbestimmung in Wohneinrichtungen (Specht 2013, 174)

Institutionell-sozialpolitische Ansatzpunkte	Thematische Ansatzpunkte
• Professionalisierung der UnterstützerInnen • Konzeptionelle Verankerung und Teamarbeit • Schaffung sozialraumorientierter Netzwerke und inklusiver Strukturen • Weiterentwicklung der vorhandenen Angebote • Nachholbedarf in der allgemeinen und spezifischen Forschung • Entwicklung und Verbreitung geeigneter Informationsmaterialien	• Schaffung von »Lern- und Erfahrungsräumen« • Sexualaufklärung und sexuelle Bildung • Sexualassistenz • Beziehung/Partnerschaften • Kinderwunsch/Elternschaft • Verhütung • Sexualisierte Gewalt

So ist abschließend mit Herrath zu resümieren: »Wer sich gut und gerne mit dem Thema ›Sexualität‹ befasst, wird Menschen nicht überfordern, wird ihnen weder sexuelles noch Liebesglück versprechen, sondern das von ihnen Gewünschte und das ihnen Mögliche herauszufinden helfen« (Herrath 2013, 26, Hervorhebung im Original).

6.3 Sexualisierte Gewalt

Gewalt kann in unterschiedlichen Formen auftreten, beispielsweise als körperliche, psychische und/oder sexualisierte Gewalt (vgl. Mayrhofer/Fuchs 2020). Zur letzteren existieren neben dem Terminus der sexualisierten Gewalt weitere Bezeichnungen, beispielsweise der sexuelle Missbrauch, der auch im Strafgesetzbuch Verwendung findet (Verlinden 2018, 5), wenngleich er sich im Fachdiskurs mit zunehmender Kritik konfrontiert sieht. Diese bezieht sich insbesondere darauf, dass ein sexueller Missbrauch die Möglichkeit eines legitimen sexuellen Gebrauchs voraussetzt (vgl. Unabhängige Beauftragte für Fragen des sexuellen Kindesmissbrauchs 2023). Daneben existiert eine Vielzahl an Definitionen aus unterschiedlichen Perspektiven[28], die in der Regel übereinstimmend von einer sexuellen Handlung an oder vor an-

---

28 Es gibt u. a. Einteilungen in normative, klinische und forschungsorientierte Definitionen, die wiederum weitere Zugänge wie feministische Definitionen umfassen (vgl. Bange 2002).

deren Menschen gegen deren Willen oder ohne deren Möglichkeit zum Einverständnis ausgehen zur Befriedigung eigener sexueller Bedürfnisse. Dazu können so genannte Hands-off- und Hands-on-Taten zählen (Verlinden 2018, 5). Hands-off-Delikte sind beispielsweise exhibitionistische Handlungen, eine sexualisierte Sprache oder das erzwungene Ansehen pornografischer Materialien. Hands-on-Taten umfassen den Bereich von ungewollten Berührungen bis hin zur Vergewaltigung (Tschan 2012, 26).

> »Relevant für Missbrauch an Erwachsenen mit Behinderung ist, dass strafrechtlich auch scheinbar einvernehmlich vorgenommene sexuelle Handlungen strafbar sind, wenn der/die Täter/in diese unter Ausnutzung der fehlenden Einwilligungskompetenz des Opfers (bspw. aufgrund mangelnder körperlicher, psychischer, kognitiver, sprachlicher und sozialer Fähigkeiten) oder einer besonderen Beziehung (z. B. im Rahmen einer Betreuung, Pflege) zu seinem Opfer herbeiführt« (ebd.).

In diesem Kontext werden auch Machtdimensionen, wie die »Ressourcen, Artikulation- und Informations-, Positions- und Organisationsmacht« (Zemp 2002, 611) zentral, die bei den Täter*innen zumeist stärker im Vordergrund stehen als die sexuelle Befriedigung (Mattke 2012, 110).

Wie bereits an anderer Stelle erwähnt, werden seit dem Jahr 2010 vermehrt Fälle von sexualisierter Gewalt in Institutionen und Einrichtungen öffentlich thematisiert. Zu den prominenten Beispielen gehören unter anderem die Odenwaldschule und Angebote unter kirchlicher Trägerschaft (Reimann et al. 2021, 1). Sexualisierte Gewalt im Kontext von Behinderung rückte insbesondere durch die im Jahr 2012 veröffentlichte repräsentative Studie zur Lebenssituation und Belastungen von Frauen mit Beeinträchtigungen und Behinderungen in Deutschland in den Fokus, in der eine signifikant höhere Prävalenz bei Frauen mit Behinderung über den gesamten Lebensverlauf evaluiert wurde (Schröttle et al. 2021, 16 f.). In der aktuellen Fachliteratur herrscht Einigkeit, dass Menschen mit Behinderung insgesamt öfter von sexualisierter Gewalt betroffen sind, als Menschen ohne Behinderung (vgl. u. a. Paschke 2018; Verlinden 2018; Bienstein/Verlinden 2018b). Gleichwohl ist eine konkrete Einschätzung zur Häufigkeit durch fehlende Statistiken und vergleichbare Forschungsergebnisse aufgrund unterschiedlich zugrunde liegender Definitionen von sexualisierter Gewalt sowie verschiedener Altersgruppen und Behinderungsarten erschwert (Bienstein/Verlinden 2018a, 480) und es ist zusätzlich von einer hohen Dunkelziffer auszugehen (Paschke 2018, 31). Bienstein und Verlinden schätzen das Risiko bei Menschen mit Behinderung mit Bezugnahme auf internationale Studien eineinhalb- bis dreifach höher ein als bei Menschen ohne Behinderung (Bienstein/Verlinden 2018a, 480), Kasper spricht weltweit von einer etwa siebenmal höheren Gefahr (Kasper 2019, 36). Eine aktuelle Prävalenzstudie aus Österreich konnte erheben, dass jeder zweite befragte Mensch mit Behinderung im Leben von Erfahrungen von sexualisierter Gewalt betroffen war (Mayrhofer/Fuchs 2020, 20). Differenziert man geschlechtsspezifisch, erleben Frauen mit geistiger oder körperlicher Beeinträchtigung fünf- bis zehnmal häufiger sexualisierte Gewalterfahrungen als die Bezugsgruppe von Frauen ohne Behinderung. Auch bei Männern mit geistiger Behinderung ist von einem hohen Prozentsatz von sexualisierter Gewalt auszugehen (Kasper 2019, 36), wenngleich diese Gruppe aufgrund »gängige[r] genderspezifische[r] Wahrnehmungsmuster« (Mayrhofer/Fuchs 2020, 22) zuweilen aus dem Blick zu geraten droht. Nicht zuletzt sind bei Menschen mit geistiger Behinderung gehäuft Formen schwerer sexualisierter Gewalt (Hand-on-Delikte) festzustellen, die vielfach in Wohneinrichtungen und Tagesstrukturangeboten, auch durch andere Menschen mit Behinderung, erfahren werden (Mayrhofer/Seidler 2020, 40).

> So berichtete eine Frau mit geistiger Behinderung im Interview zu den Themen Partnerschaft und Sexualität sogleich von ihren Erfahrungen von sexualisierter Gewalt: »Ich bin zwei Mal verheiratet gewesen. Am Anfang war es nicht so, wie heißt es, da wurde ich vergewaltigt. [...] Von meinem Betreuer, von meinem Gruppenleiter. Nicht von hier, [...] und von meinem Stiefvater, da war ich grad sechs, mit sechs Jahren« (Interview Expertin in eigener Sache Frau L, 2018, Z. 8–12). An späterer Stelle trifft sie folgende ergänzende Aussage: »Ich dachte Gruppenleiter machen eigentlich so was nicht und bei Stiefvätern habe ich mal öfters im Radio ma gehört, aber ich dachte nie, dass eh mir das passiert. Und das wollte ich meiner Mutter erzählen, aber meine Mutter hat mir nicht geglaubt. Das war am schlimmste. Bis mein Bruder erzählt hat: Doch, Mama, das stimmt. Hat meine Mutter nur gesagt: Warum kamst du denn net gleich zu mir? Gesagt: Weil der gesagt, ich soll dir das nicht sagen, ich komm dann ins Heim und komm net mehr da raus« (ebd., Z. 493–498).

Zusätzlich werden Taten an Menschen mit Behinderung seltener aufgedeckt und zur Anzeige gebracht (Bienstein/Verlinden 2018a, 480). Dies kann zugleich als eine der Gefährdungsdimensionen eingeschätzt werden, die im folgenden Abschnitt gesonderte Beachtung finden.

6.3.1 Gefährdungsdimensionen

Bei der Diskussion von Gewalterfahrungen von Menschen mit Behinderung wird der Fokus vorrangig auf die Verletzlichkeit und die besonderen Risikofaktoren des Personenkreises gelegt. Eine derart individuell ausgerichtete Betrachtung läuft jedoch Gefahr, strukturelle, politische und gesellschaftliche Dimensionen zu vernachlässigen, die Gewalttaten an Menschen mit Behinderung ebenso begünstigen können. Zinsmeister schlägt daher vor, »von der erhöhten Gewaltgefährdung behinderter Menschen statt von ihrer besonderen Viktimisierung zu sprechen« (Zinsmeister 2023, 2). Auch im ReWiKs-Projekt wird dieser Zugang betont, da »sich sexualisierte Gewalt zwar als persönliche Gewalt ausdrückt, sie aber ›auch mit struktureller Gewalt einhergehen oder auch eine Reaktion darauf sein‹ (Wolff, 2018, S. 463) und/oder sich in sexualisierter ›Peergewalt‹ (Kuhn, 2021) zeigen kann« (Krüger et al. 2022, 59).

Einen Überblick über mögliche begünstigende Faktoren für sexualisierte Gewalt in einem solch erweiterten Verständnis liefert Abbildung 8 (▶ Abb. 8).

Institutionen stellen »Hochrisikobereiche für sexualisierte Gewalt« (Tschan 2012, 74) dar, obschon sie eigentlich Orte des Schutzes sein sollten (Böhnisch 2017, 235). Dies hat unterschiedliche Gründe. Zum einen muss das Machtgefälle deutlich hervorgehoben werden, aber auch die Tabuisierung der Thematik (Mattke 2012,

6.3 Sexualisierte Gewalt

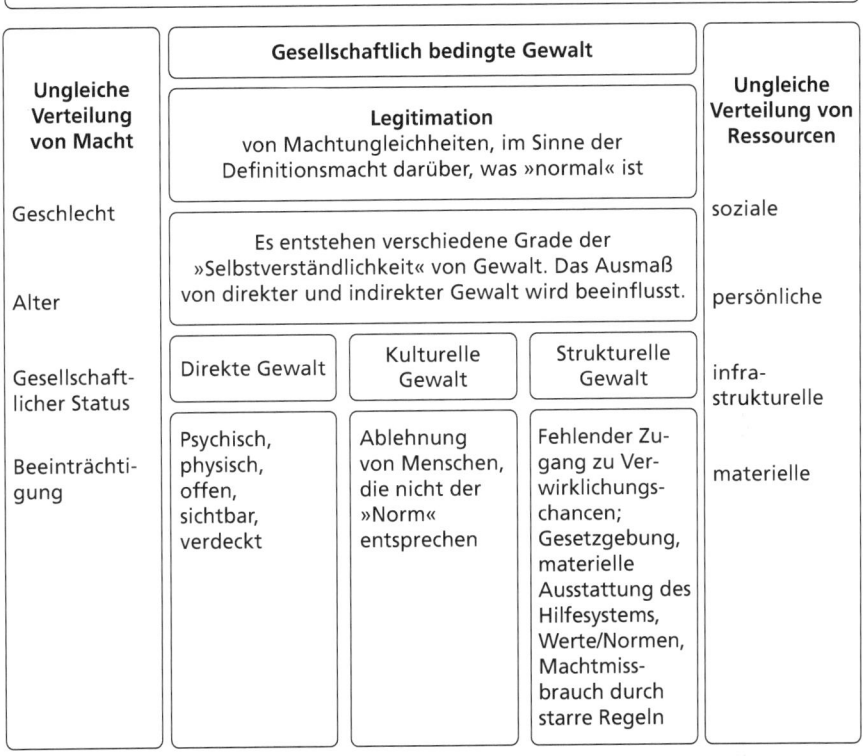

Abb. 8: Faktoren sexualisierter Gewalt in der Arbeit mit Menschen mit Beeinträchtigungen (© Anja Teubert (2020): Sexualisierte Gewalt gegen Kinder und Jugendliche. Zum Risikofaktor »Beeinträchtigung« in einer Risikogesellschaft. In: Menschen. Zeitschrift für gemeinsames Leben, Lernen und Arbeiten 43 (3), S. 44)

110). Ein weiterer Aspekt, der das Risiko sexualisierter Gewalterfahrungen in Institutionen verstärkt, bezieht sich auf deren Wahrnehmung. Herrscht die Annahme vor, dass ein Übergriff eine sexuelle Attraktivität voraussetzt, die dem Personenkreis oftmals nicht zugesprochen wird, kann dies eine Sensibilisierung hemmen oder gar verhindern (Sinason 1993, 75). Verstärkt wird ein solcher Prozess mitunter von der Dynamik, dass in der Konfrontation mit bedrohlichen Themen (bewusste oder unbewusste) Wünsche nach Abgrenzung von den angsterzeugenden Phänomenen entstehen (Bender 2012, 78 ff.), denn sexualisierte Gewalt »ist kein Thema, dem man emotionslos und unvoreingenommen begegnen kann« (Tschan 2012, 37). In Folge können Verleugnungs- und Abgrenzungstendenzen auftreten (Bender 2012, 86 f.), die sich erschwerend auf die Wahrnehmung von sexualisierter Gewalt auswirken, ebenso wie die Erkenntnis, dass die Täter*innen mit mehr als 95 Prozent aus dem direkten Vertrauensbereich der Betroffenen stammen und sich häufig über den so genannten Groomingprozess manipulativ an ihre Opfer annähern (Verlinden 2018,

11). Dass es sich hierbei auch um Fachkräfte und Mitarbeiter*innen in Institutionen handelt (Kasper 2019, 36), verdeutlicht die hohe Komplexität, die mit der Wahrnehmung von sexualisierter Gewalt einhergeht (Mattke 2012, 109). Allerdings sind auch an dieser Stelle die einen Übergriff begünstigenden Strukturen in Institutionen hervorzuheben. So kann eine alleinige Fokussierung auf die Einzelperson der Täterin oder des Täters nach einer erfolgten Aufdeckung von sexualisierten Gewaltprozessen zuweilen als Strategie der Institution eingeschätzt werden, die Verantwortung nicht in der eigenen Organisation suchen zu müssen.

> »Das Handeln Einzelner steht immer in Zusammenhang mit Bedingungen des jeweiligen Systems, in dem gehandelt wird. Einrichtungen und Systeme haben sich deshalb zu fragen, welche strukturellen und zwischenmenschlichen Faktoren sexuelle Gewalt begünstigen und umgekehrt natürlich auch, welche Faktoren sexuelle Gewalt verhindern helfen« (Mattke 2012, 110).

Es ist anzunehmen, dass sich potenzielle Täter*innen bewusst für Institutionen der Behindertenhilfe entscheiden, da hier neben den bereits beschriebenen Abhängigkeits- und Machtverhältnissen auch Kommunikationserschwernisse und eine zugeschriebene mangelnde Glaubwürdigkeit auf Seiten der Menschen mit geistiger Behinderung sexualisierte Gewalterfahrungen begünstigen (Kasper 2019, 36 f.). Reale Abhängigkeitsbeziehungen zu den Bezugspersonen können den Widerspruch gegen unerwünschte Forderungen verhindern (Steininger 1997, 6) ebenso wie das »Phantasma der scheinbaren Machtlosigkeit« (Heinemann 2006, 435). »Ein Täter sucht sich sein Umfeld aus. Und da ist es sicher von Vorteil, wenn er keine Angst haben muss, dass die Person etwas ausplaudert oder sich wehrt« (Spalinger 2018 zit. n. Kasper 2019, 37). In diesem Kontext scheint es nicht verwunderlich, dass die Verbindung zwischen geistiger und körperlicher und sprachlicher Beeinträchtigung das Risiko des Erlebens von sexualisierter Gewalt noch einmal verschärft (Bienstein/Verlinden 2018a, 481). Allerdings gelten auch Menschen mit geistiger Behinderung als Täter*innen und es ist davon auszugehen, dass diese Personen selbst von Erfahrungen von sexualisierter Gewalt betroffen sind oder waren (Verlinden 2018, 12). Als weitere Gründe werden beispielsweise fehlende Räume zur Auseinandersetzung mit der eigenen Sexualität sowie der eigenen Grenzen und denen anderer Menschen vermutet. »So sind die Übergriffe durchaus Folge von Unwissenheit über Intimitätsgrenzen und/oder Sexualität und/oder Mangel an Erfahrungen und nicht, wie es bei Täter/innen ohne geistige Behinderung zumeist das Motiv ist, Mittel zur Ausübung von Macht und Gewalt« (Verlinden 2018, 13).

Gleichzeitig besteht bei Menschen mit geistiger Behinderung nicht selten ein ausgeprägter Wunsch nach Freundschaft und Partnerschaft bei sozialer und sexueller Unsicherheit (Steininger 1997, 56). Diese liegt insbesondere darin begründet, dass der Zugang zur sexuellen Bildung für den Personenkreis nach wie vor maßgeblich erschwert ist (▶ Kap. 6.1). In der österreichischen Studie zu »Erfahrungen und Prävention von Gewalt an Menschen mit Behinderung« konnte eine direkte Abhängigkeit von sexueller Aufklärung und weniger passiven Reaktionen auf Erfahrungen von sexualisierter Gewalt festgestellt werden (Mayrhofer/Seidler 2020, 38). Unzureichende Räume für sexuelle Bildung werden neben fehlenden Abgrenzungsmöglichkeiten auch von Luxen als Risikofaktor für das Erleben von sexualisierter Gewalt bei Menschen mit geistiger Behinderung in Institutionen beschrieben. Ebenso gibt sie ein eingeschränktes Bewusstsein über die Selbstbestimmung über den eigenen Körper an (Luxen 1999, 28), die ich auch in Bildungsangeboten zu den Themen Partnerschaft und Sexualität feststellen konnte, wenn manche Teilnehmer*innen nach Präventionsübungen erstaunte Rückfragen stellten, wie »Darf man das? Darf man wirklich nein sagen? Das geht doch nicht, oder?« (Bender 2012, 154). Eine Zusammenschau begünstigender Faktoren für Gewalttaten in Institutionen findet sich in folgendem Zitat:

> »starre Regeln und Strukturen, überstrukturierte Heime mit stark autoritär-rigiden Leitungsstrukturen, Laissez-faire-Leitungsstil, mangelnde innerinstitutionelle Kommunikation, schlechte Ressourcenausstattung, Überbelegung, Überforderung des Personals, unzulänglich qualifiziertes Personal, Abhängigkeit von Machtsymmetrie zwischen Personal und Heimbewohner_innen, Anwendung problematischer pädagogischer Konzepte bzw. Fehlen an pädagogischen Konzepten und Leitlinien, starke Abschottung nach außen und nach innen, mangelnde innere und externe Kontroll- und Verantwortungssysteme« (Wegscheider 2020, 32).

In Folge werden nicht selten die Strategien des »Leugnen[s] und Verschweigen[s], Individualisieren[s] und Dramatisieren[s]« (Mattke 2018, 19) angewandt, die wiederum sexualisierte Gewalt begünstigen. Darüber hinaus können Einschränkungen in der Mobilität sowie eine fehlende Barrierefreiheit bei dem Zugang zu externen Unterstützungsangeboten weitere Risikofaktoren darstellen (Schröttle et al. 2021, 16), insbesondere wenn Institutionen wenig Öffnung nach außen ermöglichen (Mattke 2018, 18).

Differenziert man überdies zwischen Werkstätten für Menschen mit Behinderung und Wohneinrichtungen, können weitere spezifische Risikofaktoren benannt werden. Neben dem systemisch bedingten Machtkonstellationen in beiden Kontexten zeichnen sich die Gruppenleitungen in Werkstätten in der Regel durch eine berufliche Qualifikation aus, die nicht vordergründig dem pädagogischen Bereich zuzuordnen ist, wodurch Fachwissen über sexualisierte Gewalt und deren Prävention nicht unmittelbar vorausgesetzt werden kann (ebd., 104). Aber auch in Wohnbereichen treffen mitunter Mitarbeitende mit unterschiedlichen fachlichen Hintergründen aufeinander, was eine gemeinsame Auseinandersetzung und Verständigung über Präventions- und Interventionsansätze unumgänglich macht.

6.3.2 Präventions- und Interventionsansätze

Der Schutz vor Gewalt ist nicht nur im Gewaltschutzgesetz, das 2002 in Deutschland verabschiedet wurde, gesetzlich verankert, sondern auch § 37a Sozialgesetzbuch (SGB) IX richtet sich explizit an die Verantwortung institutioneller Träger in diesem Kontext. Dort heißt es unter anderem:

> »(1) Die Leistungserbringer treffen geeignete Maßnahmen zum Schutz vor Gewalt für Menschen mit Behinderungen und von Behinderung bedrohte Menschen, insbesondere für Frauen und Kinder mit Behinderung und von Behinderung bedrohte Frauen und Kinder. Zu den geeigneten Maßnahmen nach Satz 1 zählen insbesondere die Entwicklung und Umsetzung eines auf die Einrichtung oder Dienstleistungen zugeschnittenes Gewaltschutzkonzepts.«

Allerdings resümierten die Autor*innen einer in den Jahren 2020 und 2021 im Auftrag des Bundesministeriums für Arbeit und Soziales durchgeführten Studie zu Gewaltschutzstrukturen für Menschen mit Behinderungen, dass das Gewaltschutzgesetz in Institutionen der Behindertenhilfe »faktisch keine Anwendung« (Schröttle et al. 2021, 163) findet und die Betroffenen davon abhängig sind, inwieweit die Thematik von den Einrichtungsleitungen erkannt und bearbeitet wird. Die Verantwortung hierfür ist jedoch im rechtlichen Sinne nicht ausreichend konkret benannt (ebd.). Wenngleich die Studie durchaus positive Entwicklungstendenzen im Schutz vor Gewalt evaluieren konnte, bedarf es weiterer präventiver Maßnahmen (ebd., 86), zu denen sich Deutschland nicht zuletzt durch die Unterzeichnung der UN-Behindertenrechtskonvention verpflichtet hat. Dort heißt es in Artikel 16:

> »Alle Vertragsstaaten treffen alle geeigneten Gesetzgebungs-,Verwaltungs-, Sozial-, Bildungs- und sonstigen Maßnahmen, um Menschen mit Behinderungen sowohl innerhalb als auch außerhalb der Wohnung vor jeder Form von Ausbeutung, Gewalt und Missbrauch, einschließlich ihrer geschlechtsspezifischen Aspekte, zu schützen« (Beauftragter der Bundesregierung für die Belange von Menschen mit Behinderungen o. J., o. S.).

Ein erster präventiver Pfeiler stellt die Benennung von Vertrauens- und Ansprechpersonen in Institutionen dar. In der bereits erwähnten österreichischen Studie konnte ein signifikanter Zusammenhang zwischen dem Sprechen über Gewalterfahrungen und dem Vorhandensein von Ansprechpartner*innen erhoben werden. Daneben ist der Zugang zu sexueller Bildung (▶ Kap. 6.1) als essentiell anzusehen (Mayrhofer/Seidler 2020, 38 ff.).

> »Über den eigenen Körper und sexuelle Bedürfnisse, aber auch über Regeln rücksichtsvoller Sexualität Bescheid zu wissen, bildet eine wichtige Voraussetzung dafür, mit Partner*innen einvernehmliche Sexualkontakte zu ›verhandeln‹ und beider Wünsche und Bedürfnisse zu berücksichtigen. Dies verringert das Risiko, sexuell ausgebeutet oder aber auch selbst übergriffig zu werden« (ebd., 40).

Dieser Aspekt scheint nicht zuletzt für die bereits erwähnten gehäuften Erfahrungen von sexueller Peer-Gewalt von hoher Relevanz. Selbstredend gelten auch die Sensibilisierung für strukturelle Gewalt sowie das Bewusstsein über Macht- und Abhängigkeitsverhältnisse als weitere Präventionsaspekte (vgl. Wegscheider 2020, 31), die neben der Implementierung fachlicher Rahmenbedingungen eine »Täterunfreundlichkeit« (Krüger et al. 2022, 57) in Einrichtungen begünstigen.

Daneben gilt der Begleitung von Menschen mit geistiger Behinderung, die auf Pflegetätigkeiten angewiesen sind, ein besonderes Augenmerk. Nach Mattke finden sich in diesem Bereich vermehrt Grenzverletzungen vor, die unter »Alltagsroutinen« (Mattke 2012, 112) subsumiert werden und keine nähere Betrachtung erfahren. Präventiv wäre hier die Achtung von Selbstbestimmung und Personenwürde zu nennen, die auch geschlechtsspezifische Aspekte in der Pflege reflektiert. Ein spannungsreiches Feld bildet in diesem Zusammenhang das Auftreten einer sexuellen Erregung während der Pflegetätigkeiten auf Seiten der Klient*innen, die nach Mattke unmittelbar zu beenden sei (ebd.). Diese Argumentation scheint mir durchaus nachvollziehbar, allerdings bieten solche Situationen für manche Menschen mit Behinderung die einzige Möglichkeit, ihren Körper und den Genitalbereich frei zugänglich zu erleben, wenn dieser ansonsten beispielsweise fast durchgängig von einer Windel bedeckt ist, die nicht selbsttätig entfernt werden kann. Selbstredend stellen Situationen sexueller Erregung in der Pflege eine große Herausforderung für die Fachkräfte dar und es bedarf einer differenzierten Reflexion, um weder die Grenzen der Klient*innen noch die eigenen zu verletzen und gleichzeitig Räume zur Exploration zur Verfügung zu stellen (▶ Kap. 5.6).

Eine solche gelingt bestenfalls in haltgebenden Räumen durch die Institution. So erfordert die Auseinandersetzung mit dem Spannungsfeld von Selbstbestimmung und Schutzgedanken (Mayrhofer/Seidler 2020, 40) eine grundsätzliche Bezugnahme auf die Leitidee der Selbstbestimmung (▶ Kap. 5.2) sowie eine Reflexion von Nähe und Distanz (▶ Kap. 5.6). Auch Mattke und Paschke sprechen sich deutlich für eine Professionalisierung heilpädagogischen Handelns aus (Mattke, 2012, 111; Paschke 2018, 31), die nicht nur eine Reflexion von Nähe, Distanz und Grenzverletzungen sowie die Ausgestaltung der Beziehungsarbeit mit den Klient*innen beinhaltet, sondern auch ethische Prinzipien (▶ Kap. 2.3) einbezieht (Mattke 2012, 111) und Empowermentprozesse[29] anregt (Schröttle et al. 2021, 133). Diese Aspekte wurden im Buch bereits diskutiert, an dieser Stelle sei jedoch hervorzuheben, dass es auch einer Qualifizierung nicht-pädagogisch ausgebildeter Mitarbeiter*innen in Einrichtungen bedarf, die Schröttle et al. beispielsweise für die Gruppenleitungen in Werkstätten für Menschen mit Behinderung im Sinne des Gewaltschutzes als unverzichtbar einstufen (Schröttle et al. 2021, 104). Bienstein und Verlinden verweisen in diesem Kontext darauf, dass bereits Tagesfortbildungen zu wahrnehmbaren Veränderungen im Umgang mit Sexualität und sexualisierter Gewalt führen (Bienstein/Verlinden 2018a, 482).

Die unterschiedlichen Dimensionen zur Prävention sexualisierter Gewalt an Menschen mit geistiger Behinderung sind in folgender Grafik zusammengefasst (▶ Tab. 3).

Tab. 3: Prävention sexualisierter Gewalt an Menschen mit geistiger Behinderung in Institutionen (in Anlehnung an Teubert 2020, 47; Wegscheider 2020, 32; Schröttle et al. 2021)

Reflexion von Machtaspekten und asymmetrischen Beziehungsstrukturen		
Offene und transparente Kommunikation		
Sensibilisierung für die Wahrnehmung von sexueller Gewalt im Kontext der geistigen Behinderung		
Ressourcen	Handlungsebene	Professioneller Rahmen
• Personal- bzw. Betreuungsschlüssel • Zugänge zu Reflexionsangeboten • Supervision • Einzelzimmer/Rückzugsmöglichkeiten	• Dokumentation von Grenzüberschreitungen • Angebote sexueller Bildung • Transparenz im Führungsstil, im Team, mit den Adressat*innen und ihren Angehörigen	• Fachwissen • Leitideen/Konzepte • Ethische Reflexionslinien • Konzeption • Fort- und Weiterbildungen für alle Fachkräfte und Mitarbeitenden • Verstehender Zugang

---

29 Ein Beispiel stellen die Freiraum-Gruppen, die konzeptionell im ReWiKs-Projekt verankert sind, dar (vgl. Krüger et al. 2022; Bössing et al. 2022).

Tab. 3: Prävention sexualisierter Gewalt an Menschen mit geistiger Behinderung in Institutionen (in Anlehnung an Teubert 2020, 47; Wegscheider 2020, 32; Schröttle et al. 2021) – Fortsetzung

Reflexion von Machtaspekten und asymmetrischen Beziehungsstrukturen		
Offene und transparente Kommunikation		
Sensibilisierung für die Wahrnehmung von sexueller Gewalt im Kontext der geistigen Behinderung		
Ressourcen	**Handlungsebene**	**Professioneller Rahmen**
• Möglichkeiten des Einbezugs einer qualifizierten Fachkraft	• Dialogisches Eingehen auf die Klient*innen • (Geschlechtsspezifische) Benennung von Ansprechpartner*innen • Vertraulichkeit • Mitbestimmungsmöglichkeiten • Zugang zu Informationen über Rechte auf Seiten der Menschen mit geistiger Behinderung • Barrierefreie Zugänge zu externen Beratungsstellen und Diensten • Herstellung einer Sprach- und Handlungsfähigkeit • Medienbildung	

Schutzkonzepte dienen der Prävention und Intervention. Sie konkretisieren Verfahrensabläufe bei Verdachtsfällen und nachgewiesenen Vorkommnissen von sexualisierter Gewalt und sind nicht, wie man aufgrund des Namens annehmen könnte, paternalistischer Natur (Mattke 2018, 21). Der Einbezug von Menschen mit geistiger Behinderung bei der Erarbeitung sollte nicht nur selbstverständlich sein (Krüger et al. 2022, 65), sondern kann auf der Ebene von Empowerment präventiv stärkend wirken. Auch die Einbindung von Eltern und Angehörigen stellt einen weiteren Grundbaustein dar (Bienstein/Verlinden 2018a, 483). Die Aufarbeitung älterer Fälle von sexualisierter Gewalt kann erste Hinweise zu strukturellen Risikofaktoren liefern (Mattke 2018, 25). Konzeptionelle Ausarbeitungen und Leitfäden[30] bieten eine wichtige Orientierung im Umgang mit Gewalterfahrungen, ebenso wie eine »umfassende Kultur des Zuhörens« (Schröttle et al. 2021, 139). Grundsätzlich besitzt auch die digitale Teilhabe (▶ Kap. 6.7) einen präventiven Charakter, in dem sie barrierefreie Zugänge zu Beratungsstellen und Ansprechpartner*innen im Kontext sexualisierter Gewalt ermöglichen könnte (Krüger et al. 2022, 66).

Als Folge der Erfahrungen von sexualisierter Gewalt treten individuell höchst unterschiedliche Auffälligkeiten im Verhalten auf (Verlinden 2018, 19), die keine

---

30 Im ReWiKs-Projekt wurden z. B. wissenschaftlich fundierte Leitlinien gelingender sexueller Selbstbestimmung in Wohneinrichtungen der Eingliederungshilfe (Jennessen et al. o. J.) erstellt, die auch in Leichter Sprache zur Verfügung stehen.

linearen Ursachenzuschreibungen zulassen und immer nur als Anzeichen zu interpretieren und in eine umfassende Diskussion um mögliche Gründe für Änderungen im Verhalten einzubetten sind (Paschke 2018, 42). Bei Menschen mit geistiger Behinderung werden Verhaltensauffälligkeiten jedoch nicht selten allein der Beeinträchtigung zugeschrieben. Dies verstärkt zum einen die Gefahr, dass anhaltende Missbrauchssituationen nicht erkannt werden, zum anderen erschwert ein solches »Diagnostic Overshadowing« (Jones et al. 2008 zit. n. Burgio 2022, 16) eine adäquate Unterstützung der betroffenen Menschen, wodurch sich die Verhaltensauffälligkeiten weiter verstärken und zusätzliche Belastungen bei den Fachkräften entstehen (Burgio 2022, 16).

Sexualisierte Gewalt in nahen Beziehungen kann als Trauma erlebt werden, in jedem Fall ist davon auszugehen, dass die Erfahrungen Auswirkungen auf das Beziehungserleben von Menschen mit geistiger Behinderung haben und der Aufbau verlässlicher und sicherer Bindungen in den Fokus der Begleitung rückt (Mattke 2012, 110). Professionelles Handeln im Kontext möglicher Trauma-Erfahrungen setzt jedoch zunächst das Wissen sowie eine Sensibilität dafür voraus, dass Menschen mit Behinderung betroffen sein können, auch wenn sie dies womöglich nicht sprachlich ausdrücken. Es gilt nicht, das mögliche Erleben von außen zu bewerten, sondern eine sichere Umgebung zu ermöglichen, in der beispielsweise vertrauensbildende Prozesse angeregt sowie transparente Strukturen geschaffen werden, in denen Menschen mit Behinderung sich wirkmächtig und beschützt fühlen (Burgio 2022, 16 f.).

6.4 Sexualassistenz und Sexualbegleitung

Die Thematik von Sexualassistenz bzw. Sexualbegleitung löst bei Fachkräften und Mitarbeitenden in Einrichtungen sowie bei Eltern und Angehörigen häufig Verunsicherung aus (Specht 2013, 179). Gleichzeitig wird sie als grundlegender Aspekt sexueller Selbstbestimmung diskutiert (Baab 2018, 6), wenngleich diese eher auf individueller Ebene eine Verwirklichung findet, damit aber noch längst keine strukturellen Veränderungen einschränkender Prozesse einhergehen müssen (Stöhr et al. 2019, 97). Teilweise werden die Begriffe synonym gebraucht, an anderer Stelle deutlich voneinander unterschieden, wenngleich beide »Formen« grundlegend als bezahlte Dienstleistung für Menschen mit Behinderung gelten. Sexualassistenz verweist auf die Idee des Assistenzkonzeptes (Sandfort 2010, 28), das mit einer neuen Rollenzuweisung einhergeht und in den 1990er Jahren im Rahmen der Selbstbestimmt-Leben-Bewegung (▶ Kap. 5.2) Eingang in den Fachdiskurs fand. In einem solchen Verständnis tritt der Mensch mit geistiger Behinderung als Arbeitgeber*in auf, wodurch sich die Machtverhältnisse zugunsten der Kund*innen der Dienstleistung verschieben (Ackermann 2004, 163 f.). Ahrbeck merkt hierzu jedoch treffend an, dass sich die Asymmetrie nicht vollständig auflösen lässt, da sowohl zu der

Sexualassistentin[31] als auch zu den oftmals beteiligten Bezugspersonen Abhängigkeiten bestehen, die bereits durch den Begriff der unterstützten Sexualität markiert sind. Der Verweis auf das Assistenzkonzept kann das Angewiesensein lediglich verschleiern und diesem nicht vollständig entgegenwirken (Ahrbeck 2004, 186), wenngleich mit Sexualassistenz dem Grundgedanken nachgegangen wird, in Ausrichtung auf die Bedürfnisse und Wünsche der Menschen mit Behinderungen eine Unterstützung in Dingen zu leisten, die eine Person nicht selbständig ausführen kann (Sandfort 2010, 28). Dabei ist zwischen einer aktiven und passiven Sexualassistenz zu unterscheiden. Erste bedeutet einen Einbezug in sexuelle Aktivitäten (Ackermann 2004, 165), die De Vries, eine bekannte und publizierende Sexualbegleiterin, wie folgt beschreibt:

> »Aktive Sexualassistenz ist eine bezahlte sexuelle Dienstleistung für Menschen mit einer Beeinträchtigung. SexualassistentInnen sind Menschen, die aus einer transparenten und bewussten Motivation heraus folgendes anbieten: erotische Massage, zusammen nackt sein, sich gegenseitig streicheln und umarmen, Anleitung zur Selbstbefriedigung für Menschen, die das nicht von Bildmaterial verstehen können, bis hin zu Oral- und Geschlechtsverkehr. Jede/r SexualassistentIn entscheidet individuell, was er/sie konkret anbietet und für wen« (De Vries 2009, o. S.).

Passive Sexualassistenz bezieht sich auf die Unterstützung bei der Bereitstellung der Bedingungen zur Auslebung von Sexualität (Ackermann 2004, 165), beispielsweise durch die Übergabe von pornografischem Material oder die Unterstützung beim Entkleiden. Sie kann auch bedeuten, eine Wohlfühlumgebung zu schaffen oder bei pflegebedürftigen Menschen zeitweise auf eine Inkontinenzeinlage zu verzichten (Rothaug 2013, 153). Obschon die klare Abgrenzung zwischen passiver und aktiver Sexualassistenz stets betont wird, scheinen die Übergänge durchaus fließend (Ackermann 2004, 165), wodurch eine Benennung von Grenzen erforderlich wird. Diese treten ein, wenn Fachkräfte und Mitarbeitende in Einrichtungen an sexuellen Aktivitäten teilhaben sollen (Häberli 2019, 47). Dennoch darf die Herausforderung nicht verleugnet werden, stets klar zwischen der Unterstützung sexueller Selbstbestimmung und Missbrauchssituationen in Abhängigkeitsdimensionen zu differenzieren (Zinsmeister 2017, 77). Mit Bezugnahme auf die Beziehung zwischen Fachkräften, Mitarbeitenden und Menschen mit geistiger Behinderung stellt eine deutliche Grenzziehung daher nicht nur einen wesentlichen präventiven Aspekt dar, sondern muss ebenfalls im Spannungsfeld von Nähe und Distanz (▶ Kap. 5.6) reflektiert werden. In diesem Kontext hebt Sandfort die Sexualbegleitung als externes Angebot hervor und bezeichnet diese in Angrenzung zur Sexualassistenz als »Surrogatpartnerschaft. Das heißt: Für eine begrenzte Zeit gehen SexualbegleiterIn und Kunde bzw. Kundin eine emotionale Partnerschaft (Surrogat = Ersatz) ein. Dabei können Erfahrungen der unterschiedlichsten Art gemacht werden, auch körperlich-sexuelle« (Sandfort 2010, 28). Ein solches Verständnis von Sexualbegleitung erscheint mir durchaus konfliktträchtig. Zwar greift sie eine Kritik am Konzept der Sexualassistenz auf, indem sie die Beziehungsdimension nicht weiter negiert (vgl. Ackermann 2004, 168), verschleiert durch den Fokus auf eine Ersatz*partnerschaft*

---

31 Es handelt sich in der Regel um Assistentinnen, die von Männern in Anspruch genommen werden (Ahrbeck 2004, 166; Köbsell 2013, 132).

jedoch den Dienstleistungscharakter und die Bezahlung als Basis für das sexuelle Erlebnis (vgl. Ahrbeck/Rauh 2004, 10). Vernaldi konstatierte dazu schon 2001: »Die Sehnsucht nach Partnerschaft ist sehr groß. Eine sexuelle Dienstleistung kann hier wenig bewirken. Sie kann die Härte des ungewollten Alleinseins allenfalls abfedern und in problematischen Fällen führt sie zu schwierigen Situationen wie Verliebtheit« (Vernaldi 2001 zit. n. Ackermann 2004, 167f.). Eine Fachkraft schilderte im Interview:

> »Bei einigen weiß ich auch, dass da Gefühle im Spiel sind, gerade von dem, der, ähm, der sie bezahlt, damit sie Sex haben, für ihn ist das seine Liebe, aber wenn er so erzählt, dann, wir sehen das mit anderen Augen. Wir sagen, du gibst ihr Geld und dann macht sie das für dich. Sonst kommt die ja nicht. Und er sagt, ich mag die aber und ich will das« (Fachkräfteinterview Frau B, 2016, Z. 216–220). An anderer Stelle verweist die Fachkraft noch einmal unmittelbar auf den starken Wunsch nach einer Partnerschaft des Klienten: »Und bei dem einen weiß ich, er möchte unbedingt ne Freundin, der jetzt mit der Sexualbegleitung. Der möchte das ganz, ganz doll. Ja« (ebd., Z. 231–233).

Köbsell steht der Sexualassistenz daher kritisch gegenüber, da

> »das Angebot [...] lediglich eine bezahlte (›Sonder‹-)Dienstleistung ist, die vor allem von Männern genutzt wird und vielleicht punktuelle Befriedigung verschafft. Den meisten Menschen – behinderten wie nichtbehinderten – geht es jedoch nicht um ›reinen Sex‹, sondern um den Wunsch nach einer vertrauten, liebevollen Partnerschaft, den diese Dienste nicht erfüllen können« (Köbsell 2013, 132, Hervorhebungen im Original).

Daraus ableitend stellen sich mir mehrere Fragen: Wie erleben Menschen mit geistiger Behinderung Sexualassistenz- bzw. Sexualbegleitung? Dient die Inanspruchnahme von Sexualassistenz bzw. Sexualbegleitung einstweilen dazu, die Thematik von Sexualität und Behinderung auszulagern und an externe Stellen abzugeben, um sich selbst (unbewusst) vor einer tiefergehenden Auseinandersetzung zu schützen? Läuft eine unmittelbare Verknüpfung von Sexualassistenz bzw. Sexualbegleitung mit sexueller Selbstbestimmung womöglich Gefahr, die Konzepte nicht mehr kritisch hinterfragen zu dürfen, ohne als Gegner*in tituliert zu werden? Und wo dürfen mögliche Schamgefühle bei Menschen mit geistiger Behinderung, Fachkräften, Mitarbeitenden sowie Eltern und Angehörigen ihren Raum finden?

Eine Annäherung an die Dimensionen des Erlebens von Sexualassistenz bzw. Sexualbegleitung auf Seiten der Menschen mit Behinderung scheint bisweilen weniger im Fokus der Betrachtung als der Verweis auf sexuelle Selbstbestimmung und das Recht auf unterstützte Sexualität. Ahrbeck merkte hierzu bereits 2004 kritisch an, dass danach zu fragen sei, wie eine Bearbeitung des Erlebten erfolgen kann, welche individuellen Bedeutungszuschreibungen damit verbunden sind und wie diese in die eigene Lebensgeschichte integriert werden können (Ahrbeck 2004, 185). In den Fachkräfteinterviews schien die Möglichkeit der Sexualassistenz mitunter eine Entlastung darzustellen in dem Sinne, sich dann selbst weniger mit der Thematik sexueller Bedürfnisse der Klient*innen beschäftigen zu müssen. Daneben scheint es höchst sinnvoll, auf Fallstricke zu verweisen, gerade um das Recht auf sexuelle Selbstbestimmung nicht zu unterlaufen. Diese zeigen sich nicht nur in den bereits angesprochenen Beziehungs- und Machtdimensionen, sondern ebenso in den Entscheidungskontexten für oder gegen Sexualassistenz bzw. Sexualbegleitung. Sie setzen stets die Artikulation eines Bedürfnisses von den Menschen mit geistiger Behinderung voraus, die wiederum von eigenen Zuschreibungen und Vorstellungen der Fachkräfte und Mitarbeitenden in Einrichtungen zu trennen sind. Sexualassistenz bzw. Sexualbegleitung ist nicht im Sinne einer »Zwangsbeglückung« (Ackermann 2004, 166) zu verordnen. Dies scheint umso bedeutsamer, da der direkte Impuls zumeist nicht von den Menschen mit geistiger Behinderung selbst ausgeht, sondern von den Fachkräften und Mitarbeitenden in Einrichtungen oder den Eltern und Angehörigen (ebd.). Für eine interviewte Fachkraft schien die Thematik sogar stärker auf Seiten der Bezugsperson gewichtet als beim betroffenen Mensch mit geistiger Behinderung:

> »Und wir hatten hier einen Menschen mit Autismus, der nicht sprechen ist, und die die Mama sich damals sehr für dieses Thema Sexualassistenz sehr dafür interessiert hat, tatsächlich, weil dieser junge Mann hier viele Menschen betatscht hat, gerade auch weibliche Personen und, eh, es lag einfach nah, dass da ein gewisses Bedürfnis ist, Nähe zuzulassen, Zuneigung, Körperkontakt. [...] Und *sie* [die Mutter – d. Verf.] hat es dann tatsächlich auch mal in Anspruch genommen und hat mir da *ihre* Erfahrungen auch einfach mitgeteilt« (Fachkräfteinterview Frau E, 2016, Z. 264–271, Hervorhebungen d. Verf.).

Dass die Wünsche des Personenkreises dabei als öffentliche Fragestellung behandelt werden, ist im Kontext von Intimität, Privatheit, Individuation und Selbstbestimmung zumindest diskussionswürdig, wenngleich keine bewusste Negierung dieser Aspekte zu unterstellen ist. Ahrbeck spricht in diesem Zusammenhang von einem möglichen Gefühl des »passiven Ausgeliefertsein[s]« (Ahrbeck 2004, 187). Selten wird dabei der Aspekt der Scham thematisiert, der jedoch nicht vernachlässigt bleiben sollte (ebd.). Für Menschen mit geistiger Behinderung kann Scham durch ein Bewusstsein über die eigene Abhängigkeit in der Sexualassistenz zum Tragen kommen, durch die darin enthaltende Konfrontation mit der eigenen Beeinträchtigung, die nur »begrenzte Möglichkeiten einer Gegenseitigkeit« (Ahrbeck/Rauh 2004, 10) zulässt. Aber auch Fachkräfte sowie Eltern und Angehörige können im Kontext von Sexualassistenz bzw. -begleitung mit Schamgefühlen konfrontiert sein. Eine konzeptionelle Erarbeitung bietet meines Erachtens hier eine erste Möglichkeit der Auseinandersetzung, auch hinsichtlich der Wahrung von Intimitäts- und Generationsgrenzen. Sie dient gleichermaßen dem Schutz aller Beteiligten, auch denen der Fachkräfte und Mitarbeitenden, wenn sich diese beispielsweise darüber verständigen, dass Aspekte auch von passiver Sexualassistenz als zu große Herausforderung erlebt werden dürfen. So kann der Kauf von Sextoys für eine Fachkraft zumutbar sein, eine andere jedoch an und über ihre Grenzen bringen, die es selbstverständlich ebenso zu berücksichtigen gilt (Specht 2013, 179). Dabei wirken womöglich auch ethische Dimensionen ein, die es gleichermaßen zu diskutieren gilt (▶ Kap. 2.3). Konflikte können sich dabei auf individueller Ebene ausdrücken, indem beispielsweise eigene Wert- und Normvorstellungen mit denen der Klient*innen kollidieren, aber auch christliche Trägerstrukturen können solche hervorrufen (Zinsmeister 2017, 77 f.). Ebenso sind gesetzliche Betreuer*innen angehalten, wurden sie für den Bereich der Vermögenssorge bestellt, den Menschen mit geistiger Behinderung, der entgeltliche Sexualassistenz oder Sexualbegleitung in Anspruch nehmen möchte, darin zu unterstützen, ohne sich von eigenen ggf. differenten moralischen Bewertungen leiten zu lassen (Zinsmeister 2013, 60 f.), und es bedarf auch für sie Räume der Auseinandersetzung. Gleiches gilt für Eltern und Angehörige, die nicht nur mit Fokus auf Sexualassistenz bzw. Sexualbegleitung in der Konfrontation mit der Thematik der Sexualität auf vielfältige Herausforderungen treffen können.

6.5 Eltern- und Angehörigenarbeit

Bei der Betrachtung der sexuellen Entwicklung von Kindern und Jugendlichen mit geistiger Behinderung wurde bereits deutlich, dass Eltern und Angehörigen ein besonderer Einfluss auf die Möglichkeiten des Auslebens von Sexualität zuteilwird. Zugleich richten sich nur wenige Angebote in der Arbeit mit erwachsenen Menschen mit geistiger Behinderung unmittelbar an die Bezugspersonen (Schmidt et al. 2022, 107; Teubner 2020, 45). Sie gelten vielmehr als »Bittstellende« (Teubner 2020, 45) oder »Hemmschuh im Selbstbestimmungsprozess« (Seifert 2006, 186). Dieses Dilemma verstärkt sich dadurch, dass ein nicht unerheblicher Prozentsatz bis ins fortgeschrittene Erwachsenenalter noch in der Herkunftsfamilie verbleibt (Heck 2016, 55). Die Verantwortung endet auch nicht automatisch, wenn ein Umzug aus dem Elternhaus erfolgt (Bender 2012, 137 ff.), denn die äußere Ablösung muss nicht zwangsläufig mit einer inneren Ablösung verbunden sein (ebd., 205 ff.). Daher ist nicht davon auszugehen, dass der Bedarf an Unterstützung mit zunehmendem Alter der Kinder mit geistiger Behinderung selbstverständlich abnimmt, nicht zuletzt, da sie sich zumeist nicht in eine selbstbestimmte Selbständigkeit begeben, sondern oftmals lediglich in eine andere Abhängigkeit überführt werden. So sind viele Menschen mit geistiger Behinderung auch im Erwachsenenalter noch auf eine reale Unterstützung durch Eltern und Angehörige angewiesen (Fröhlich 1994, 154). Nicht nur aus diesem Grund wird der Aspekt der Überbehütung oftmals als Charakteristikum für die Beziehung zwischen Menschen mit geistiger Behinderung und ihren primären Bezugspersonen beschrieben (Wininger 2006, 41). Ausdruck findet dieses Phänomen beispielsweise im Sprechen für den Angehörigen mit Behinderung oder der selbstverständlichen Planung der Lebensgestaltung (Mangione 2020, 42). Eine von uns interviewte Fachkraft resümiert ihre Beobachtungen beispielsweise wie folgt:

> »Und normalerweise in der Pubertät lösen sich die Kinder von den Eltern und entwickeln das Selbst. Aber Menschen mit Behinderung ist das oft schwierig,

> wenn sie das nicht selbstständig tun, unterstützen die Eltern sie größtenteils nicht. Also ich möchte das natürlich nicht verallgemeinern, es sind natürlich nicht alle Eltern, aber es ist tatsächlich gerade bei den älteren Teilnehmern ein großer Prozentsatz« (Fachkräfteinterview Frau D, 2016, Z. 145–150).

Es ist allerdings nicht zu verleugnen, dass auch (medizinische) Fachkräfte Forderungen an Eltern und Angehörige herantragen, die einer Ablösung diametral entgegenstehen, wie die folgende Aussage einer Mutter im Interview verdeutlicht, in der Dimensionen von Nähe und Distanz, Intimität, Fremdbestimmung sowie Infantilisierung relevant werden:

> »Sie nimmt ja jetzt auch die Pille, weil sie den ganzen Umgang mit der Periode überhaupt net hingekriegt hat, mit Bindenwechseln und so Sachen. Da hatte ja der Frauenarzt die Idee gehabt, na dann fahren sie immer hin und wechseln das Tampon. Ich kann net auf die Arbeit fahren und ihr viermal am Tag das Tampon wechseln« (Elterninterview Frau G, 2016, Z. 529–533).

Hinzu kommen weitere »Handlungsdilemmata und Kernschwierigkeiten« (Mangione 2020, 43) auf Seiten der Eltern, wie beispielsweise das »Dilemma der Notwendigkeit des kontinuierlichen Unterstützungsbedarfs der betroffenen Angehörigen und der lebensgeschichtlichen Zeitknappheit der Eltern« (ebd.), das vor dem Hintergrund fehlender selbstverständlicher Zugänge zu Unterstützungsangeboten als Überlastung wahrgenommen werden kann (Schmidt et al. 2022, 107). Das Loslassen fällt schließlich umso schwerer, wenn Eltern und Angehörige keine Begleitung im Übergang finden und mit ihren Phantasien und Ängsten alleine gelassen werden. Gleichzeitig sind nachvollziehbare Befürchtungen ernst zu nehmen, die auf mögliche strukturelle Mängel in Institutionen sowie eine fehlende fachliche Rahmung verweisen. So war es in der Forschergruppe im Kontext der wissenschaftlichen Begleitung der Beratungsstelle Liebelle kaum auszuhalten, lediglich von den vielfältigen Geschehnissen in verschiedenen Einrichtungen, mit denen ein Mann mit geistiger Behinderung seit seinem dritten Lebensjahr konfrontiert war, zu lesen. Wie muss es sich erst für die Angehörigen anfühlen, die diese zumeist hilflos beobachten musste? Die interviewte Mutter beschreibt ihre Sorgen wie folgt:

> »Und das ist auch sowas, äh was für mich so ein Riesenproblem ist, wenn man so traumatische Erlebnisse hat, wie es stirbt jemand in der Wohngruppe, oder ich selber verunglücke ganz stark oder ich […] muss da alles Mögliche über mich ergehen lassen. Und ich kann nichts davon verarbeiten. Ja was macht das mit so einem Menschen« (Heck 2019, 113 ff.).

Und auch Achilles resümiert: »Viele von uns haben mit Fachleuten schlechte Erfahrungen gemacht. Die meisten Eltern können schlimme Geschichten erzählen von Fehldiagnosen, sinnlosen Therapien, arrogantem Verhalten von Ärzten und Therapeuten« (Achilles 2013, 122).

Werden Eltern und Angehörige zusätzlich mit dem Feld der Sexualität konfrontiert, nimmt man nicht selten zunächst eine Abwehr der Thematik wahr. Eine von uns interviewte Fachkraft gab dazu an:

> »Ich denke, es ist tatsächlich Unwissenheit oder auch ja wenig Einblick in die tatsächliche Welt, dass sie sich das einfach so nicht vorstellen können, weil viele Eltern sehen ihr Kind, ob das nun 50 ist oder 3, sehen da nicht die Entwicklungsmöglichkeiten und dadurch ist auch Sexualität für sie ein Tabuthema« (Fachkräfteinterview Frau D, 2016, Z. 140–143).

Die Mutter einer Jugendlichen mit geistiger Behinderung formulierte im Rahmen eines eigens konzipierten Elternworkshops die Frage: »Wie kläre ich meine Tochter auf, ohne dass sie zu neugierig wird?« In einem weiteren sprach eine andere Mutter aus: »Man hört ja überall von Missbrauch. Dann besser gar nicht drüber reden und sie von dem Thema fernhalten.« Diese Aussagen lassen erahnen, dass ein mögliches restriktives Verhalten von Eltern und Angehörigen im Kontext von nachvollziehbaren Phantasien und Ängsten einzuordnen ist, und es gilt, mögliche Unterstützungsangebote in den Blick zu nehmen, wie auch eine Fachkraft im Interview resümiert:

> »Und da erlebe ich Eltern auch einfach ganz arg unsicher, überfordert, hab schon Einzelgespräche, aber, ähm, ich sag mal, der Impuls zu den Gesprächen kommt dann auch von meiner Seite. [...] Also Eltern trauen sich das aus meiner Erfahrung ganz oft net. Sind dann ganz froh, wenn es dann jemand mal angesprochen hat, [...] aber der Bedarf ist ganz klar da, auch sich untereinander auszutauschen mit anderen, ja, Eltern, Angehörigen, Betreuern, wie auch immer« (Fachkräfteinterview Frau C, 2016, Z. 85–92).

Um Eltern und Angehörigen nicht mit einseitigen Zuschreibungen zu begegnen und dadurch Entwicklungschancen zu verdecken, scheint es wesentlich, sich zunächst mit den in Kapitel 1.2 beschriebenen möglichen Auswirkungen der Diagnose der geistigen Behinderung zu beschäftigen, um anschließend die Thematik der Sexualität mit in die Diskussion aufzunehmen. Dabei ist zu betonen, dass selbstverständlich keine allgemein gültigen Aussagen über Eltern und Angehörige von Menschen mit geistiger Behinderung getroffen werden können. Ein haltgebendes Umfeld stellt beispielsweise eine wesentliche Unterstützung dar und kann bestenfalls einschränkende Prozesse verhindern (Gerspach 2011, 120). Allerdings lassen sich in der Praxis durchaus vielfältige verbindende Erfahrungen beobachten, deren Auseinandersetzung eine verstehende Annäherung an mögliche Themen von Eltern und Angehörigen von Kindern mit geistiger Behinderung ermöglicht, beispielsweise dass die Familien im Alltag und in der Unterstützung des Angehörigen mit geistiger Behinderung häufig mit vielfältigen Herausforderungen konfrontiert sind (Schmidt et al. 2022, 107). Die Auseinandersetzung mit der Beeinträchtigung kann hierbei als eine Aufgabe angesehen werden, die womöglich niemals vollständig abgeschlossen ist. Sie ist daher nicht absolut zu setzen im Sinne eines Annahme-

Postulats (vgl. Weiß 1993), das von außen an Eltern herangetragen wird, sondern es ist von vielschichtigen und individuellen Prozessen auszugehen, die mitunter von einer zirkulären Trauer begleitet sind, die sich bei signifikanten Lebensabschnitten aktualisiert, beispielsweise beim Eintritt in das Erwachsenenalter (Jonas 1991, 98) oder in der Konfrontation mit den Themen Partnerschaft und Sexualität. In diesem Kontext könnte auch die Überbehütung eingeordnet werden. Rufen die in Kapitel 1.2 beschriebenen ambivalenten Gefühle in Folge der Diagnosemitteilung Schuldgefühle in Eltern hervor, sind diese womöglich nur schwer auszuhalten und müssen aus der bewussten Wahrnehmung verdrängt werden. Einschränkungen in der Individuation der erwachsenen Kinder können aus dieser Perspektive als unbewusste Wiedergutmachung im Sinne einer unermüdlichen Unterstützung verstanden werden (Wininger 2006, 41). Die Auseinandersetzung mit dem Feld der Sexualität verstärkt die wahrgenommenen Belastungen von Eltern und Angehörigen oftmals zusätzlich. Neben der spürbaren und oftmals real vorhandenen Abhängigkeit sehen sie sich mit einem weiteren herausfordernden Themenkomplex konfrontiert. So beschreibt eine Fachkraft die Arbeit mit Eltern wie folgt:

> »Das ist dann auch auf sehr emotionaler Ebene, weil es ja auch was mit Loslassen zu tun hat, Auszug, auch Akzeptanz der Sexualität meines Kindes, ähm, hab ich hier auch ganz oft, tränenreich, emotionale Gespräche. Aber auch sehr, sehr viel Erleichterung gespürt und sehr viel Erleichterung zurückbekommen [...]. Es waren einfach Eltern auch dabei, die sehr von Angst, ähm, Angst, das Thema Angst ist ein großes Thema« (Fachkräfteinterview Frau C, 2016, Z. 99–112).

Die Befürchtungen beziehen sich beispielsweise auf erhebliche reale Belastungen bei einer Schwangerschaft der Tochter oder der bevorstehenden Vaterschaft des Sohnes (▶ Kap. 6.6) oder auf Erfahrungen von sexualisierter Gewalt (▶ Kap. 6.3). Ein Vater verweist in diesem Kontext mit folgenden Worten auf die Bedeutung einer fachlichen Unterstützung:

> »[...] also das einzige, was halt, ja, was es uns ein Stück einfacher macht, also die schwierigen Thema da anders zu sehen, und Sexualität ist ein Thema wie andere auch, das muss man halt, ja, strukturiert angehen, und dass man sich dann extern unterstützen zu lassen, helfen zu lassen« (Elterninterview Herr H, 2016, Z. 220–223).

Schmidt et al. unterteilen die Beratung von Eltern in einen »informationellen, praktischen und emotionalen Unterstützungsbedarf (Schmidt et al. 2022, 108), wenngleich ich davon ausgehe, dass sich diese Bereiche nicht eindeutig voneinander trennen lassen und in der Regel gleichermaßen in den Blick zu nehmen sind. Ich stimme jedoch mit den Autorinnen überein, dass eine emotionale Unterstützung nicht nur ein überaus sinnvolles Angebot darstellt, sondern sich an alle Familienmitglieder richten sollte. Allerdings sind insbesondere in der psychosozialen Beratung und Begleitung deutliche Versorgungslücken zu erkennen, die von Eltern und

Angehörigen vor allem bei Übergängen, aber auch in der Adoleszenz ihrer Familienmitglieder als notwendig hervorgehoben werden (ebd., 109).

Hier wird der Bedarf einer Eltern- und Angehörigenarbeit im gesamten Lebensverlauf, auch im Erwachsenenalter der Kinder und Angehörigen, deutlich. Diese scheint zwar auf den ersten Blick den Leitlinien der Selbstbestimmung und Normalisierung (Nirje 1994, 15; Theunissen 2001, 15) zu widersprechen. Eine Unterstützung der Eltern und Angehörigen kann jedoch, sofern sich gemeinsam mit den erwachsenen Menschen mit geistiger Behinderung auf deren Einbezug verständigt wurde, in manchen Fällen erst die Voraussetzung zur Individuation schaffen, um Räume für eine selbstbestimmte Ausgestaltung von Partnerschaft und Sexualität zu ermöglichen. So beschrieb mir eine Mutter die Beziehungen innerhalb ihrer Familie seit der Diagnosemitteilung vor über 30 Jahren als erstarrt. Die Phantasien über die Behinderung waren so wirkmächtig, dass sie keine Entwicklung erlaubten. Als im Verlauf der dreijährigen Begleitung eine Verbalisierung der Ängste, Wut und Trauer möglich war, resümierte die Mutter schließlich:

> »Ich muss ehrlich sagen, dass wir unserer Tochter nie was zugetraut haben. Jetzt traue ich ihr was zu und bin ganz stolz, was sich bei ihr alles entwickelt hat. Ich hatte immer ganz viel Angst und wusste nicht, wie gut es tut, dass sie immer selbständiger wird« (Bender 2012, 220 f.).

Und auch eine Fachkraft berichtet im Interview von unterstützenden Prozessen, die sich in einem begleiteten Angebot für Eltern entwickeln konnten:

> »Eltern, die sagen, ne, wir hatten auch diese Ängste und diese Probleme loszulassen, Ängste auch darüber zu sprechen, dass mein Kind jetzt den Bedarf so äußert, selbst Sexualität so äußert, ähm, aber haben eine gute Erfahrung gemacht, im Zulassen auch, im Hilfesuchen [...] Wo sie einfach gelassener in die Zukunft des Kindes schauen können und sagen können, ich darf mich als Elternteil auch zurückziehen, ich darf das auch getrost meinem Kind überlassen und auch mein Kind mit geistiger Behinderung wird jetzt erwachsen und macht halt all diese Dinge, die erwachsene Menschen gerne tun möchten, ja« (Fachkräfteinterview Frau C, 2016, Z. 115–122).

In einem dialogischen Rahmen können Fachkräfte nicht nur zur Entlastung möglicher Schuldgefühle beitragen, sondern Eltern und Angehörige in einem verstehenden Zugang für Nöte, Sorgen, Belastungen und Bedürfnisse der Menschen mit geistiger Behinderung sensibilisieren. Sie agieren dabei in einem Spannungsfeld zwischen authentischer und empathischer Zuwendung an die Bezugspersonen und der Wahrung der privaten und selbstbestimmten Wünsche der Klient*innen (Häberli 2019, 45). Eine solche Haltung schließt die Reflexion einer möglichen Überforderung mit ein, denn: »Es gibt wohlgemerkt keine perfekten Eltern, jede Lebensgeschichte ist durch liegen gebliebene Themen und Verwerfungen gekennzeichnet. Im Sinne einer gelingenden Entwicklung der Kinder reicht es aus, wenn die Eltern genügend gute Eltern sind« (Naumann 2011, 66).

Mit dem Ziel einer fachlichen Unterstützung von Eltern und Angehörigen ist an dieser Stelle erneut auf die Bedeutung von Selbstreflexion zu verweisen, da man zum einen mit den eigenen biografischen Erfahrungen von Elternschaft konfrontiert ist und die oftmals widersprüchlich geprägten Beziehungen zwischen Eltern und Fachkräften zum anderen mitunter durch ein hohes Konfliktpotenzial gekennzeichnet sind. So sind Fachkräfte womöglich mit Unter- und Überschätzungen konfrontiert, wenn Eltern und Angehörige all ihre Hoffnungen und Erwartungen an sie adressieren oder es nur wenig gegenseitiges Zutrauen gibt (Krebs et al. 2011, 8). Oder man muss als Fachkraft die eigenen Gefühle der Hilflosigkeit abwehren und fühlt sich so »als die besseren Eltern« (ebd., 20). Dabei gilt es zu beachten, dass eine Konkurrenz zwischen Eltern und Fachkräften bei Menschen mit geistiger Behinderung durchaus zu Loyalitätskonflikten führen und den Unterstützungsprozess zusätzlich erschweren kann (Heck 2016, 58). Daneben sind Zuschreibungen an Eltern und Angehörige zu reflektieren, denen auch Fachkräfte selbstverständlich unterliegen können. Vor diesem Hintergrund scheinen mir die Ergebnisse der Studie zu Partnerschaft bei jungen Menschen mit geistiger Behinderung einordbar, dass Eltern insgesamt eher konservativer als Fachkräfte zur Thematik eingestellt und insbesondere Mütter vorrangig an einem Schutz der Jugendlichen und jungen Erwachsenen interessiert seien. Die Fachkräfte sahen sich selbst als Vertreter*innen der Menschen mit geistiger Behinderung im Kampf um Selbstbestimmung in Abgrenzung zu den einschränkenden Vorstellungen der Eltern, die sie sogar gegen institutionelle Regeln durchzusetzen vermochten (Retznik 2022, 301). Interessant scheint mir hierbei der Bezug zu einer anderen Stelle der Ergebnispräsentation, in der von reglementierenden Verhaltensweisen durch die Fachkräfte die Rede war, die allerdings nicht mit den zuvor getroffenen Aussagen in Verbindung gebracht wurden (ebd., 300). Für Achilles, selbst Mutter eines Kindes mit Behinderung, gelingt eine Verständigung und Annäherung dieser unterschiedlichen Perspektiven nur über Vertrauen.

> »Wir Eltern mit unserem Erfahrungsschatz, die Profis mit ihrer Kompetenz müssen gemeinsam die Lebensform finden, die unserem Kind, ihrem Betreuten entspricht. Das geht am besten, wenn wir Vertrauen zueinander haben und offen aufeinander zugehen – zum Wohle des behinderten Menschen. Dann kann sie/er sicher hier und da selbstbestimmt entscheiden und hat hoffentlich auch die Möglichkeit, sexuelle Erfahrungen zu machen« (Achilles 2013, 123).

Gelingt ein verstehender Dialog muss die Elternarbeit nicht weiter als »Stiefkind pädagogischer Praxen« (Krebs et al. 2011, 8) angesehen werden, sondern es rücken vielmehr die damit einhergehenden Potenziale in den Vordergrund, die für alle Beteiligten als Entlastung wahrgenommen werden können. Als Voraussetzung können insbesondere eine Etablierung der Thematik in Aus- und Weiterbildungskontexten (Naumann 2011, 12), ein fachlich haltender Rahmen durch die Leitungsperson, der auch eine Verbalisierung von Ängsten und Herausforderungen erlaubt, sowie eine konzeptionelle Verankerung der Eltern- und Angehörigenarbeit benannt werden (ebd., 148 f.). An dieser Stelle wird häufig auf den fehlenden zeitlichen Aspekt verwiesen, der durchaus berechtigt ist, allerdings wäre hier aus meiner Sicht eine Umdeutung möglich. So wurde beispielsweise in einem Workshop-Angebot, das ich in einer Einrichtung im Bereich Wohnen für erwachsene Menschen mit geistiger Behinderung explizit zum Thema Eltern- und Angehörigenarbeit anbot, resümiert, dass es durchaus lohnend sei, Zeit in eine Konzeptentwicklung und Etablierung regelmäßiger Gespräche mit Eltern und Angehörigen zu investieren, da letztendlich ohnehin ein bedeutender (zeitlicher) Anteil in der Begleitung der Adressat*innen diesem Thema gewidmet sei, wenn sich viele Gespräche im Dialog mit den Menschen mit geistiger Behinderung sowie in Team und Supervision auf erschwerte Ablöseprozesse, (Loyalitäts-)Konflikte und unterschiedliche Perspektiven der Bezugspersonen konzentrierten. Gleichzeitig konnte an realen Fallvignetten erarbeitet werden, dass eine sinnverstehende Einordnung des Verhaltens der Eltern- und Angehörigen neue Handlungsmöglichkeiten eröffnete und zur Konfliktbearbeitung beitrug.

So lässt sich mit Weiß resümieren:

»Die Lebenswirklichkeit der Eltern und Familie mit einem behinderten Kind ist eine eigene, ebenso wie die Arbeitswirklichkeit der Fachleute eine spezifische ist. Die Unterschiede dürfen nicht verwischt, nicht harmonisch überdeckt werden, im Gegenteil: Wenn sich beide Seiten – Eltern und Fachleute – dieser verschiedenen Wirklichkeiten und der sich daraus ergebenden Spannungspotentiale bewusst sind und sie anerkennen, haben sie die Chance damit produktiver umzugehen und sich nicht gegenseitig zu überfordern« (Weiß 2001, 210).

6.6 Kinderwunsch und Elternschaft

Die Thematik von Kinderwunsch und Elternschaft fand erst Anfang der 1990er Jahre mit der Neuregelung des Vormundschaftsgesetzes und gleichzeitiger Einführung eines neuen Betreuungsgesetzes, das ein Verbot der Zwangssterilisation von Menschen mit geistiger Behinderung beinhaltete, Eingang in den Fachdiskurs (Pixa-Kettner et al. 1996, 2). Zuvor wurde »die Frage möglicher Sexualität i. d. R. nicht weiter erörtert, so als gebe es eine teils ausgesprochene, teils stillschweigende Übereinkunft, dass Nachkommenschaft selbstverständlich irgendwie zu verhindern sei« (ebd.).

Auch heute noch scheint ein Kinderwunsch Frauen mit geistiger Behinderung lange nicht gleichermaßen zugesprochen, bei Frauen ohne Behinderung gilt er hingegen als selbstverständlich und geht sogar mit einem gesellschaftlichen Erwartungsdruck einher (Rohmann 2021, 263). Bei Menschen mit geistiger Behinderung wird er mitunter belächelt oder dessen Beweggrund als unangemessen eingeschätzt, wenngleich festzuhalten ist, dass Kinderwunschmotive grundsätzlich vordergründig auf die Befriedigung eigener Bedürfnisse ausgerichtet sind (Pixa-Kettner 2010, 6). Zu diesen zählen unter anderem

1. »Der Kinderwunsch als Wunsch nach Zuwendung,
2. der Kinderwunsch, um als vollwertige Frau anerkannt zu werden,
3. der Wunsch nach einer vollständigen Familie,
4. ein Kind, um gebraucht zu werden,
5. ein Kind, um sich von den Eltern zu emanzipieren,
6. der Kinderwunsch als Flucht« (ebd., 6 f.).

Die Motive erfahren bei Menschen mit geistiger Behinderung nicht nur eine ungleich stärkere Infragestellung (ebd., 7), es schwingt mit der Formulierung eines Kinderwunsches auch vielfach eine »verbotsgleiche Unmöglichkeitsvermutung« (Pforr/Schaab 2017, 165) mit. Ein Kinderwunsch ist jedoch stets ernst zu nehmen, selbst wenn er sich womöglich nicht in jedem Fall realisieren lässt. Hier werden Räume für Trauerprozesse zentral, die sich nur vor dem Hintergrund einer grundsätzlichen Wertschätzung eröffnen lassen (Hennies/Sasse 2004, 76). Selbstredend verspüren nicht alle Menschen mit geistiger Behinderung einen Kinderwunsch, teilweise auch dann nicht, wenn bereits eine Schwangerschaft eingetreten ist. In einer Untersuchung von Lenz et al. wurde lediglich in Einzelfällen von einem tatsächlichen Kinderwunsch berichtet und dieser nur bei Müttern, die in einer festen Partnerschaft lebten (Lenz et al. 2010, 35).

Das Recht auf Elternschaft ist ebenso wie das Recht auf sexuelle Selbstbestimmung sowohl im Fachdiskurs als auch in der UN-BRK uneingeschränkt formuliert, die Lebensrealitäten von Menschen mit geistiger Behinderung unterscheiden sich jedoch noch deutlich von den theoretischen Zugeständnissen. In der bereits erwähnten österreichischen Studie zu »Erfahrungen und Prävention von Gewalt an Menschen mit Behinderung« gaben nur 7 Prozent der 268 Befragten eine eigene Elternschaft an, so dass Mayrhofer und Seidler festhalten: »Die Befragungsergebnisse unterstreichen […], dass Elternschaft für Menschen mit Behinderung zumeist nach wie vor nicht realisiert werden kann – bzw. ihnen eine Realisierung nicht ermöglicht wird« (Mayrhofer/Seidler 2020, 39). Dennoch ist positiv anzumerken, dass noch in den bundesweiten Fragebogenerhebungen von Pixa-Kettner und Mitarbeiter*innen in den Jahren 1993/1994 und 2005 in Deutschland ein geringerer Prozentsatz an Elternschaften von Menschen mit geistiger Behinderung erhoben wurde. Auch in älteren internationalen Studien aus diesen Zeiträumen lagen die Werte lediglich zwischen 0,25 und 2 Prozent. Allerdings wurde bereits zwischen den beiden Fragebogenstudien in Deutschland ein erster positiver Trend festgestellt, den Pixa-Kettner auf die bereits erwähnte Neuregelung der Sterilisation zurückführt (Lenz et al. 2010, 28 f.). Wenngleich das Verbot von Zwangssterilisationen zu diesen Entwicklungen beigetragen haben könnte, muss eine vollumfängliche Freiwilligkeit zu dieser bis heute angezweifelt werden, wenn unter anderem Druck ausgeübt wird und nur unzureichende Betreuungsangebote für Familien zur Verfügung stehen (vgl. EU-Schwerbehinderung 2019, o. S.).

»Wenn Frauen mit Lernschwierigkeiten einer Sterilisation zustimmen, kann in diesen Fällen im rechtlichen Sinne nicht von Zwangssterilisation gesprochen werden. Dennoch üben sowohl die Umstände als auch Einstellungen in der Gesellschaft auf Frauen mit Lernschwierigkeiten einen enormen Druck aus. Bei Schwanger- und Mutterschaft droht nicht selten das Verlassen des gesamten bislang gewohnten Umfeldes (Wohnen/Arbeit/Freizeit/Partnerschaft oder Familie) sowie die Unklarheit, inwieweit eine Unterstützung von anderen Personen und Einrichtungen erfolgen wird. Nach den Ergebnissen der Studie

[›Lebenssituation und Belastungen von Frauen mit Behinderungen und Beeinträchtigungen in Deutschland‹ (Schröttle et al. 2013)], aber auch aus Erkenntnissen aus Seminaren mit Frauen mit Behinderungen sowie Befragungen, stimmen Frauen mit Lernschwierigkeiten sogar bei einem vorhandenen Kinderwunsch einer Sterilisation zu. Eine Entscheidung für eine Sterilisation unter diesen Bedingungen kann jedoch nicht wirklich ›freiwillig‹ genannt werden, da zwar keine gesetzlichen, wohl aber gesellschaftliche und strukturelle Zwänge eine maßgebliche Rolle spielen« (Staatliche Koordinierungsstelle 2017 zit. n. EU-Schwerbehinderung 2019, o. S., Hervorhebungen im Original).

Auch Mayrhofer und Seidler verweisen in ihrer Studie auf fremdbestimmte Entscheidungen in dieser Frage zumindest bei 11 Prozent der Befragten der Teilstichprobe »Einrichtungen der Behindertenhilfe« und geben zu bedenken, dass auch Verhinderungs- und Einschränkungsprozesse im Bereich von Sexualität und Partnerschaft ebenso als Mittel der »Verhütung« angesehen werden können (ebd., 2020, 39). Kunz resümiert, dass ein geringerer Anteil an Elternschaften bei Menschen mit geistiger Behinderung insbesondere mit fehlender sexueller Aktivität gepaart mit unzureichender sexueller Bildung sowie einer unverhältnismäßigen Kontrazeption in Zusammenhang stehe (Kunz 2022, 64). Der zuletzt genannte Aspekt wurde auch in der Studie zu den Lebenssituationen und Belastungen von Frauen mit Behinderung in Deutschland bestätigt:

> »Das Ergebnis zeigt, dass bei diesen Frauen häufig auch dann schwangerschaftsverhütende Maßnahmen zum Einsatz kommen, wenn die nach eigenen Angaben sexuell nicht aktiv sind und waren. Die hohe Kinderlosigkeit der Frauen der Einrichtungsbefragung in vereinfachter Sprache scheint tendenziell einer Kombination von sexueller Abstinenz, demgegenüber relativ häufiger Einnahme von Kontrazeptiva, der Sterilisation und gehäuften Schwangerschaftsabbrüchen – in Relation zur geringen Anzahl an Schwangerschaften – geschuldet zu sein« (Schröttle et al. 2012, 41).

Zusätzlich nutzen Frauen mit geistiger Behinderung häufiger Verhütungsmittel, die von Frauen ohne Behinderung aufgrund erhöhter Nebenwirkungen weniger im Einsatz sind. Dies betrifft insbesondere die so genannte 3-Monats-Spritze, die insgesamt von weniger als einem Prozent aller Frauen als Verhütungsmittel erster Wahl gilt. Bei Frauen mit geistiger Behinderung wird sie jedoch häufig unhinterfragt favorisiert, wie auch die Aussage einer Fachkraft im Interview verdeutlicht:

> »Äh, weil es oft so ist, dass die Mädchen, die wir haben, äh, weil die auch mit ihrer ganzen Art und mit ihrer, ja, Sexualität auch frei umgehen. Also ganz viele. Und, äh, da ist vorher schon ein Gespräch, äh, mit erforderlich mit Betreuer oder Eltern und mit der Person selber, äh, weil die meistens dann auch eine Viertel-Jahresspritze bekommen« (Fachkräfteinterview Frau C, 2016, Z. 60–64).

Dies passt zu den Ergebnissen der zuletzt genannten Studie, die einen Wert von 40 Prozent bei den in einer Einrichtung lebenden Frauen mit geistiger Behinderung evaluierte (Zinsmeister 2013, 63 f.), wodurch sich die Frage stellt, warum eine Elternschaft von Menschen mit geistiger Behinderung derart bedrohlich erscheint, dass vermehrte gesundheitliche Risiken, sogar bei sexuell nicht aktiven Frauen, in Kauf genommen werden?

Dies mag an vielfältigen Zuschreibungen liegen (Spung et al. 2020, 10), die sich beispielsweise in folgender Formulierung erahnen lassen: »Können Menschen, die selbst Unterstützung bei der Bewältigung ihres Alltags benötigen, die Verantwortung für eigene Kinder übernehmen?« (Rohmann 2021, 263). Bei der Beantwortung dieser Frage trifft man bis heute auf höchst kontroverse Einstellungen, die von einer pauschalen Ablehnung bis hin zur individuellen Betrachtung der konkreten Lebensumstände, Ressourcen und Unterstützungsmöglichkeiten reichen (Pforr 2022b, 509). Nicht selten treten Irritationen, aber auch offene Formen von Fremdbestimmung oder Missbilligung auf (Rohmann 2021, 264), die nicht nur Phantasien im Kontext des Phänomens der geistigen Behinderung unterliegen, sondern sich durch verschärfende Bilder zu Elternschaft mitunter noch weiter verfestigen (ebd.). »Das heutige Modell von Elternschaft verlangt, den Nachwuchs vom ersten Tag an optimal zu fördern [...]. Die Ansprüche an das, was Eltern leisten müssen, haben in den vergangenen Jahren massiv zugenommen« (Diehl 2014 zit. n. ebd.). Wie sich diese Entwicklung auf das Zugeständnis elterlicher Kompetenzen bei Eltern mit geistiger Behinderung auswirkt, lässt sich an dieser Stelle nur erahnen. Fest steht, dass es bislang keine wissenschaftlichen Belege für einen linearen Zusammenhang von geistiger Behinderung und fehlenden elterlichen Kompetenzen gibt (Düber 2021, 51). Gleichwohl ist anzunehmen, dass viele Menschen mit geistiger Behinderung aufgrund ihrer Lebens- und Entwicklungsbedingungen eine »erschwerte Ausgangslage für die Bewältigung elterlicher Rechte und Pflichten« (Orthmann Bless 2021a, 8) haben, die sich wiederum ungünstig auf die Entwicklung des Nachwuchses auswirken kann (ebd., 2021b, 11). Zu diesen zählen beispielsweise gehäufte Erfahrungen von Isolation sowie kränkende oder gar traumatisierende biografische Erlebnisse (Düber 2019, 62), Diskriminierungen, Fremdbestimmungen und Kommunikationsbarrieren, wenn Informationen beispielsweise vornehmlich in schwerer Sprache zur Verfügung stehen (Sprung et al. 2021, 10 f.). Allerdings sei davor gewarnt, diese möglichen einflussnehmenden Faktoren per se mit einer Kindeswohlgefährdung gleichzusetzen, da sie zum einen um Ressourcen und Unterstützungssysteme zu erweitern wären (Kunz 2022, 64) und zum anderen von höchst unterschiedlichen Entwicklungsverläufen bei Kindern von Eltern mit geistiger Behinderung auszugehen ist (Ortmann Bless 2018, 39). Eine solche Betrachtungsweise erlaubt meines Erachtens jedoch eine notwendige Sensibilisierung für individuelle Unterstützungszugänge unter Einbezug der Biografie jede*r Einzelnen, die nicht von Zuschreibungen geleitet ist, sondern reale und erlebte Beziehungserfahrungen fokussiert. So berichteten manche Mütter mit geistiger Behinderung in einer Untersuchung von Lenz et al. von positiven Beziehungserfahrungen in ihrer Herkunftsfamilie, insbesondere Mütter, die nicht mit ihren Kindern zusammenlebten, kamen jedoch zu einer gegenteiligen Einordnung (Lenz et al. 2010, 35). Auch bedarf es zuweilen eines Raumes zur Auseinandersetzung mit Vorstellungen und Bildern, die mit der eigenen und womöglich auch schmerzhaften Lebensrealität in Einklang gebracht werden sollten. Dies kann mit einer (erneuten) Auseinandersetzung mit der eigenen Beeinträchtigung einhergehen, insbesondere in Konfrontation mit einem möglichen Unterstützungsbedarf (Bender 2012, 66 ff.). Hinzu kommt die ständig wahrnehmbare Kontrolle, die häufig mit der Schwangerschaft beginnt, sich auch nach der Geburt weiter fortsetzt und stets die Möglichkeit von Fremdunterbringung des Nachwuchses vor Augen hält (Sprung et al. 2021, 11). Wenngleich zunehmend mehr Eltern mit geistiger Behinderung mit ihren Kindern zusammenwohnen, kann dies für einen hohen Prozentsatz nach wie vor nicht realisiert werden. In der österreichischen Studie von Mayrhofer und Seidler lebten die meisten Eltern ungewollt nicht mit ihren Kindern in einem Haushalt (Mayrhofer/Seidler 2020, 39). In einer Untersuchung zur Lebenssituation von Eltern mit Lernschwierigkeiten und ihren Kindern im norddeutschen Raum waren ca. 36 Prozent der 39 Kinder fremduntergebracht (Rohmann 2021, 269). Für Riesberg und Sprung sind die Zahlen nicht ausschließlich auf die Kompetenzen von Eltern mit geistiger Behinderung zurückzuführen, sie vermuten ebenfalls strukturelle Gründe, die sich aus regionalen Unterschieden, die in der vergleichenden Studie von Pixa-Kettner sichtbar wurden, ableiten lassen. »So lebten z. B. in Schleswig-Holstein 76,5 % der Kinder mit ihren Eltern zusammen, in Nordrhein-Westfalen 50 % und in Bremen nur 35,4 %« (Pixa-Kettner 2007 zit. n. Riesberg/Sprung 2021, 20). Manche Eltern mussten einer Trennung vom Nachwuchs bereits zu einem früheren Zeitpunkt ohnmächtig gegenüberstehen, was sich ebenfalls erschwerend auf das Vertrauen in (zukünftigen) Unterstützungssituationen auswirken kann (Sprung et al. 2021, 11). Wird in diesen Fällen kein Raum zugestanden, die Trennung vom Kind zu bearbeiten, kann dies zu psychischen Belastungen führen. Mitunter wird unmittelbar nach der Fremdunterbringung eine neue Schwangerschaft angestrebt. Neuer-Miebach berichtet in diesem Kontext von bis zu acht weiteren Elternschaften, die womöglich einen Versuch der Bewältigung darstellten (Neuer-Miebach 1996, 101). Nicht nur vor diesem Hintergrund scheint es bedeutsam, sich Unterstützungsangeboten für Eltern mit geistiger Behinderung und ihren Kindern zuzuwenden, die in der Regel langfristig angelegt sind und unter dem Begriff der Begleiteten Elternschaft zusammengefasst werden (Sprung et al. 2021, 12 f.).

Die Bundesarbeitsgemeinschaft Begleitete Elternschaft gründete sich im Jahr 2002, um die professionellen Assistenzangebote in Deutschland zu vernetzen und weiter auszubauen (Pixa-Kettner/Bargfrede 2004, 80) und die Stellung der Familien zu stärken (Rohmann 2021, 266). Sie ist darauf ausgerichtet, soziale Ressourcen im Gemeinwesen zu (re-)aktivieren, um Empowermentprozesse anzuregen und der Isolation entgegenzuwirken. Diese Aspekte gelten als zentrale Unterstützungsbedingungen für eine Elternschaft (Rohmann 2021, 266). Es existieren unterschiedliche Konzeptionen und Modelle, in denen Begleitete Elternschaft ihre Umsetzung findet (Sprung et al. 2021, 13) und die sich grundsätzlich in ambulante und stationäre Angebote unterteilen. Allerdings ist bis heute noch nicht von einer flächendeckenden und wohnortnahen Versorgung auszugehen (Rohmann 2021, 265 f.), wodurch viele Angehörige von Menschen mit geistiger Behinderung mit in die Unterstützung eingebunden sind. Befürchtungen der Herkunftsfamilie, vielfältige Familienaufgaben mit übernehmen zu müssen, sind daher durchaus ernst zu nehmen (Sprung et al. 2021, 13), ebenso wie Aussagen derart, dass dies die eigene Belastungsgrenze übersteigen könnte, wodurch eine verstehende und dialogische Annäherung an Eltern und Angehörige von Menschen mit geistiger Behinderung (▶ Kap. 6.5) höchst sinnvoll erscheint. Steht keine Unterstützung für Eltern mit geistiger Behinderung und ihre Kinder vor Ort zur Verfügung, geht dies nicht selten mit einem Umzug in eine fremde Umgebung ohne soziales Netzwerk einher. Die Möglichkeiten der Paarunterbringung mit Kind sind stark begrenzt (Pixa-Kettner/Bargfrede 2004, 80), so dass es zu (räumlichen) Trennungen der Eltern kommen kann (Römisch 2021, 100). Eine weitere Herausforderung im Kontext der Begleiteten Elternschaft stellt das komplexe Beziehungsgefüge zwischen Eltern, Kind und Fachkräften dar, da von einem erhöhten Konfliktpotenzial in Hinblick auf Identitätsfragen und Konkurrenzängste auszugehen ist. Eine konzeptionelle Vorbereitung oder Fortbildung ist nicht selbstverständlich gegeben und erschwert eine professionelle Assistenz, die auch eine Reflexion der professionellen Haltung einbezieht, zusätzlich (Riesberg/Sprung 2021, 20). Es gilt, den möglichen Spannungsfeldern von Nähe und Distanz (▶ Kap. 5.6), Fürsorge und Selbstbestimmung (▶ Kap. 5.2) sowie Hilfe und Kontrolle differenziert und reflexiv zu begegnen, um den Familien eine professionelle Unterstützung anzubieten (Riesberg/Sprung 2021, 26). Auch die Ausbalancierung zwischen den Rechten der Eltern und dem Kindeswohl stellt eine zentrale Thematik in der Begleiteten Elternschaft dar, wie die folgende Aussage einer Fachkraft verdeutlicht:

> »Vielleicht was mich so immer beschäftigt, worüber ich immer-immer nachdenke[,] is tatsächlich dieser Grat zwischen Elternrecht und Kindeswohl […,] wo ich[,] glaub ich[,] niemals 'ne Lösung für finden werde […] dieses, ja, ab wann zieht man 'ne Grenze und was tut dem Kind gut und was nicht. Ist dieses Trauma der Trennung ähm vielleicht viel, viel schlimmer für die Entwicklung des Kindes als eben sehr mangelhafte ähm-ähm (…) Überlebensbedingungen, ja so« (Remhof 2020 zit. n. Remhof/Lücking 2021, 89).

Zugleich sind Rollendiffusitäten sowie unterschiedliche Norm- und Wertvorstellungen zwischen Fachkräften und den zu begleitenden Familien (▶ Kap. 2.3) in das professionelle Handeln einzubetten (Remhof/Lücking 2021, 89). Nicht zuletzt können Chancen und Hemmnisse an der Schnittstelle zwischen Leistungen der Kinder- und Jugendhilfe sowie der Eingliederungshilfe entstehen, wenn diese in der Begleiteten Elternschaft aufeinandertreffen. Diese äußern sich beispielsweise in Unklarheiten der Zuständigkeiten, aber auch in rechtlichen und Finanzierungsfragen. Eine Chance könnte darin gesehen werden, Kriterien für eine gelingende Zusammenarbeit gemeinsam zu erarbeiten und sich über die verschiedenen Bedarfe aus unterschiedlichen Perspektiven zu verständigen (Sprung et al. 2021, 14). Dem Team wird bei all diesen möglichen Herausforderungen eine zentrale Rolle zugeschrieben. Es hat insbesondere dann wesentlichen unterstützenden Charakter, wenn es einen Raum für »Beratung bei Handlungsunsicherheiten, emotionaler Belastung oder Ängsten und Sorgen […]« (Remhof/Lücking 2021, 91) sowie der Frage nach dem professionellen Handeln im Kontext der Begleiteten Elternschaft bietet (ebd., 92).

6.7 Mediennutzung und Medienbildung im Kontext von Partnerschaft, Sexualität und geistiger Behinderung

Medien sind heutzutage omnipräsent (Schlör/Schluchter 2015, 136), man spricht von einer »mediatisierten Lebenswelt« (Köberer 2022, 202). Mit ihnen sind unter anderem Möglichkeiten

- »des kulturellen Selbstausdrucks
- der sozialen Kommunikation
- der Erweiterung individueller Erfahrungs-, Handlungs- und Kommunikationsräume
- der Teilnahme an öffentlichen Kommunikationsprozessen sowie
- der Mitgestaltung von Gesellschaft [...]« (Schlör/Schluchter 2015, 136) verbunden.

Im Bereich von Partnerschaft und Sexualität eröffnet insbesondere das Internet wesentliche Zugänge zu Kommunikation und Information und kann beispielsweise über Smartphones orts- und zeitunabhängig genutzt werden (Mikolasek 2019, 50 f.). Spielten Jugendzeitschriften bis vor einigen Jahren noch eine wesentliche Rolle bei der sexuellen Aufklärung, werden diese heute für viele Heranwachsende durch das Internet abgelöst. Für Informationen, beispielsweise über genitale Sexualität und Verhütung, stehen vielfältige Beratungsseiten und Foren zur Verfügung (Ortland 2020, 104), die nicht nur aufgrund der im Internet möglichen Beibehaltung von Anonymität eine niedrigschwellige Nutzung erlauben. Daneben bieten Online-Dating-Börsen eine häufig genutzte Alternative zur herkömmlichen Partnerschaftssuche (Mikolasek 2019, 50 f.; ▶ Kap. 6.8). »Nicht zuletzt spielt das Internet eine große Rolle im Hinblick auf die sexuelle Sozialisation der jungen Frauen und Männer, hier machen sie viele Erfahrungen mit Flirten und Pornografie« (Martyniuk 2013 zit. n. Ortland 2020, 110). Allerdings treffen diese Aussagen nicht selbstverständlich auf alle Personen zu. Wenngleich Menschen mit geistiger Behinderung das Internet und Social Media durchaus nutzen und sie gleichermaßen zu den »digital natives« (Ditschek 2013, 3) zählen, finden sich für sie noch eine Vielzahl an Einschränkungen vor (Mikolasek 2019, 51), die vor allem in stationären Wohnkontexten verstärkt zum Tragen kommen, wenn beispielsweise nur die Hälfte der Einrichtungen mit WLAN ausgestattet ist, das zudem teilweise nur unter Aufsicht der Fachkräfte und Mitarbeitenden genutzt werden darf, wie eine Studie von Bosse et al. zur Mediennutzung und Vermittlung von Medienkompetenz in der Behindertenhilfe in Bremen aus dem Jahr 2018 verdeutlicht (Bosse et al. 2019, 27). Insgesamt ist ebenfalls davon auszugehen, dass Menschen mit geistiger Behinderung seltener über digitale Endgeräte verfügen. In einer Studie zur Mediennutzung von Menschen mit Behinderungen aus dem Jahr 2016 (vgl. Bosse/Hasebrink 2016) besaßen 42 Prozent der Befragten in der Altersspanne zwischen 14 und 29 Jahren und 25 Prozent ab 50 Jahren über ein eigenes Smartphone. Die oben erwähnte Befragung von Bosse et al. aus dem Jahr 2018 verweist zudem darauf, dass die Möglichkeit der Nutzung Menschen in ambulanten Wohnsettings eher offensteht als in stationären Wohneinrichtungen (Bosse et al. 2019, 26 f.). Eine weitere quantitative Fragebogenerhebung aus den Jahren 2019 und 2020, an der 261 Personen mit geistiger Behinderung und 277 Menschen ohne Behinderung teilnahmen, schließt an diese Ergebnisse an und eruierte, dass nicht einmal die Hälfte der Befragten mit geistiger Behinderung ein eigenes Smartphone nutzten. 17,6 Prozent der Personen hatten keinerlei Zugang zu einem digitalen Endgerät, bei Menschen ohne Behinderung lag der Wert bei 0 Prozent (Kalcher/Wohlhart 2023, 86). Die folgende Tabelle (▶ Tab. 4) gibt einen Überblick über die weiteren Ergebnisse und die damit sichtbaren Unterschiede zwischen den befragten Personengruppen.

Tab. 4: Zugang zu digitalen Endgeräten bei Menschen mit und ohne Behinderung (Daten aus: Kalcher/Wohlhart 2023, 86)

	Menschen mit Behinderungen N = 261	Menschen ohne Behinderungen N = 277
Smartphone	45,2 %	95,31 %
Computer	45,2 %	88,81 %
Tablet	29,1 %	49,10 %
Tastenhandy	28,4 %	12,27 %
Kein Gerät	17,6 %	0 %

46 Menschen mit Behinderung gaben Gründe dafür an, kein digitales Endgerät zu nutzen. Dabei wurde neben der Ablehnung des Umfeldes, das auf die Notwendigkeit der Reflexion selbstbestimmter Prozesse (▶ Kap. 5.2) verweist, eine hohe Unsicherheit im Umgang mit den einzelnen Medien benannt (ebd., 87). Mit Blick auf diese Erkenntnisse verwundert es keineswegs, dass sich die Medienkompetenz von Menschen mit geistiger Behinderung häufig nur unzureichend entwickeln konnte. Es ist von einem hohen Unterstützungsbedarf durch die Bezugspersonen auszugehen (Zaynel 2017, 54), die wiederum unterschiedlichen Norm- und Wertvorstellungen in Bezug auf Medien und Mediennutzung unterliegen (Köberer 2017, 201). So können sexuelle Inhalte im Internet beispielsweise als »Schauplatz sexueller Traumatisierung […]« (Seabloom 2012 zit. n. Ortland 2020, 110) oder als Zugang zu »sozialen Lebenschancen« (Ditschek 2013 zit. n. Sonnenberg/Arlabosse 2014, 65) eingeschätzt werden. Nicht nur im Kontext von Pornografie, die im WorldWideWeb in unterschiedlichen Ausprägungen zur Verfügung steht, trifft man auf höchst unterschiedliche Einstellungen von Fachkräften und Mitarbeitenden in Einrichtungen, die von restriktiven bis hin zu unterstützenden Haltungen reichen (Bosse et al. 2019, 27). Grundsätzlich können digitale Medien empowernd wirksam sein (Bosse/Haage 2020, 532) und »Behinderungen ausgleichen, die sich aus der mangelhaften Passung von (analogen) Umweltbedingungen und körperlichen, kognitiven oder Sinnesbeeinträchtigungen ergeben« (ebd., 531). Sie bieten für Menschen mit geistiger Behinderung vielfältige Teilhabechancen, da die »Zugehörigkeit zu

Internetgemeinschaften [...] nicht grundsätzlich aufgrund gesellschaftlich vorherrschender und ggf. stigmatisierender Kategorien, wie Behinderung, Schicht oder Bildungsstand, gekennzeichnet« (Sonnenberg/Arlabosse 2014, 65) ist. Allerdings erfolgt die Online-Kommunikation vornehmlich im »*Modus der Schriftlichkeit*« (Thimm 2000, 11, Hervorhebung im Original). Zwar können technische Unterstützungstools, wie beispielsweise die Vorlesefunktion oder eine Schriftvergrößerung, diese Barriere mitunter ausgleichen, andere bleiben hingegen bestehen, wenn Websites nicht selbstverständlich in Leichter Sprache ausgewiesen sind (▶ Kap. 5.5). Gleichzeitig bedarf es eines Wissens um die unterstützenden Technologien, von der nicht bei allen Menschen mit geistiger Behinderung selbstverständlich auszugehen ist (Zaynel 2017, 60).

»Nicht barrierefreie digitale Medien erfordern deshalb von Menschen mit Behinderungen oft mehr technisches Verständnis, um mit Barrieren oder assistiven Technologien umzugehen und mehr finanziellen Aufwand für Hilfsmittel. Dazu mangelt es oft an Unterstützung im sozialen Umfeld, die entweder die Bedeutung digitaler Teilhabe unterschätzen oder selbst nicht die Kompetenz haben, die erforderliche Unterstützung zu leisten« (Bosse/Haage 2020, 533).

Tab. 5: Chancen und Risiken des Internets im Bereich der Sexualität in Anlehnung an Stöhr et al. (2019, 96)

Chancen	Risiken
• Niedrigschwellige Zugänge in Hinblick auf soziale und/oder sexuelle Kontakte • Möglichkeiten des Zusammenschlusses in Peer-Groups, z. B. vor dem Hintergrund ähnlicher sexueller Interessen (▶ Kap. 5.4) • Größere Auswahl an potenziellen Partnerschaften, eingeschränkte Mobilität nicht vordergründig wirksam • Vorurteilsfreiere Beziehungsaufnahme • Erweiterter Explorationsraum in Hinblick auf eigene Wünsche und Phantasien • Wegfall des Risikos sexuell übertragbarer Krankheiten bei Konzentration auf rein virtuelle sexuelle Kontakte • Niedrigschwelliger Zugang zu Informationen, Aufklärung, Beratungs- und Unterstützungsangeboten etc.	• Isolation durch Abkehr von realen Kontakten • Übertragung virtueller Erfahrungen auf reale (sexuelle) Beziehungen und damit einhergehende Frustrationen bzw. Gefahr von fremd- und/oder selbstgefährdenden Verhaltensweisen • Suchtverhalten (z. B. Pornografiekonsum) • Vertrauensmissbrauch • eingeschränkte Kontrolle über Internetaktivitäten durch Dritte (▶ Kap. 5.2)

Gleichzeitig werden durch Begriffe wie Hilfsmittel und assistive Technologien Machtstrukturen deutlich, die klar auf einen Hilfebedarf von Menschen mit Behinderung verweisen, obschon alle digitalen Endgeräte in irgendeiner Form eine Unterstützung darstellen. So können technische Unterstützungstools gleichsam für Selbstbestimmung und Angewiesenheit stehen. Dabei kommt auch der Einschätzung der Bezugspersonen eine wesentliche Bedeutung zu (ebd., 534f.). Darüber hinaus ist die Nutzung digitaler Medien nicht nur mit Teilhabechancen, sondern auch mit Risiken verbunden, insbesondere dann, wenn keine Bildungsräume existieren, in denen eine kritische Urteilsbildung Erprobung und Anwendung findet. Chancen und Risiken des Internets im Bereich der Sexualität fasst die Übersicht in Tabelle 5 zusammen (▶ Tab. 5).

Zu den weiteren Gefahren zählen beispielsweise die Übernahme von Fehlinformationen, eine Überforderung durch die Fülle an Inhalten, eine unfreiwillige Weitergabe persönlicher Informationen, Mobbing sowie die Konfrontation mit herausfordernden Themen, wie dem der Pornografie (Mikolasek 2019, 51). Auf den Aspekt der Weitergabe privater Daten an Dritte soll im folgenden Kapitel (▶ Kap. 6.8) unter dem Fokus der Partnersuche gesondert eingegangen werden. An dieser Stelle möchte ich exemplarisch den Konsum von Pornografie im Internet hervorheben, der eine wesentliche Nutzungskomponente im Bereich von Sexualität darstellt (Ortland 2020, 110) und in unterschiedlichen Kontexten, beispielsweise dem der sexualisierten Gewalt (▶ Kap. 6.3), diskutiert wird. Für Mayrhofer und Seidler spielt aus präventiver Sicht vor allem das vermittelte Bild von Sexualität eine bedeutsame Rolle: »Sexualität wird unverbindlich, abgekoppelt von Beziehung oder Liebe dargestellt, häufig mit gewalttätigen Szenen, die nicht problematisiert, sondern als ›normal‹ vermittelt und in denen Frauen zu Objekten werden« (Mayrhofer/Seidler 2020, 40, Hervorhebung im Original). Döring warnt allerdings davor, von »der« Pornografie zu sprechen und spricht sich dafür aus, unterschiedliche Formen zu differenzieren (Döring 2011, 228 ff.). Es gehe nicht nur im Kontext sexualisierter Gewalt darum, eine »Pornografie-Kompetenz« (ebd., 235) auf der Grundlage von Medienkompetenz zu entwickeln, die eine Möglichkeit bietet, pornografisches Material zu bewerten und sich gegen oder für dessen Konsum zu entscheiden (ebd., 236). Die Bedeutung eines solchen Bildungsraumes möchte ich an folgendem Alltagsbeispiel aus meiner eigenen Praxis verdeutlichen:

> »So platzte ein Bewohner der Wohngruppe, die ich begleitete, nur leicht bekleidet und mit fassungsloser Mimik in eine Kaffeerunde mit den Angehörigen einer weiteren Bewohnerin und drängte darauf, dass ich ihn umgehend in sein Zimmer begleiten müsse. Ich fühlte mich dieser Situation hilflos ausgeliefert und wich beschämt den Blicken der Anwesenden aus, die mich teils fragend, teils entsetzt fixierten. Ich empfand große Angst davor, den Bewohner in sein Zimmer zu begleiten, wollte ihm, der halb entblößt war, nicht in die Intimität seines Zimmers folgen. Ich spürte, wie ich mich innerlich dagegen wehrte, das persönliche Thema der Sexualität im fachlichen Kontext bearbeiten zu müssen. Die drängende Aussage eines anwesenden Gastes (›Nun gehen Sie schon!‹) riss mich schließlich aus der Erstarrung und ich folgte dem Bewohner unsicher in seinen privaten Raum. Dort angekommen saß seine Partnerin – die beiden hatten erst kürzlich eine Beziehung aufgenommen – weinend auf dem Bett, den Blick beschämend nach unten gerichtet. Der Bewohner berichtete, dass er und seine Freundin miteinander genitale Sexualität erleben wollten, dies jedoch nicht funktionieren würde. Überhaupt mache sie alles falsch und sei ganz anders als die anderen Frauen. Diese Aussage irritierte mich zunächst, da er mir erst kurz zuvor in einem vertrauensvollen Gespräch mitgeteilt hatte, dass er selbst noch keine Erfahrungen auf diesem Gebiet gesammelt hatte. Schließlich erklärte er mir, er

habe sich zur Vorbereitung auf die intime Situation mit seiner Partnerin Pornofilme angesehen und die reale Situation sei für ihn überhaupt nicht damit vereinbar. Nun brach auch er in Tränen aus und konstatierte, dass sowohl er als auch seine Freundin diesen Ansprüchen nicht gerecht werden könnten. Bei diesen Worten erhob seine Partnerin erstmalig den Blick, legte den Arm um ihn und sprach aus: ›Können wir uns nicht erst mal einfach gern haben?‹« (Heck 2019, 108 f.).

Und auch die Mutter eines 16-jährigen Jugendlichen mit geistiger Behinderung berichtete im Interview von ihrer Angst der fehlenden Einordnung von pornografischem Material:

»[W]enn ich mal auf seinem Laptop oder irgendwas ihn, ähm, ihn ausmachen wollte oder was ‚ähm, ja durchaus Pornos, Geschichten, einfach entsprechende Seiten offen gefunden habe. Da haben wir jetzt einen Riegel vorgeschoben, dass er gewisse Seiten nicht mehr sehen kann, weil ich mir einfach nicht sicher bin, wenn er so etwas sieht, was ich vom Grund auf erstmal nicht schlimm finde, weil es Sexualität ist, aber was er sieht. Es gibt solches und solches und vor allem, was denkt er, kann er mit seiner Freundin ausprobieren, ja« (Elterninterview Frau I, 2016, Z. 45–54).

Eine Unterstützung von Menschen mit geistiger Behinderung im Kontext der Mediennutzung im Feld von Partnerschaft und Sexualität macht nicht nur bei dem Thema der Pornografie eine reflexive Auseinandersetzung der Bezugspersonen erforderlich, in die auch ethische Dimensionen einfließen (▶ Kap. 2.3), sondern verweist ebenso auf die Bedeutung der Medienbildung, um den »Digital Divide« (Bosse et al. 2019, 24) zu überwinden. Manche Autor*innen sprechen auch von einem »Digital Disability Divide« (ebd.), also die Kluft zwischen unterschiedlichen Zugangschancen und Nutzungsmöglichkeiten von digitalen Medien, die nicht auf die Beeinträchtigung selbst zurückzuführen ist (Krüger/Prchal 2022, 10), sondern auf »technologische, soziale, finanzielle und motivationale« (Bosse/Haage 2020, 532) Barrieren. Allerdings existieren bislang nur wenige Konzeptionen und Angebote für Menschen mit geistiger Behinderung, auch nicht im Sinne inklusiver Medienbildung (Kalcher/Wohlhart 2023, 83) und Fachkräfte und Mitarbeitende, die aufgrund ihres Alters oder der eigenen Lebenssituation wenig Medienaffinität besitzen, fühlen sich zuweilen in ihrer eigenen medienpädagogischen Kompetenz verunsichert (Bosse et al. 2019, 26 f.). »Für Mitarbeitende liegen die Herausforderungen im Kern in der mangelnden Technikausstattung, knappen zeitlichen und personellen Ressourcen, im mangelnden trägerübergreifenden Austausch und Know-how sowie in persönlichen Unsicherheiten« (ebd., 27). Um Menschen mit geistiger Behinderung digitale Teilhabechancen nicht nur im Feld von Partnerschaft und Sexualität zu eröffnen, bedarf es Ansprechpartner*innen in Einrichtungen, Fachwissen, konzeptionelle Ausgestaltungen sowie Möglichkeiten der Teamreflexion, die Werte, Normvorstellungen und das eigene Nutzungsverhalten in den Blick nehmen (Bosse et al. 2019, 28 f.). Diese Themen wurden bereits in anderen Kapiteln als wesentliche

Aspekte professionellen Handelns beschrieben. Darüber hinaus scheint es wichtig, Aussagen von Menschen mit geistiger Behinderung über ein fehlendes Interesse oder unsicheren Umgang mit Medien vor dem Hintergrund möglicher eingeschränkter Zugänge zu Unterstützung und Bildung einzuordnen. Auf technischer Seite sind Weiterentwicklungen in der Barrierefreiheit erforderlich und es wird auf den Bedarf einer umfassenden Nutzung Leichter Sprache (▶ Kap. 5.5), auch bei Suchmaschinen, verwiesen (Kalcher/Wohlhart 2023, 88 f.). Nicht zuletzt wird ein selbstverständlicher Zugang zu digitalen Endgeräten für Menschen mit geistiger Behinderung benötigt. Die Umsetzung des neuen Bundesteilhabegesetzes, kurz BTHG, könnte hier eine wichtige Weiche stellen, um finanzielle Zugangsbarrieren abzubauen, wenn mit Paragraph 84 »das Recht auf Computer und die Unterweisung in der barrierefreien Technik« (Bosse/Haage 2020, 536) zu begründen ist.

6.8 Ansätze der Unterstützung von Partnerschaft und Partnerschaftssuche

Die Möglichkeiten der Suche nach einer Partnerschaft gestalten sich bei vielen Menschen mit geistiger Behinderung durchaus limitiert und sind zumeist auf das direkte Wohn- und Arbeitsumfeld begrenzt. Eine Mutter resümierte dazu im Interview:

> »Das ist dann halt schwierig ne Partnerschaft aufzubauen und Kontakte kriegen. Ich mein, das einzige ist die Arbeit, aber ansonsten ist sie halt in der Wohnstätte und wenn sie bei uns ist, ist es nur Familie. Wo sollen sie auch Kontakte kriegen?« (Elterninterview Frau G, 2016, Z. 190–192).

Innerhalb dieses Rahmens ist die Partnerschaftssuche von institutionellen Rahmenbedingungen und den Einstellungen der Bezugspersonen abhängig. Eine eingeschränkte Mobilität führt dazu, dass Treffen mit (potenziellen) Partner*innen von der Bereitschaft eines Fahrdienstes abhängen (Retznik et al. 2022, 301 f.). Grundsätzlich werden Möglichkeiten der Partnerschaftssuche in der Stadt chancenreicher beurteilt als in ländlichen Gegenden. Allerdings stehen auch dort Freizeitaktivitäten nicht per se allen Menschen mit geistiger Behinderung offen, was das Finden einer Partnerin bzw. eines Partners zusätzlich erschwert (ebd., 306). Neben diesen strukturellen Gründen können auch vergangene Erfahrungen von Zurückweisungen oder Kränkungen auf die Aufnahme neuer Beziehungen Einfluss nehmen (Hennies/Sasse 2004, 70), wodurch die Auseinandersetzung mit der eigenen Behinderung in den Fokus gerät, die jedoch nicht immer als solche erkannt wird. Hennies und Sasse beschreiben dazu folgendes Fallbeispiel:

> »Herr S., 32 Jahre, wünscht sich eine Freundin. Immer wieder verliebt er sich in eine Betreuerin des Wohnbereiches oder an seiner Arbeitsstelle. Von seinen Betreuern motiviert und unterstützt, besucht er diverse Veranstaltungen wie Discoabende, Tanztees und Single-Partys, die speziell für Menschen mit geistiger Behinderung angeboten werden. Dennoch ist es bis heute zu keiner Verabredung gekommen. Seine Betreuer, die ihn zu einigen Veranstaltungen begleitet haben, konnten beobachten, dass Herr S. von sich aus in diesen Situationen nichts unternommen hat, um Kontakte zu knüpfen. Wenn jemand versuchte, Kontakt mit ihm aufzunehmen, verhielt er sich passiv, wirkte verunsichert und unglücklich. Auf Nachfrage gab er an, nicht die richtige Partnerin gefunden zu haben. ›… Die dort sind doch alle behindert …‹« (Hennies/Sasse 2004, 70 f.).

Diese Skizzierungen verweisen auf einen Bedarf an Assistenz bei der Suche nach einer Partnerschaft, beispielsweise durch das gemeinsame Aufsuchen von Singlepartys, Kontaktbörsen oder -treffs (Specht 2013, 180), der natürlich nicht für alle Menschen mit geistiger Behinderung gleichermaßen von Relevanz ist. Werden Unterstützungsangebote benötigt, können diese nur vor dem Hintergrund einer Reflexion subjektiver Bedeutungszusammenhänge von Wünschen und Befürchtungen sinnvoll realisiert werden, über die es sich im Dialog mit den Klient*innen zu verständigen gilt unter Einbezug der jeweils individuellen Lebensgeschichten (Gerspach 2009, 17 f.).

Mittlerweile existiert eine zunehmende Anzahl an Angeboten, die sich bei der Partnerschaftssuche speziell an Menschen mit (geistiger) Behinderung richten. Dabei sollte nicht unhinterfragt bleiben, ob eine solch exklusive Ausrichtung nicht spätestens seit der Auseinandersetzung mit dem Paradigma der Inklusion als überholt gilt. Es wurde bereits deutlich, dass es genügend guter Erfahrungsräume im Bereich von Freundschaft und Partnerschaft benötigt, um selbstbestimmte Entscheidungen und Ausgestaltungen zu erspüren und artikulieren zu können oder mit Specht formuliert: »Auch der Aufbau von Beziehungen und Partnerschaften ist etwas, das Menschen erlernen« (Specht 2013, 180). Gehen wir nun weiter davon aus, dass Menschen mit geistiger Behinderung diese Lernräume nach wie vor nicht selbstverständlich zugestanden werden, widersprechen spezielle Angebote für den Personenkreis in meinem Verständnis nicht den aktuellen Forderungen nach Inklusion und Selbstbestimmung, sondern sie schaffen mitunter erst die Voraussetzung, die Leitideen im Bereich von Partnerschaft und Sexualität umzusetzen. Dazu bedarf es (noch) einer Auswahl an geschützten Räumen, die Lernerfahrungen in der Peer-Group zur Verfügung stellen, die sich ohne Beschämung über mögliche fehlende Informationen oder Erlebnisse wirksam empowernd entfalten können und die aufgrund fortdauernder exklusiver Tendenzen weiterhin notwendig erscheinen (Dederich 2003, 64). Innerhalb der eigenen Peer-Group, mit Menschen mit ähnlichem Erfahrungshintergrund können bestenfalls nicht kränkende Aushandlungsprozesse stattfinden und nachholende Lernerfahrungen ermöglicht werden (vgl. Bender 2012, 148 ff.). In einem solchen Verständnis stellen spezielle Angebote der Partnerschaftssuche eine Ergänzung zu inklusiven Angeboten dar, die Menschen mit geistiger Behinderung ebenso selbstverständlich zur Verfügung stehen sollten mit dem Ziel, dass es solch geschützter Räume langfristig weniger bedarf, wenn alle

Menschen gleichermaßen ungehindert Zugang zu sexueller Bildung (▶ Kap. 6.1) über den gesamten Lebensverlauf erhalten. Selbstredend ist bei einer Fokussierung auf exklusive Angebote von Seiten der Menschen mit geistiger Behinderung, Eltern, Angehörigen und Fachkräften zu reflektieren, ob diese womöglich vordergründig von Ängsten oder Zuschreibungen geleitet werden, die an anderen Stellen bereits hinlänglich diskutiert wurden. Bedarf es einer Unterstützung bei der Suche nach einer Partnerschaft, können folgende Zugänge sinnvoll sein, die im Dialog mit den Menschen mit geistiger Behinderung einzuordnen und zu erproben sind.

Die Kontaktsuche über das Internet hat in den letzten Jahren eine zunehmende Bedeutung eingenommen. Auch das Angebot für Menschen mit Behinderung hat sich weiterentwickelt, wenngleich vornehmlich Personen ohne geistige Behinderung online nach einer Partnerin bzw. einem Partner suchen (Mikolasek 2019, 51). Dies mag an der insgesamt geringeren Nutzung des Internets von Menschen mit geistiger Behinderung (▶ Kap. 6.7) liegen oder auch an fehlender Information und Barrierefreiheit. Römisch nennt noch einen weiteren wesentlichen Aspekt, der bereits unter anderem Fokus im vorherigen Absatz aufgegriffen wurde:

> »Dadurch, dass bisher nur wenige Personen in Einrichtungen Zugang zum Internet haben, das heute vielfältige Möglichkeiten der Partnersuche und Kontaktaufnahme bietet, bleiben ihnen weitere Möglichkeiten, neue Menschen und potenzielle Partner*innen kennenzulernen, verschlossen« (Römisch 2021, 99).

Zudem kann die Online-Kommunikation eine Unterstützung durch Bezugspersonen notwendig machen. Dadurch rücken erneut Fragen von Scham, Generationengrenzen sowie Nähe und Distanz in den Blick (▶ Kap. 5), wenn Intimität und Privatheit nicht zu gewährleisten sind. Eine externe und unabhängige persönliche Assistenz für die Partnerschaftssuchenden, die beispielsweise über Risiken bei der Veröffentlichung von persönlichen Daten im Internet aufklärt, stellt hierbei ein sinnvolles Angebot dar. In der zumeist zeitversetzten schriftlichen Kommunikation sind jedoch auch Chancen zu sehen. Es bedarf keiner unmittelbaren Antwort, so dass mögliche Irritationen und Unsicherheiten zunächst in Ruhe eingeordnet werden können. Ebenso wird eine Ablehnung potenzieller Kontaktpartner*innen im Internet eventuell weniger kränkend wahrgenommen (Döring 2003, 536f.) und Einschränkungen in der Mobilität stellen zunächst keine Barriere dar.

Singlepartys für Menschen mit Behinderung bieten ebenfalls eine Möglichkeit, Erfahrungen in der Peer-Group und bei der Partnerschaftssuche zu sammeln, und sind in einigen Gegenden bereits seit Jahren fest installiert. Dabei gestalten sich die Konzeptionen durchaus unterschiedlich und reichen von keiner weiteren Assistenz auf den Partys bis hin zu einem umfangreichen Unterstützungsangebot. Im Rahmen meiner wissenschaftlichen Begleitung einer Partnervermittlung für Menschen mit Behinderung wurde ein Kontaktcoachmodell konzipiert, das auf einen barrierefreien Zugang zum Kennenlernen abzielt und gleichsam den Erwachsenenstatus der Teilnehmer*innen unterstützt, indem Ansprechpartner*innen den gesamten Abend unaufdringlich zur Verfügung stehen, die durch entsprechende Kleidung gekennzeichnet sind. Die Möglichkeiten der Assistenz waren in Leichter Sprache (▶ Kap. 5.5) auf Plakaten verdeutlicht und wurden insbesondere in folgenden Bereichen wahrgenommen: bei der Suche nach einer Bekanntschaft, der Kontaktaufnahme, bei fehlenden Kontaktangeboten, Erfahrungen der Zurückweisung sowie bei dem Wunsch nach Fortführung einer sich anbahnenden Beziehung (vgl. Bender 2012, 160 ff.).

Darüber hinaus existieren nun bereits seit mehreren Jahrzehnten geschützte Partnervermittlungen speziell für Menschen mit geistiger Behinderung (ebd., 131 ff.), in denen Partnerschaftssuchende eine Unterstützung bei der Aufnahme in die Kartei und bei einem ersten Kennenlernen erhalten. Über diese Basiskonzeption hinaus haben sich die Partnervermittlungen bis dato nicht nur quantitativ weiterentwickelt, sondern viele Träger erweiterten ihr Assistenzangebot um Kontaktcafés, Bildungsveranstaltungen, Singlepartys und Gesprächsabende für Paare und Partnersuchende (vgl. herzenssache.net 2023). Diese Erweiterung erschien auch in der wissenschaftlichen Begleitung der Partnervermittlung für Menschen mit Behinderung höchst sinnvoll, da die bloße Vermittlung eines ersten Kontaktes oftmals nicht ausreichend schien, um die bereits beschriebenen Barrieren und Konflikte bei der Partnerschaftssuche von Menschen mit geistiger Behinderung aufzulösen. Es ist vielmehr häufig das Beziehungsangebot einer individuellen Begleitung bedeutsam, in der Unsicherheiten und Ängste, aber auch Vorstellungen und Wünsche ausgesprochen und gerahmt werden können (Bender 2012, 136). Deutlich wird dies an der Aussage einer Partnersuchenden:

»Zur Partnervermittlung würde ich gehen, aber danach, wenn ich dann mit meinem Freund alleine bin, dann macht er[,] was er will[,] mit mir« (Bender 2012, 159).

Eine andere Frau mit geistiger Behinderung resümierte mit Blick auf die geschützte Partnervermittlung nach einem fehlgeschlagenen Versuch der Kontaktaufnahme über eine Zeitung, in der sie ihre Kontaktdaten veröffentlicht hatte und sich im Anschluss gegen die Bedrängung eines Mannes zur Wehr setzen musste: »Da hat man wenigstens keine Angst und jemanden zum [R]eden« (Bender 2010, 276).

7 Schlussbemerkung

Professionelles Handeln und Verstehen im Kontext der Themen Partnerschaft, Sexualität und geistige Behinderung sind für Fachkräfte durchaus mit hohen Anforderungen verbunden, die nicht alleine zu bewältigen sind. Es bedarf einer fachlichen und reflexiven Rahmung in Aus- und Weiterbildung sowie in Institutionen, um Menschen mit geistiger Behinderung Entwicklungsräume zu ermöglichen und selbstbestimmte Prozesse zu unterstützen. Dies gelingt nur mit einer sexualitäts- und partnerschaftsbejahenden Haltung im Team, die weder Gefahren negiert, noch überbewertet und gleichermaßen die (behindernden) Lebensrealitäten und individuellen Themen, Bedürfnisse und Wünsche des Gegenübers einbezieht, ohne sich von allzu schnellen Zuschreibungen leiten zu lassen. Der Dialog mit Menschen mit geistiger Behinderung, der auch auf nonverbaler Ebene erfolgen kann, stellt hierbei eine wesentliche Voraussetzung dar. Gleichzeitig bilden sich Erfahrungsräume für den Personenkreis nicht nur auf der Beziehungsebene ab, sondern es bedarf ebenso eines Einbezugs struktureller, rechtlicher und gesellschaftlicher Dimensionen. Wenngleich die Thematik eine hohe Komplexität mit sich bringt, so ist sie doch auch für alle Menschen mit vielfältigen Chancen in Hinblick auf Lebensqualität, -glück, Gesundheit und Zufriedenheit verbunden, die es lohnend machen, sich den Herausforderungen gemeinsam zu stellen.

Literaturverzeichnis

Achilles, I. (2013): Störfaktor Sexualität - Selbstbestimmung im Spannungsfeld zwischen Betroffenen, Eltern und Pädagogen. In: J. Clausen und F. Herrath (Hg.): Sexualität leben ohne Behinderung. Das Menschenrecht auf sexuelle Selbstbestimmung. 1. Auflage. Stuttgart: Verlag W. Kohlhammer, S. 111–123.

Ackermann, K.-E. (2004): Selbstbestimmtes Leben und Sexualassistenz. Dienstleistungsangebote für Erwachsene mit geistiger Behinderung. In: B. Ahrbeck und B. Rauh (Hg.): Behinderung zwischen Autonomie und Angewiesensein. Stuttgart: Verlag W. Kohlhammer, S. 163–174.

Ahrbeck, B. (2004): »Unterstützte Sexualität« als autonomer Akt? Kritische Überlegungen und laienhafte Fragen. In: B. Ahrbeck und B. Rauh (Hg.): Behinderung zwischen Autonomie und Angewiesensein. Stuttgart: Verlag W. Kohlhammer, S. 175–191.

Ahrbeck, B. (2008): Psychoanalytische Handlungskonzepte. In: B. Gasteiger-Klicpera, H. Julius und C. Klicpera (Hg.): Sonderpädagogik der sozialen und emotionalen Entwicklung. Göttingen: Hogrefe (Handbuch Sonderpädagogik/Hrsg. der Reihe, Band 3), S. 497–507.

Ahrbeck, B. (2011): Der Umgang mit Behinderung. Stuttgart: Verlag W. Kohlhammer (Praxiswissen Bildung).

Ahrbeck, B. (2021): »Behinderung gibt es nicht!« Zeittypische Optimierungs- und Verleugnungsstrategien. In: S. Elsner, C. Höcker, S. Winter, O. Decker und C. Türcke (Hg.): Enhancement. Kritische Theorie und psychoanalytische Praxis. Originalausgabe. Gießen: Psychosozial-Verlag (Psyche und Gesellschaft), S. 37–53.

Ahrbeck, B.; Willmann, M. (Hg.) (2010): Pädagogik bei Verhaltensstörungen. Ein Handbuch. Stuttgart: Verlag W. Kohlhammer.

Aichele, V. (2014): Leichte Sprache – Ein Schlüssel zur »Enthinderung« und Inklusion. Bundeszentrale für politische Bildung. In: APuZ Aus Politik und Zeitgeschichte 64, S. 19–25.

Anders, A. K.; Brencher, D.; Fieseler, K.; Helfrich, U.; Josuttis, U.; Kowalski, M. et al. (2020): Zum Umgang mit Sexualität, Nähe und Distanz. Ein kasuistisch-partizipatives Fort- und Weiterbildungsangebot zur Professionsethik im Sozial- und Bildungssektor. In: M. Wazlawik, B. Christmann, M. Böhm und A. Dekker (Hg.): Perspektiven auf sexualisierte Gewalt. Einsichten aus Forschung und Praxis. Wiesbaden, Heidelberg: Springer VS (Sexualisierte Gewalt und Pädagogik, Band 5), S. 29–45.

ARD/ZDF-Onlinestudie (2022). Online verfügbar unter https://www.ard-zdf-onlinestudie.de/, zuletzt geprüft am 29.04.2023.

Baab, A. (2018): Sexuelle Selbstbestimmung in der Behindertenhilfe. In: Sozial Extra (6), S. 6–10.

Bange, D. (2002): Definitionen und Begriffe. In: D. Bange und W. Körner (Hg.): Handwörterbuch sexueller Missbrauch. Göttingen: Hogrefe Verlag für Psychologie (Hogrefe eLibrary), S. 47–52.

Bannasch, M. (2002): Kontakte finden und gestalten. In: M. Bannasch (Hg.): Behinderte Sexualität – verhinderte Lust? Zum Grundrecht auf Sexualität für Menschen mit Behinderung. 1. Auflage. Neu-Ulm: AG-SPAK-Publ., S. 123–134.

Behringer, N.; Langnickel, R.; Link, P.-C (2022): Psychoanalytische Pädagogik – eine Annäherung. Online verfügbar unter https://www.kindergartenpaedagogik.de/fachartikel/paedagogische-ansaetze/klassische-paedagogische-ansaetze-allgemeines/psychoanalytische-paedagogik-eine-annaeherung/, zuletzt geprüft am 07.05.2023.

Behrisch, B. (2020): Familie und Partnerschaft. In: S. Hartwig (Hg.): Behinderung. Kulturwissenschaftliches Handbuch. Berlin, Heidelberg: J. B. Metzler Verlag, S. 55–58.

Bender, S. (2010): Psychoanalytische Pädagogik in der Partnervermittlung und Paarbegleitung bei Menschen mit geistigen Behinderungen. In: E. Heinemann und H. Hopf (Hg.): Psychoanalytische Pädagogik. Theorien – Methoden – Fallbeispiele. Stuttgart: Verlag W. Kohlhammer (Pädagogik), S. 260–278.

Bender, S. (2012): Sexualität und Partnerschaft bei Menschen mit geistiger Behinderung. Perspektiven der Psychoanalytischen Pädagogik. Gießen: Psychosozial-Verlag.

Bergelt, D.; Goldbach, A.; Seidel, A. (2016): Leichte Sprache im Arbeitsleben. Analyse der Nutzung von Texten in Leichter Sprache im beruflichen Kontext von Menschen mit Lernschwierigkeiten. In: Impulse. Magazin der Bundesarbeitsgemeinschaft für Unterstützte Beschäftigung 78, S. 13–21.

Berndt, C.; Häcker, T. H.; Walm, M. (Hg.) (2022): Ethik in pädagogischen Beziehungen. Bad Heilbrunn: Julius Klinkhardt.

Bienstein, P.; Verlinden, K. (2018a): Einrichtungen der Behindertenhilfe als Orte sexualisierter Gewalt. In: A. Retkowski, A. Treibel und E. Tuider (Hg.): Handbuch Sexualisierte Gewalt und pädagogische Kontexte: Theorie, Forschung, Praxis. Weinheim, Basel: Beltz Juventa, S. 479–486.

Bienstein, P.; Verlinden, K. (Hg.) (2018b): Prävention von sexuellem Missbrauch an Menschen mit geistiger Behinderung. Ausgewählte Aspekte. Dokumentation der Fachtagung der DGSGB am 10. November 2017 in Kassel. 1. Auflage. Berlin: Deutsche Gesellschaft für seelische Gesundheit bei Menschen mit geistiger Behinderung e. V (Materialien der DGSGB, Band 40).

Blos, P. (1989): Adoleszenz. Eine psychoanalytische Interpretation. Stuttgart: Klett-Cotta (Konzepte der Humanwissenschaften).

Böhnisch, L. (2017): Sozialpädagogik der Lebensalter. Eine Einführung. 7., überarbeitete und erweiterte Auflage. Weinheim, Basel: Beltz Juventa (Grundlagentexte Pädagogik).

Bosse, I.; Haage, A. (2020): Digitalisierung in der Behindertenhilfe. In: N. Kutscher, T. Ley, U. Seelmeyer, F. Siller, A. Tillmann und I. Zorn (Hg.): Handbuch Soziale Arbeit und Digitalisierung. 1. Auflage. Weinheim, Basel: Beltz Juventa, S. 529–539.

Bosse, I.; Hasebrink, U. (2016): Mediennutzung von Menschen mit Behinderungen. Forschungsbericht. Online verfügbar unter https://www.die-medienanstalten.de/fileadmin/user_upload/die_medienanstalten/Publikationen/Weitere_Veroeffentlichungen/Studie-Mediennutzung_Menschen_mit_Behinderungen_Langfassung.pdf, zuletzt geprüft am 23.07.2023

Bosse, I.; Zaynel, N.; Lampert, C. (2019): Mediennutzung und Vermittlung von Medienkompetenz in der Behindertenhilfe in Bremen. Ergebnisse der MeKoBe-Studie. In: Merz. Zeitschrift für Medienpädagogik 63 (5), S. 24–31.

Bössing, C.; Büttner, S.; El Ismy, I.; Prchal, K. (2022): Erzählte Behinderung im Freiraum: Sexualität + ICH. Ein Beitrag über erzählte Liebe als erzähltes Leben. In: Schweizerische Zeitschrift für Heilpädagogik 28 (7–8), S. 30–35.

BRK-Allianz (2013): Für Selbstbestimmung, gleiche Rechte, Barrierefreiheit und Inklusion – erster Bericht der Zivilgesellschaft zur Umsetzung der UN-Behindertenrechtskonvention in Deutschland. Online verfügbar unter http://www.brk-allianz.de/attachments/article/93/parallelbericht_barrierefrei_layoutfassung.pdf, zuletzt geprüft am 14.05.2023.

BRK-Allianz (2015): Abschließende Bemerkungen über den ersten Staatenbericht Deutschlands. Online verfügbar unter http://www.brk-allianz.de/attachments/article/93/_BMAS_CO_Staatenprüfung_deutsche_Übersetzung.pdf, zuletzt geprüft am 13.05.2023.

Brocher, T. (Hg.) (1971): Psychosexuelle Grundlagen der Entwicklung. Informationen für Lehrer und Eltern. Bundeszentrale für Gesundheitliche Aufklärung. Opladen: Leske.

Brückner, M. (2022): Erotik als Teil Sozialer Arbeit. In: Sozial Extra 46, S. 9–13.

Beauftragter der Bundesregierung für die Belange von Menschen mit Behinderungen (o. J.): Die UN-Behindertenrechtskonvention. Übereinkommen über die Rechte von Menschen mit Behinderungen. Die amtliche, gemeinsame Übersetzung von Deutschland, Österreich, Schweiz und Lichtenstein. Online verfügbar unter https://www.institut-fuer-menschenrech

te.de/fileadmin/Redaktion/PDF/DB_Menschenrechtsschutz/CRPD/CRPD_Konvention_ und_Fakultativprotokoll.pdf, zuletzt geprüft am 22.07.2023

Bundesministerium für Arbeit und Soziales (o.J.): Zweiter und dritter Staatenbericht der Bundesrepublik Deutschland zum Übereinkommen der Vereinten Nationen über die Rechte von Menschen mit Behinderungen. Online verfügbar unter https://www.institut-fu er-menschenrechte.de/fileadmin/Redaktion/PDF/DB_Menschenrechtsschutz/CRPD/2._ und_3._Staatenbericht/CRPD_Staatenbericht_DEU_2_3_2019.pdf, zuletzt geprüft am 25.09.2022.

Bundesministerium für Arbeit und Soziales (2014): Ratgeber Leichte Sprache. Online verfügbar unter https://www.bmas.de/SharedDocs/Downloads/DE/Publikationen/a752-ratgeber-leichte-sprache.pdf?__blob=publicationFile&v=3, zuletzt geprüft am 14.05.2023.

Bundeszentrale für Gesundheitliche Aufklärung (Hg.) (2000): Sexualpädagogik zwischen Persönlichkeitslernen und Arbeitsfeldorientierung. Unterrichtsmaterialien für die sozialpädagogische Ausbildung; Ergebnisse eines Modellprojektes im Auftrag der BZgA mit Unterstützung des Bildungsministeriums Schleswig-Holstein, durchgeführt am Landesinstitut für Praxis und Theorie der Schule Schleswig-Holstein (IPTS). Köln: BZgA (Forschung und Praxis der Sexualaufklärung und Familienplanung, 16).

Bundschuh, K. (Hg.) (2000): Wahrnehmen – Verstehen – Handeln. Perspektiven für die Sonder- und Heilpädagogik im 21. Jahrhundert. Bad Heilbrunn: Julius Klinkhardt.

Burgio, N. M. (2022): Ein Schutzort für die Seele. Traumata bei Menschen mit komplexer Behinderung. In: Menschen. Zeitschrift für gemeinsames Leben, Lernen und Arbeiten (2), S. 16–17.

Carda-Döring, C.; Manso Arias, R. M.; Misof, T.; Repp, M.; Schießle, U.; Schultz, H. (2011): Berührt. Alltagsgeschichten von Familien mit behinderten Kindern. 4. Auflage. Frankfurt am Main: Brandes & Apsel.

Conradi, E. (2001): Take care. Grundlagen einer Ethik der Achtsamkeit. Univ., Diss., Frankfurt am Main: Campus-Verlag.

Conradi, E. (2013): Ethik im Kontext sozialer Arbeit. In: EthikJournal 1, S. 1–19.

Datler, W. (2000): Das Verstehen von Beziehungsprozessen – eine zentrale Aufgabe von heilpädagogischer Praxis, Lehre und Forschung. In: K. Bundschuh (Hg.): Wahrnehmen – Verstehen – Handeln. Perspektiven für die Sonder- und Heilpädagogik im 21. Jahrhundert. Bad Heilbrunn: Julius Klinkhardt, S. 59–77.

Datler, W. (2004): Wie Novellen zu lesen …: Historisches und Methodologisches zur Bedeutung von Falldarstellungen in der Psychoanalytischen Pädagogik. In: W. Datler, B. Müller und U. Finger-Trescher (Hg.): Sie sind wie Novellen zu lesen. Zur Bedeutung von Falldarstellungen in der psychoanalytischen Pädagogik. Gießen: Psychosozial-Verlag (Jahrbuch für psychoanalytische Pädagogik, 14), S. 9–41.

Datler, W. (2006): Geistig behinderte Menschen an-sprechen. Über Mentalisierungsprozesse und die Bedeutung der Thematisierung von Innerpsychischem. In: J. Gruntz-Stoll (Hg.): Verwahrlost, beziehungsgestört, verhaltensoriginell. Zum Sprachwandel in der Heil- und Sonderpädagogik. 1. Auflage. Bern, Stuttgart, Wien: Haupt (Lernen ermöglichen – Entwicklung fördern, Band 1), S. 69–92.

Datler, W.; Datler, M. (2014): Was ist »Work Discussion«? Über die Arbeit mit Praxisprotokollen nach dem Tavistock-Konzept. Universität Wien: Institut für Bildungswissenschaft. Online verfügbar unter https://phaidra.univie.ac.at/detail/o:368997, zuletzt geprüft am 18.03.2023.

Datler, W.; Finger-Trescher, U.; Gstach, J. (2012): Editoral. In: W. Datler, U. Finger-Trescher und J. Gstach (Hg.): Psychoanalytisch-pädagogisches Können. Vermitteln – Aneignen – Anwenden. Orig.-Ausg. Gießen: Psychosozial-Verlag (Jahrbuch für psychoanalytische Pädagogik, 20), S. 7–8.

Datler, W.; Lazar, R.; Trunkenpolz, K. (2012): Lust und Leid im Erkunden der inneren Welt von Organisationen. Über Organisationsbeobachtung, institutionalisierte Abwehr und den Alltag im Pflegeheim. In: G. Diem-Wille und A. Turner (Hg.): Die Methode der psychoanalytischen Beobachtung. Über die Bedeutung von Containment, Übertragung, Abwehr und anderen Phänomenen in der psychoanalytischen Beobachtung. Wien: Facultas, S. 94–114.

Datler, W.; Wininger, M. (2006): Psychoanalyse und Heilpädagogik. Ein vielschichtiges Verhältnis. Zur Einführung in das Themenheft. In: Behinderte in Familie, Schule und Gesellschaft (6), S. 16–21.

Datler, W.; Wininger, M. (2010): Psychoanalytisches Fallverstehen als sonderpädagogische Kompetenz. In: B. Ahrbeck und M. Willmann (Hg.): Pädagogik bei Verhaltensstörungen. Ein Handbuch. Stuttgart: Verlag W. Kohlhammer (Heil- und Sonderpädagogik), S. 226–235.

Debus, K. (2017): Nicht-diskriminierende Sexualpädagogik. In: A. Scherr, A. El-Mafaalani und E. G. Yüksel (Hg.): Handbuch Diskriminierung. Wiesbaden: Springer VS (Springer Reference Sozialwissenschaften), S. 1–23. Online verfügbar unter https://interventionen.dissens.de/fileadmin/Interventionen/redakteure/tagung/Debus_-_Nicht-diskriminierende_Sexualpädagogik.pdf, zuletzt geprüft am 07.05.2023.

de Groef, J. (1997): Geistige Behinderung: ein dunkler Kontinent. In: E. Heinemann und J. de Groef (Hg.): Psychoanalyse und geistige Behinderung. Fallstudien aus Belgien, Deutschland, England, Frankreich und den USA. Mainz: Matthias-Grünewald-Verlag (Edition Psychologie und Pädagogik), S. 15–26.

Dederich, M. (2008): Ethische Fragen der Geistigbehindertenpädagogik. In: E. Fischer (Hg.): Pädagogik für Menschen mit geistiger Behinderung. Sichtweisen – Theorien – aktuelle Herausforderungen. 2., überarbeitete Auflage. Oberhausen: ATHENA-Verlag (Lehren und Lernen mit behinderten Menschen, 8), S. 60–82.

Dederich, M. (2009): Behinderung als sozial- und kulturwissenschaftliche Kategorie. In: M. Dederich und W. Jantzen (Hg.): Behinderung und Anerkennung. Stuttgart: Verlag W. Kohlhammer (Behinderung, Bildung, Partizipation, Band 2), S. 15–40.

Denk, G. (2012): Partnerschaft und Sexualität unter erschwerten Bedingungen. Frau- und Mannsein bei Menschen mit geistiger Behinderung. In: Zeitschrift für Psychodrama und Soziometrie (11), S. 91–106.

Deutsches Institut für Medizinische Dokumentation und Information (DIMDI) (Hrsg.) (2022): ICF. Internationale Klassifikation der Funktionsfähigkeit, Behinderung und Gesundheit. Inhaltlich unveränderter Nachdruck, Bonn: Bundesinstitut für Arzneimittel und Medizinprodukte. Originalausgabe von 2005, Genf: World Health Organization. Online verfügbar unter https://www.bfarm.de/SharedDocs/Downloads/DE/Kodiersysteme/klassifikationen/icf/icfbp2005_zip.html?nn=841246&cms_dlConfirm=true&cms_calledFromDoc=841246, zuletzt geprüft am 05.07.2023.

Diem-Wille, G.; Turner, A. (Hg.) (2012): Die Methode der psychoanalytischen Beobachtung. Über die Bedeutung von Containment, Übertragung, Abwehr und anderen Phänomenen in der psychoanalytischen Beobachtung. Wien: Facultas.

Ditschek, E. J. (2013): Computer und Internet für alle. In: Erwachsenenbildung und Behinderung 24 (1), S. 3–5.

Domann, S.; Keller, S.; Rusack, T.; Strahl, B. (2018): Ankommen, l(i)eben und gehen – Gefühle in und aus der Heimerziehung aus der Perspektive der jugendlichen Adressat_innen. In: Kommission Sozialpädagogik (Hg.): Wa(h)re Gefühle? Sozialpädagogische Emotionsarbeit im wohlfahrtsstaatlichen Kontext. 1. Auflage. Weinheim, Basel: Beltz Juventa (Veröffentlichungen der Kommission Sozialpädagogik in der Sektion Sozialpädagogik der frühen Kindheit der Deutschen Gesellschaft für Erziehungswissenschaft), S. 167–177.

Döring, N. (2003): Sozialpsychologie des Internet. Die Bedeutung des Internet für Kommunikationsprozesse, Identitäten, soziale Beziehungen und Gruppen. Zugl.: Freie Univ., Diss. 2., vollständig überarbeitete und erweiterte Auflage. Göttingen, Bern: Hogrefe Verlag für Psychologie (Internet und Psychologie, 2).

Döring, N. (2011): Pornografie-Kompetenz: Definition und Förderung. In: Zeitschrift für Sexualforschung 24, S. 228–255.

Dornes, M. (2004): Über Mentalisierung, Affektregulierung und die Entwicklung des Selbst. In: Forum Psychoanalyse (2), S. 175–199.

Dornes, M. (2006): Die Seele des Kindes. Entstehung und Entwicklung. Frankfurt am Main: Fischer-Taschenbuch-Verlag (Fischer Taschenbuch Geist und Psyche).

Dörr, M. (2019): Professioneller Umgang mit Sexualität als Gestaltung von Nähe und Distanz. In: M. Dörr (Hg.): Nähe und Distanz. Ein Spannungsfeld pädagogischer Professionalität. 4., aktualisierte und erweiterte Auflage. Weinheim, Basel: Beltz Juventa, S. 130–141.

Dörr, M.; Müller, B. (2019): Einleitung: Nähe und Distanz als Strukturen der Professionalität pädagogischer Arbeitsfelder. In: M. Dörr (Hg.): Nähe und Distanz. Ein Spannungsfeld pädagogischer Professionalität. 4., aktualisierte und erweiterte Auflage. Weinheim, Basel: Beltz Juventa, S. 14–41.

Düber, M. (2019): Die Balance halten! Pädagogische Spannungsfelder bei der professionellen Begleitung von Eltern mit Lernschwierigkeiten. In: Forum Jugendhilfe 84 (3), S. 62–74. Online verfügbar unter https://begleitete-elternschaft-nrw.de/pdf/Miriam%20Dueber%20-%20Die%20Balance%20halten%20-%20Stand%2014.12.2018_EndNotes_bf.pdf, zuletzt geprüft am 22.04.2023.

Düber, M. (2021): »Mich hat das natürlich enttäuscht, dass die Betreuer so im Misstrauen waren.«. Zur Lebenssituation und Perspektiven von Eltern mit Lernschwierigkeiten. In: M. Düber, C. Remhof, U. Riesberg, A. Rohrmann und C. Sprung (Hg.): Begleitete Elternschaft in den Spannungsfeldern pädagogischer Unterstützung. Weinheim: Beltz, S. 48–61.

Eggert-Schmid Noerr, A.; Heilmann, J.; Weißert, I. (2017): Einleitung. In: A. Eggert-Schmid Noerr, J. Heilmann und I. Weißert (Hg.): Unheimlich und verlockend. Zum pädagogischen Umgang mit Sexualität von Kindern und Jugendlichen. Originalausgabe. Gießen: Psychosozial-Verlag (Psychoanalytische Pädagogik, Band 48), S. 7–16.

El Ismy, I.; Jennessen, S.; Prchal, K. (2022): Behinderung, Queerness und Sexualität. Intersektionale Zusammenhänge und Erfahrungsberichte. In: Teilhabe. Fachzeitschrift der Lebenshilfe 61 (4), S. 146–151.

Erhardt, K.; Grüber, K. (2013): Teilhabe von Menschen mit geistiger Behinderung am Leben in der Kommune. Prüfsteine für Teilhabeprojekte. In: Teilhabe. Fachzeitschrift der Lebenshilfe 52 (1), S. 12–18.

EU-Schwerbehinderung (2019): Zwangssterilisation bei Menschen mit Behinderung? Online verfügbar unter https://www.eu-schwerbehinderung.eu/, zuletzt geprüft am 14.05.2023.

Figdor, H. (2012): Wie werden aus Pädagogen »Psychoanalytische Pädagogen«? In: W. Datler, U. Finger-Trescher und J. Gstach (Hg.): Psychoanalytisch-pädagogisches Können. Vermitteln – Aneignen – Anwenden. Orig.-Ausg. Gießen: Psychosozial-Verlag (Jahrbuch für psychoanalytische Pädagogik, 20), S. 121–156.

Fischer, E. (2008): Geistige Behinderung im Kontext der ICF – ein interdisziplinäres, mehrdimensionales Modell? In: E. Fischer (Hg.): Pädagogik für Menschen mit geistiger Behinderung. Sichtweisen – Theorien – aktuelle Herausforderungen. 2., überarbeitete Auflage. Oberhausen: ATHENA-Verlag (Lehren und Lernen mit behinderten Menschen, 8), S. 385–417.

Flaake, K. (2022): Sexualität. Entwicklungspsychologische Perspektiven. In: M. Günther, J. Heilmann und A. Kerschgens (Hg.): Psychoanalytische Pädagogik und Soziale Arbeit. Verstehensorientierte Beziehungsarbeit als Voraussetzung für professionelles Handeln. Originalausgabe. Gießen: Psychosozial-Verlag (Psychoanalytische Pädagogik, Band 55), S. 277–292.

Flaake, K.; King, V. (1992): Weibliche Adoleszenz. Zur Sozialisation junger Frauen. Unveränderter Nachdruck der 4. Auflage 1998 des Campus Verlags. Weinheim: Beltz (Beltz Taschenbuch Psychologie, 140).

Fonagy, P. (2005): Das Verständnis für geistige Prozesse, die Mutter-Kind-Interaktion und die Entwicklung des Selbst. In: P. Fonagy und M. Target (Hg.): Frühe Bindung und psychische Entwicklung. Beiträge aus Psychoanalyse und Bindungsforschung. 2. Auflage. Gießen: Psychosozial-Verlag (Bibliothek der Psychoanalyse), S. 31–48.

Fonagy, P. (2009): Soziale Entwicklung unter dem Blickwinkel der Mentalisierung. In: J. G. Allen und P. Fonagy (Hg.): Mentalisierungsgestützte Therapie. Das MBT-Handbuch – Konzepte und Praxis. Stuttgart: Klett-Cotta, S. 89–151.

Fonagy, P.; Gergely, G.; Jurist, E. L.; Target, M. (2006): Affektregulierung, Mentalisierung und die Entwicklung des Selbst. 6. Auflage. Stuttgart: Klett-Cotta.

Fonagy, P.; Target, M. (Hg.) (2005): Frühe Bindung und psychische Entwicklung. Beiträge aus Psychoanalyse und Bindungsforschung. 2. Auflage. Gießen: Psychosozial-Verlag (Bibliothek der Psychoanalyse).

Freud, S. (Hg.) (2006): Schriften über Liebe und Sexualität. 4., unveränderte Auflage. Frankfurt am Main: Fischer-Taschenbuch-Verlag (Fischer-Taschenbücher Psychologie).

Fritzsche, R. (2007): Beobachtungen im Alltag einer Integrationsgruppe – Eine Studie von Rita Fritzsche. In: J. Schöler (Hg.): Ein Kindergarten für alle. Kinder mit und ohne Behinderung spielen und lernen gemeinsam. 2. Auflage. Berlin: Cornelsen Scriptor, S. 80–116.

Fröhlich, V. (1994): Psychoanalyse und Behindertenpädagogik. Univ., Diss., 1993. Würzburg: Königshausen und Neumann (Sisyphos, 6).

Gaedt, C.: Die Reinszenierung der Selbstentwertung. In: Praxis der Psychotherapie und Psychosomatik 36, S. 249–256.

Georgi-Tscherry, P.; Calabrese, S. (2019): Beziehungsgestaltung im Spannungsfeld von Nähe und Distanz. Ein Plädoyer für professionelle Nähe in der Arbeit mit Erwachsenen mit komplexen Beeinträchtigungen. In: Schweizerische Zeitschrift für Heilpädagogik 25 (3), S. 19–24.

Gerspach, M. (1994): Zur Methodik des szenischen Verstehens Behinderter. In: Behindertenpädagogik 33 (4), S. 338–358.

Gerspach, M. (2004): Die Idee vom Kind und seine Behinderung. In: Mainkrokodile gGmbH (Hg.): Die gespiegelte Behinderung. Gelungene Integration in Krabbelstube und Kindergarten. Lüneburg: Dreves, S. 9–100.

Gerspach, M. (2008): Grundzüge einer psychoanalytischen Heilpädagogik. In: T. Mesdag und U. Pforr (Hg.): Phänomen geistige Behinderung. Ein psychodynamischer Verstehensansatz. Gießen: Psychosozial-Verlag (Psychoanalytische Pädagogik, Band 28), S. 27–68.

Gerspach, M. (2009): Psychoanalytische Heilpädagogik. Ein systematischer Überblick. Stuttgart: Verlag W. Kohlhammer

Gerspach, M. (2011): Zur Beschädigung der elterlichen Mentalisierungsfunktion. In: A. Eggert-Schmid Noerr, J. Heilmann und H. Krebs (Hg.): Elternarbeit. Ein Grundpfeiler der professionellen Pädagogik. Gießen: Psychosozial-Verlag (Psychoanalytische Pädagogik, 35), S. 107–128.

Gerspach, M. (2012): »… an der Szene teilhaben und doch innere Distanz dazu gewinnen« (Aloys Leber). Szenisches Verstehen und fördernder Dialog heute. In: J. Heilmann, H. Krebs und A. Eggert-Schmid Noerr (Hg.): Außenseiter integrieren. Perspektiven auf gesellschaftliche, institutionelle und individuelle Ausgrenzung. Gießen: Psychosozial-Verlag, S. 47–79.

Gerspach, M. (2018): Psychodynamisches Verstehen in der Sonderpädagogik. Wie innere Prozesse Verhalten und Lernen steuern. 1. Auflage. Stuttgart: Verlag W. Kohlhammer.

Gerspach, M. (2020): Tiefenhermeneutisches Verstehen in der Sonderpädagogik. In: Menschen. Zeitschrift für gemeinsames Leben, Lernen und Arbeiten (4), S. 17–23.

Gerspach, M. (2021): Verstehen, was der Fall ist. Vom Nutzen der Psychoanalyse für die Pädagogik. 1. Auflage. Stuttgart: Verlag W. Kohlhammer.

Gerspach, M. (2022a): Bildung unter dem Vorzeichen einer geistigen Behinderung. In: Menschen. Zeitschrift für gemeinsames Leben, Lernen und Arbeiten 45 (2), S. 67–73.

Gerspach, M. (2022b): Die Bedeutung der Psychoanalytischen Pädagogik für die Sonderpädagogik. In: Enzyklopädie Erziehungswissenschaft Online. Online verfügbar unter https://www.beltz.de/fachmedien/erziehungswissenschaft/enzyklopaedie_erziehungswissenschaft_online_eeo/artikel/50150-die-bedeutung-der-psychoanalytischen-paedagogik-fuer-die-sonderpaedagogik.html, zuletzt geprüft am 17.05.2023.

Gingelmaier, S.; Schwarzer, N.-H. (2019): Beziehung, Beziehungsgestaltung und Mentalisieren. In: Schweizerische Zeitschrift für Heilpädagogik 25 (3), S. 12–18.

Gingelmaier, S.; Schwarzer, N.-H.; Fonagy, P.; Nolte, T. (Hg.) (2021): Epistemisches Vertrauen. Eine wichtige Ergänzung für die mentalisierungsbasierte (Sonder)Pädagogik. In: Menschen. Zeitschrift für gemeinsames Leben, Lernen und Arbeiten (5), S. 29–35.

Greving, H. (2011): Heilpädagogische Professionalität. Eine Orientierung. 1. Auflage. Stuttgart: Verlag W. Kohlhammer.

Greving, H.; Gröschke, D. (Hg.) (2000): Geistige Behinderung – Reflexionen zu einem Phantom. Ein interdisziplinärer Diskurs um einen Problembegriff. Bad Heilbrunn: Julius Klinkhardt.

Greving, H.; Ondracek, P. (2009): Heilpädagogisches Denken und Handeln. Eine Einführung in die Didaktik und Methodik der Heilpädagogik. Stuttgart: Verlag W. Kohlhammer (Praxis Heilpädagogik – Grundlagen).

Grimm, R. (2020): Individualität, Selbstbestimmung und soziales Selbst. In: Menschen. Zeitschrift für gemeinsames Leben, Lernen und Arbeiten (6), S. 27–32.

Gröschke, D. (1993): Praktische Ethik der Heilpädagogik. Individual- und sozialethische Reflexionen zu Grundfragen der Behindertenhilfe. Bad Heilbrunn: Julius Klinkhardt.

Großmaß, R. (2006): Die Bedeutung der Care-Ethik für die Soziale Arbeit. In: S. Dungs, U. Gerber, H. Schmidt und R. Zitt (Hg.): Soziale Arbeit und Ethik im 21. Jahrhundert. Ein Handbuch. Leipzig: Evangelische Verlagsanstalt, S. 319–328. Online verfügbar unter https://www.ash-berlin.eu/fileadmin/Daten/_userHome/69_grossmassr/ASH_Berlin_Gro%C3%9Fma%C3%9F_Die_Bedeutung_der_Care-Ethik_f%C3%BC_r_die_Soziale_Arbeit.pdf, zuletzt geprüft am 04.07.2023.

Großmaß, R. (2013): Ethical Reasoning – Ethik in der beruflichen Praxis. In: R. Großmaß und R. Anhorn (Hg.): Kritik der Moralisierung. Theoretische Grundlagen – Diskurskritik – Klärungsvorschläge für die berufliche Praxis. Wiesbaden: Springer VS, S. 209–226.

Großmaß, R.; Perko, G. (2011): Ethik für soziale Berufe. Paderborn: Schöningh (UTB Soziale Arbeit, Sozialpädagogik).

Gumbinger, H.-W. (2022): Psychoanalytische Beziehungsarbeit. Szenisches Verstehen und fördernder Dialog. In: M. Günther, J. Heilmann und A. Kerschgens (Hg.): Psychoanalytische Pädagogik und Soziale Arbeit. Verstehensorientierte Beziehungsarbeit als Voraussetzung für professionelles Handeln. Originalausgabe. Gießen: Psychosozial-Verlag (Psychoanalytische Pädagogik, Band 55), S. 231–251.

Günther, M. (2017): Sexuelle Entwicklung in der Adoleszenz. Perspektiven auf die Entwicklungsphase Adoleszenz. In: A. Eggert-Schmid Noerr, J. Heilmann und I. Weißert (Hg.): Unheimlich und verlockend. Zum pädagogischen Umgang mit Sexualität von Kindern und Jugendlichen. Originalausgabe. Gießen: Psychosozial-Verlag (Psychoanalytische Pädagogik, Band 48), S. 111–135.

Günther, M.; Heilmann, J.; Kerschgens, A. (2022): Wer nichts versteht, kann nichts verändern. Zur Aktualität psychoanalytisch orientierten Verstehens in Psychoanalytischer Pädagogik und Sozialer Arbeit. In: M. Günther, J. Heilmann und A. Kerschgens (Hg.): Psychoanalytische Pädagogik und Soziale Arbeit. Verstehensorientierte Beziehungsarbeit als Voraussetzung für professionelles Handeln. Originalausgabe. Gießen: Psychosozial-Verlag (Psychoanalytische Pädagogik, Band 55), S. 9–28.

Häberli, S. (2019): Selbstbestimmte Sexualität in institutionellen Wohnangeboten. In: Schweizerische Zeitschrift für Heilpädagogik 25 (4), S. 44–47.

Hahn, M. (1999): Anthropologische Aspekte der Selbstbestimmung. In: E. Wilken und F. Vahsen (Hg.): Sonderpädagogik und Soziale Arbeit. Rehabilitation und soziale Integration als gemeinsame Aufgabe. Neuwied, Berlin: Luchterhand, S. 14–30.

Hähner, U. (1997): Begleiten von Paaren. In: U. Hähner, U. Niehoff, R. Sack, H. Walther und G. Theunissen (Hg.): Vom Betreuer zum Begleiter. Eine Neuorientierung unter dem Paradigma der Selbstbestimmung. 1. Auflage. Marburg: Lebenshilfe-Verlag, S. 207–224.

Hähner, U. (1999): »An Liebe fehlt es nicht.«. In: Psychosozial (22), S. 23–26.

Hartmann, J. (2017): Dimensionen sexueller Diversität – queere und intersektionale Perspektiven. In: A. Klein und E. Tuider (Hg.): Sexualität und Soziale Arbeit. Baltmannsweiler: Schneider Verlag (Grundlagen der Sozialen Arbeit, 40), S. 57–80.

Heck, S. (2013): Liebe, Lust und Leidenschaft bei Menschen mit geistigen Behinderungen – ein Lehr- und Forschungsprojekt der Psychoanalytischen Pädagogik im MA Sonderpädagogik (Erziehungswissenschaft) der Universität Mainz. In: M. Gerspach, A. Eggert-Schmid Noerr, T. Naumann und L. Niederreiter (Hg.): Psychoanalyse lehren und lernen an der Hochschule. Theorie, Selbstreflexion, Praxis. 1. Auflage. Stuttgart: Verlag W. Kohlhammer, S. 200–217.

Heck, S. (2016): Sexualität als Thema einer Elternarbeit im Erwachsenenalter?! Möglichkeiten der Unterstützung von Angehörigen erwachsener Menschen mit geistiger Behinderung. In: Behinderte Menschen. Zeitschrift für gemeinsames Leben, Lernen und Arbeiten (1), S. 55–59.

Heck, S. (2017): »Wie kann ich mein Kind aufklären, ohne dass es zu neugierig wird?« Perspektiven auf die Sexualität von Kindern und Jugendlichen mit geistiger Behinderung. In: A. Eggert-Schmid Noerr, J. Heilmann und I. Weißert (Hg.): Unheimlich und verlockend. Zum pädagogischen Umgang mit Sexualität von Kindern und Jugendlichen. Originalausgabe. Gießen: Psychosozial-Verlag (Psychoanalytische Pädagogik, Band 48), S. 151–164.

Heck, S. (2019): Behinderung, Trauma und Angsterleben. Zentrale Themen in der Arbeit mit Eltern und Angehörigen? In: U. Finger-Trescher, J. Heilmann, A. Kerschgens und S. Kupper (Hg.): Angst im pädagogischen Alltag. Herausforderungen und Bewältigungsmöglichkeiten. Originalausgabe. Gießen: Psychosozial-Verlag (Psychoanalytische Pädagogik, Band 51), S. 103–116.

Heck, S. (2023): »Wir reden ja nur aus der Erfahrung«. Vom fachlichen Umgang mit Sexualität bei Menschen mit Lernschwierigkeiten. In: J. Siemoneit, K. Verlinden und E. Kleinau (Hg.): Sexualität, sexuelle Bildung und Heterogenität im erziehungswissenschaftlichen Diskurs. 1. Auflage. Weinheim: Juventa Verlag, S. 174–185.

Heigl, G.; Senckel, B. (2020): Wie soll ich das verstehen? Innere Vorgänge bei (heil)pädagogischen und therapeutischen Beziehungsprozessen. In: Menschen. Zeitschrift für gemeinsames Leben, Lernen und Arbeiten (4/5), S. 63–67.

Heilmann, J. (2022): Pädagogisch-therapeutische Arbeit mit psychisch auffälligen Kindern und Jugendlichen am Beispiel Autismus. In: M. Günther, J. Heilmann und A. Kerschgens (Hg.): Psychoanalytische Pädagogik und Soziale Arbeit. Verstehensorientierte Beziehungsarbeit als Voraussetzung für professionelles Handeln. Originalausgabe. Gießen: Psychosozial-Verlag (Psychoanalytische Pädagogik, Band 55), S. 461–481.

Heinemann, E. (2006): Psychische Störungen bei geistiger Behinderung. In: W. Hiller, E. Leibing, F. Leichsenring, H. Hopf und E. Windaus (Hg.): Lehrbuch der Psychotherapie für die Ausbildung zur/zum Kinder- und Jugendlichenpsychotherapeutin/en und für die ärztliche Weiterbildung. Gießen: CIP-Medien im Psychosozial-Verlag, S. 433–442.

Heinemann, E. (2008): Männlichkeit, Migration und Gewalt. Psychoanalytische Gespräche in einer Justizvollzugsanstalt. Stuttgart: Verlag W. Kohlhammer.

Heinemann, E.; Hopf, H. (2021): Psychische Störungen in Kindheit und Jugend. Symptome – Psychodynamik – Fallbeispiele – psychoanalytische Therapie. 6., aktualisierte Auflage. Stuttgart: Verlag W. Kohlhammer.

Heintzenberg, J. (2011): Nähe und Distanz in der Pflege – eine sexualitätsbezogene Sicht auf die Pflegesituation von Menschen mit sehr schweren kognitiven und körperlichen Einschränkungen. In: G. Grunick und N. J. Maier-Michalitsch (Hg.): Leben pur – Liebe, Nähe, Sexualität bei Menschen mit schweren und mehrfachen Behinderungen. Düsseldorf: Verlag Selbstbestimmtes Leben, S. 81–94.

Helsper, W. (2008): Ungewissheit und pädagogische Professionalität. In: Bielefelder Arbeitsgruppe 8 (Hg.): Soziale Arbeit in Gesellschaft. 1. Auflage. Wiesbaden: VS Verlag für Sozialwissenschaften, S. 162–168.

Hennies, I.; Sasse, M. (2004): Liebe, Partnerschaft, Ehe und Kinderwunsch bei Menschen mit geistiger Behinderung. In: E. Wüllenweber (Hg.): Soziale Probleme von Menschen mit geistiger Behinderung. Fremdbestimmung, Benachteiligung, Ausgrenzung und soziale Abwertung. Stuttgart: Verlag W. Kohlhammer, S. 65–77.

Hennies, I.; Kuhn, E. J. (2004): Ablösung von den Eltern. In: E. Wüllenweber (Hg.): Soziale Probleme von Menschen mit geistiger Behinderung. Fremdbestimmung, Benachteiligung, Ausgrenzung und soziale Abwertung. Stuttgart: Verlag W. Kohlhammer, S. 131–146.

Henningsen, A. (2016): Professionalität und Zuständigkeit sexualpädagogischer Expert_innen. In: A. Henningsen, E. Tuider und S. Timmermanns (Hg.): Sexualpädagogik kontrovers. Weinheim, Basel: Beltz Juventa, S. 46–68.

Henningsen, A.; Tuider, E.; Timmermanns, S. (2016): Einleitung: widersprüchliche Gleichzeitigkeiten und Sexualpädagogik in der Kontroverse. In: A. Henningsen, E. Tuider und S. Timmermanns (Hg.): Sexualpädagogik kontrovers. Weinheim, Basel: Beltz Juventa, S. 7–16.

Hermes, G. (2007): Elternschaft und Behinderung: Tabu, Barrieren, Unterstützungsmodelle. In: H. Schnoor (Hg.): Leben mit Behinderungen. Eine Einführung in die Rehabilitationspädagogik anhand von Fallbeispielen. Stuttgart: Verlag W. Kohlhammer (Heil- und Sonderpädagogik), S. 209–221.

Herrath, F. (2010): Was behindert Sexualität? In: G. Dobslaw (Hg.): Sexualität bei Menschen mit geistiger Behinderung. Dokumentation der Arbeitstagung der DGSGB am 5.3.2010 in Kassel. 1. Auflage. Bielefeld: DGSGB (Materialien der DGSGB, Band 23), S. 4–15.

Herrath, F. (2013): Menschenrecht trifft Lebenswirklichkeit: Was behindert Sexualität? In: J. Clausen und F. Herrath (Hg.): Sexualität leben ohne Behinderung. Das Menschenrecht auf sexuelle Selbstbestimmung. 1. Auflage. Stuttgart: Verlag W. Kohlhammer, S. 19–34.

Herriger, N. (2007): Empowerment von Menschen mit Behinderung – Eine kritische Reflexion. Dokumentation der Fachtagung EMPOWERMENT & INKLUSION. Schlagworte oder realistische Perspektive? Lösungswege für die Praxis der Behindertenhilfe. Online verfügbar unter https://digital.zlb.de/viewer/resolver?urn=urn:nbn:de:kobv:109-opus-74762, zuletzt geprüft am 23.07.2023.

Herriger, N. (2020): Empowerment in der Sozialen Arbeit. Eine Einführung. 6., erweiterte und aktualisierte Auflage. Stuttgart: Verlag W. Kohlhammer.

herzenssache.net (2023): Selbstverständnis und Grundgedanken. Online verfügbar unter https://www.herzenssache.net/ueber-uns/selbstverstaendnis-und-grundgedanken/, zuletzt geprüft am 22.04.2023.

Hofer, H. (2007): Heilpädagogische Haltung. Betrachtungen zur Berufsethik der Heilpädagogik. In: Schweizerische Zeitschrift für Heilpädagogik (2), S. 25–32.

Hohage, R. (2000): Das erotische Element der Liebe. In: K. Höhfeld und A.-M. Schlösser (Hg.): Psychoanalyse der Liebe. Eine Publikation der DGPT. Gießen: Psychosozial Verlag (Bibliothek der Psychoanalyse), S. 13–24.

Hohmeier, J. (2004): Die Entwicklung der außerschulischen Behindertenarbeit als Paradigmenwechsel – Von der Verwahrung zur Inklusion. In: R. Forster (Hg.): Soziologie im Kontext von Behinderung. Theoriebildung, Theorieansätze und singuläre Phänomene. Bad Heilbrunn: Julius Klinkhardt, S. 127–141.

Hollstein, O. (2011): Vom Verstehen zur Verständigung. Die erziehungswissenschaftliche Beobachtung einer pädagogischen Denkform. Zugl.: Frankfurt am Main, Univ., Diss. Frankfurt am Main: Fachbereich Erziehungswissenschaft der Johann-Wolfgang-Goethe-Univ. (Frankfurter Beiträge zur Erziehungswissenschaft Reihe Monographien, 13).

Iten, K. (2020): Macht reflektieren und verantworten. Führungsaufgaben rund um Machtmissbrauch in Organisationen und Institutionen. In: Menschen. Zeitschrift für gemeinsames Leben, Lernen und Arbeiten 43 (3), S. 57–67.

Jantzen, W. (2015): Autonomie und Selbstbestimmung. In: Behinderte Menschen (2), S. 49–59.

Jennessen, S.; Marsh, K.; Schowalter, R.; Trübe, J. (2019): »Wenn wir Sex haben würden, dann wäre aber was los!«. Sexuelle Selbstbestimmung als Element von Selbstbestimmung. In: Schweizerische Zeitschrift für Heilpädagogik 25 (4), S. 6–13.

Jennessen, S.; Ortland, B. (2019): Selbstbestimmte Sexualität. Ein Weg zu sexueller Gesundheit. In: K. Walther und K. Römisch (Hg.): Gesundheit inklusive: Gesundheitsförderung in der Behindertenarbeit. Wiesbaden: Springer VS, S. 145–158.

Jennessen, S.; Ortland, B.; Römisch, K. (o.J.): Leitlinien gelingender sexueller Selbstbestimmung in Wohneinrichtungen der Eingliederungshilfe. Online verfügbar unter https://katho-nrw.de/fileadmin/media/foschung_transfer/Forschungsprojektemodul/ReWiKs_-_Foerderphase_2/schwere_Sprache_Leitlinien_gelingender_sexueller_Selbstbestimmung_.pdf, zuletzt geprüft am 26.03.2023.

Jonas, M. (1993): Gesellschaftliche Bedingungen und individueller Prozessverlauf bei Müttern behinderter Kinder. In: K. Hennicke und W. Rotthaus (Hg.): Psychotherapie und geistige Behinderung. Dortmund: Verlag Modernes Lernen (Therapie in der Kinder- und Jugendpsychiatrie, 10), S. 134–141.

Jonas, M. (1996): Trauer und Autonomie bei Müttern schwerstbehinderter Kinder. Ein feministischer Beitrag. Zugl.: Frankfurt am Main, Univ., Diss., 1988. 5. Auflage. Mainz: Matthias-Grünewald-Verlag (Psychoanalytische Pädagogik, 3).

Jonas, S. (2013): Heilpädagogik und Profession – eine strukturelle Perspektive. Dortmund, Univ., Diss. Online verfügbar unter https://core.ac.uk/download/pdf/46912739.pdf, zuletzt geprüft am 07.05.2023.

Kahle, A.-K. (2016): Sexualität und Vielfalt – muss man Sexualität lernen? In: A. Henningsen, E. Tuider und S. Timmermanns (Hg.): Sexualpädagogik kontrovers. Weinheim, Basel: Beltz Juventa, S. 89–104.

Kalcher, M.; Wohlhart, D. (2023): Herausforderungen und Chancen durch digitale Medien für Menschen mit Lernschwierigkeiten und resultierende Anforderungen an das Bildungssystem. In: D. Ferencik-Lehmkuhl, I. Huynh, C. Laubmeister, C. Lee, C. Melzer, I. Schwank, H. Weck und K. Ziemen (Hg.): Inklusion digital! Chancen und Herausforderungen inklusiver Bildung im Kontext von Digitalisierung. Bad Heilbrunn: Julius Klinkhardt, S. 81–93.

Kasper, D. (2019): Das Tabu ist gebrochen, der Missbrauch geht weiter! Prävention von sexualisierter Gewalt in Einrichtungen der Behindertenhilfe. In: Schweizerische Zeitschrift für Heilpädagogik 25 (4), S. 36–43.

Katzenbach, D. (2004): Anerkennung, Missachtung und geistige Behinderung. Sozialphilosophische Perspektiven auf den so genannten Paradigmenwechsel in der Behindertenpädagogik. In: B. Ahrbeck und B. Rauh (Hg.): Behinderung zwischen Autonomie und Angewiesensein. Stuttgart: Verlag W. Kohlhammer, S. 127–144.

Katzenbach, D. (2012): Die innere Seite von Inklusion und Exklusion. Zum Umgang mit der UN-Behindertenrechtskonvention. In: J. Heilmann, H. Krebs und A. Eggert-Schmid Noerr (Hg.): Außenseiter integrieren. Perspektiven auf gesellschaftliche, institutionelle und individuelle Ausgrenzung. Gießen: Psychosozial-Verlag, S. 81–112.

Katzenbach, D.; Eggert-Schmid Noerr, A.; Finger-Trescher, U. (2017): Szenisches Verstehen und Diagnostik in der Psychoanalytischen Pädagogik. Eine Positionsbestimmung. In: A. Eggert-Schmid Noerr, W. Datler, U. Finger-Trescher, J. Gstach, D. Katzenbach und M. Wininger (Hg.): Zwischen Kategorisieren und Verstehen. Diagnostik in der psychoanalytischen Pädagogik. Gießen: Psychosozial-Verlag (Jahrbuch für psychoanalytische Pädagogik, 25), S. 11–38.

Katzenbach, D.; Uphoff, G. (2008): Wer hat hier was zu sagen? Über das Paradox verordneter Autonomie. In: T. Mesdag und U. Pforr (Hg.): Phänomen geistige Behinderung. Ein psychodynamischer Verstehensansatz. Gießen: Psychosozial-Verlag (Psychoanalytische Pädagogik, Band 28), S. 69–86.

Katzer, M.; Voß, H.-J. (2016): Einleitung: Perspektiven auf Selbstbestimmung. In: M. Katzer und H.-J. Voß (Hg.): Geschlechtliche, sexuelle und reproduktive Selbstbestimmung. Praxisorientierte Zugänge. Gießen: Psychosozial-Verlag, S. 9–13.

King, V. (2002): Die Entstehung des Neuen in der Adoleszenz. Individuation, Generativität und Geschlecht in modernisierten Gesellschaften. Wiesbaden: Springer VS (Adoleszenzforschung, Band 1).

Klauß, T. (2006): Überlegungen zum Begriff »Geistige Behinderung«. Beitrag bei der Mitgliederversammlung der Bundesvereinigung Lebenshilfe im November 2006 in Marburg. Online verfügbar unter https://www.ph-heidelberg.de/fileadmin/user_upload/wp/klauss/Begriff_Geistige_Behinderung.pdf, zuletzt geprüft am 23.04.2023.

Klein, A.; Tuider, E. (2017): Sexualität und Soziale Arbeit. In: A. Klein und E. Tuider (Hg.): Sexualität und Soziale Arbeit. Baltmannsweiler: Schneider Verlag (Grundlagen der Sozialen Arbeit, 40), S. 3–17.

Kleinschmidt, L.; Martin, B.; Seibel, A. (2000): Was ist Sexualität? In: Bundeszentrale für Gesundheitliche Aufklärung (Hg.): Sexualpädagogik zwischen Persönlichkeitslernen und Arbeitsfeldorientierung. Unterrichtsmaterialien für die sozialpädagogische Ausbildung; Ergebnisse eines Modellprojektes im Auftrag der BZgA mit Unterstützung des Bildungsministeriums Schleswig-Holstein, durchgeführt am Landesinstitut für Praxis und Theorie der Schule Schleswig-Holstein (IPTS). Köln: BZgA (Forschung und Praxis der Sexualaufklärung und Familienplanung, 16), S. 22–28.

Klix, J.; Kreuznacht, K.; Niedick, I. (2022): »Mir reichen diese 2 Geschlechter nicht aus« – Potenziale von Elementarisierung für Genderkonstruktionen in Leichter Sprache. In: Zeitschrift für Inklusion online (4). Online verfügbar unter https://www.inklusion-online.net/index.php/inklusion-online/article/view/632, zuletzt geprüft am 06.05.2023.

Knees, C.; Winkelheide, M. (Hg.) (2006): Bildungsarbeit mit Familien behinderter Kinder. Angebote entwickeln und durchführen. Düsseldorf: Verlag Selbstbestimmtes Leben.

Köberer, N. (2022): Medienethik praktisch. (Digitale) Mündigkeit als Bildungsziel. In: C. Berndt, T. H. Häcker und M. Walm (Hg.): Ethik in pädagogischen Beziehungen. Bad Heilbrunn: Julius Klinkhardt, S. 201–212.

Köbsell, S. (2013): Sex – (K)ein Thema? Über die Schwierigkeit politisch engagierter behinderter Frauen und Männer, das Begehren zu thematisieren. In: J. Clausen und F. Herrath (Hg.): Sexualität leben ohne Behinderung. Das Menschenrecht auf sexuelle Selbstbestimmung. 1. Auflage. Stuttgart: Verlag W. Kohlhammer, S. 124–134.

Kohlfürst, I. (2017): Über die Wichtigkeit und Schwierigkeit moralischen Verhaltens im sozialarbeiterischen Alltag. In: Sozialarbeit in Österreich (4), S. 9–14.

Kratz, M.; Ruth, J. (2016): Tiefenhermeneutik als Interpretationsmethode psychoanalytischer Sozial- und Kulturforschung. In: D. Katzenbach (Hg.): Qualitative Forschungsmethoden in der Sonderpädagogik. 1. Auflage. Stuttgart: Verlag W. Kohlhammer, S. 241–253.

Krebs, H.; Eggert-Schmid Noerr, A. (2012): Professionalisierung von Pädagogik und Sozialer Arbeit im Frankfurter Arbeitskreis für Psychoanalytische Pädagogik. In: W. Datler, U. Finger-Trescher und J. Gstach (Hg.): Psychoanalytisch-pädagogisches Können. Vermitteln – Aneignen – Anwenden. Gießen: Psychosozial-Verlag (Jahrbuch für psychoanalytische Pädagogik), S. 106–120.

Krebs, H.; Heilmann, J.; Eggert-Schmid Noerr, A. (2011): Einführender Überblick zur Zusammenarbeit mit Eltern. In: Eggert-Schmid Noerr, A., Heilmann, J. und H. Krebs (Hg.): Elternarbeit. Ein Grundpfeiler der professionellen Pädagogik. Orig.- Ausg. Gießen: Psychosozial-Verlag (Psychoanalytische Pädagogik, 35), S. 7–32.

Kreuzer, F. T. (2020): Studierende können mit Hilfe selbstreflexiver Prozesse zu professionell Lehrenden werden. In: Pädagogische Rundschau (4), S. 415–426.

Kreuzer, M. (2008): Beteiligung von Kindern mit einer Behinderung in integrativen Gruppen – 200 Stunden Beobachtung im Alltag. In: M. Kreuzer und B. Ytterhus (Hg.): »Dabeisein ist nicht alles« – Inklusion und Zusammenleben im Kindergarten. München: Reinhardt, S. 169–188.

Krüger, C. (2009): Psychoanalytische Sozialarbeit im Spannungsfeld der Forderungen nach ökonomischer Rationalität, Alltagsnähe und Ressourcenorientierung. In: Verein für Psychoanalytische Sozialarbeit Rottenburg und Tübingen (Hg.): Verrückte Lebenswelten. Über Ressourcenorientierung in der psychoanalytischen Sozialarbeit. 1. Auflage, Frankfurt am Main: Brandes & Apsel (Edition diskord), S. 11–29.

Krüger, T.; Jennessen, S.; Bössing, C.; Nitsche, A.; Trübe, J. (2022): Sexuelle Selbstbestimmung als Prävention sexualisierter Gewalt. Erkenntnisse des Forschungsprojektes ReWiKs. In: Sonderpädagogische Förderung heute (1), S. 56–69.

Krüger, T.; Prchal, K. (2022): Digitale Teilhabe von Menschen mit Behinderungen. In: Schweizerische Zeitschrift für Heilpädagogik 28 (11), S. 9–15.

Kulig, W.; Theunissen, G. (2006): Selbstbestimmung und Empowerment. In: E. Wüllenweber, G. Theunissen und H. Mühl (Hg.): Pädagogik bei geistigen Behinderungen. Ein Handbuch für Studium und Praxis. Stuttgart: Verlag W. Kohlhammer, S. 237–250.

Kunz, D. (2022): Der Befähigungsansatz als Schlüsselaspekt von Behinderung und Sexualität in der Behindertenhilfe. In: Menschen. Zeitschrift für gemeinsames Leben, Lernen und Arbeiten (5), S. 61–66.

Lache, L. (2016): Sexualität und Autismus. Die Bedeutung von Kommunikation und Sprache für die sexuelle Entwicklung. Originalausgabe. Gießen: Psychosozial-Verlag (Angewandte Sexualwissenschaft, Band 6).

Lache, L. (2018): Sexuelle Bildung und sexualisierte Gewalt bei Menschen mit Lernschwierigkeiten. In: P. Bienstein und K. Verlinden (Hg.): Prävention von sexuellem Missbrauch an Menschen mit geistiger Behinderung. Ausgewählte Aspekte. Dokumentation der Fachtagung der DGSGB am 10. November 2017 in Kassel. Berlin: Eigenverlag der DGSGB (Materialien der DGSGB, Band 40), S. 53–64.

Langer, A. (2023): Sexuelle Bildung, Selbstbestimmung und Heterogenität. Verhaltensbestimmungen und Implikationen bildungspolitischer und pädagogisch-programmatischer Begriffe. In: J. Siemoneit, K. Verlinden und E. Kleinau (Hg.): Sexualität, sexuelle Bildung

und Heterogenität im erziehungswissenschaftlichen Diskurs. 1. Auflage. Weinheim: Juventa Verlag, S. 16–31.
Laplanche, J. (2012): Das Vokabular der Psychoanalyse. 20. Auflage. Frankfurt am Main: Suhrkamp (Suhrkamp-Taschenbuch Wissenschaft, 7).
Leith, K. (2020): Grundlagen ethischen Handelns in der Sozialen Arbeit. 1. Auflage. Bremen: Apollon University Press.
Lenz, A.; Riesberg, U.; Rothenberg, B.; Sprung, C. (2010): Familie leben trotz intellektueller Beeinträchtigung. Begleitete Elternschaft in der Praxis. Freiburg im Breisgau: Lambertus.
Leue-Käding, S. (2004): Sexualität und Partnerschaft bei Jugendlichen mit einer geistigen Behinderung. Probleme und Möglichkeiten einer Enttabuisierung. Heidelberg: Universitätsverlag Winter (Edition S).
Leuzinger-Bohleber, M.; Garlichs, A. (1997): Theoriegeleitete Fallstudien im Dialog zwischen Psychoanalyse und Erziehungswissenschaft. In: B. Friebertshäuser, A. Langer und A. Prengel (Hg.): Handbuch qualitative Forschungsmethoden in der Erziehungswissenschaft. Weinheim, Basel: Beltz Juventa, S. 157–177.
Liebelle Mainz (2023): Beratungsstelle für selbstbestimmte Sexualität von Menschen mit Lernschwierigkeiten. Online verfügbar unter https://www.liebelle-mainz.de/de/, zuletzt geprüft am 02.04.2023.
Lindner, D. (2022): Optimierungsdruck – spätmoderne Formen der Subjektivierung und die Frage der Autonomie. In: C. Berndt, T. H. Häcker und M. Walm (Hg.): Ethik in pädagogischen Beziehungen. Bad Heilbrunn: Julius Klinkhardt, S. 177–188.
Lingg, A.; Theunissen, G. (2018): Psychische Störungen und geistige Behinderungen. Ein Lehrbuch und Kompendium für die Praxis. 7., überarbeitete und aktualisierte Auflage. Freiburg im Breisgau: Lambertus (Behindertenhilfe).
Link, P.-C. (2018): »Relevant wäre, die Pädagogik subjektfähig zu machen«. Eine inklusive Gemeinschaft als Kooperationsverhältnis mentalisierender Subjekte. In: P. Fonagy: Handbuch mentalisierungsbasierte Pädagogik. Göttingen: Vandenhoeck & Ruprecht, S. 254–267.
Lüpke, K. von (1995): Selbstbestimmung als dialogischer Prozeß. In: Zur Orientierung (3), S. 32–35.
Lüdtke, U. M. (2016): Behinderung, Teilhabe, Inklusion – Professioneller Umgang mit Vielfalt in der Lebensspanne. In: P. Genkova und T. Ringeisen (Hg.): Handbuch Diversity Kompetenz. Wiesbaden: Springer (Springer Reference Psychologie), S. 463–482.
Luxen, U. (1999): Starke Mädchen – das sind wir! Beispiel für eine Selbsterfahrungs- und Präventionsgruppe zum sexuellen Mißbrauch bei geistig behinderten Mädchen und jungen Frauen. In: Psychosozial. Schwerpunktthema: Liebe und Sexualität bei geistiger Behinderung, S. 27–38.
Mainkrokodile gGmbH (Hg.) (2004): Die gespiegelte Behinderung. Gelungene Integration in Krabbelstube und Kindergarten. Mainkrokodile gGmbH. Lüneburg: Dreves.
Mangione, C. (2020): »Was soll er erzählen? Er ist doch behindert«. Wenn Eltern für ihre »geistig behinderten« Angehörigen sprechen. In: Menschen. Zeitschrift für gemeinsames Leben, Lernen und Arbeiten (2), S. 41–45.
Marschall, C. (2020): »Man muss ja immer noch professionell sein«. Zur Bedeutsamkeit von Reflexionsfähigkeit und Introspektion in pädagogischen Tätigkeitsfeldern. In: Menschen. Zeitschrift für gemeinsames Leben, Lernen und Arbeiten (4/5), S. 37–41.
Martin, E. (2001): Sozialpädagogische Berufsethik. Auf der Suche nach dem richtigen Handeln. Weinheim, München: Juventa-Verlag.
Matthiesen, S. (2017): Sex 2.0: Lustsammeln, sexuelle Selbstbestimmung und das Internet. In: A. Klein und E. Tuider (Hg.): Sexualität und Soziale Arbeit. Baltmannsweiler: Schneider Verlag (Grundlagen der Sozialen Arbeit, 40), S. 21–36.
Mattke, U. (2004): Das Selbstverständliche ist nicht selbstverständlich. In: E. Wüllenweber (Hg.): Soziale Probleme von Menschen mit geistiger Behinderung. Fremdbestimmung, Benachteiligung, Ausgrenzung und soziale Abwertung. Stuttgart: Verlag W. Kohlhammer, S. 46–64.
Mattke, U. (2012): Sexuelle Gewalt in (heil-)pädagogischen Beziehungen. Analysen, Forschungsergebnisse, Prävention. In: Teilhabe. Fachzeitschrift der Lebenshilfe 51 (3), S. 109–115.

Mattke, U. (Hg.) (2015): Sexuell traumatisierte Menschen mit geistiger Behinderung. Forschung – Prävention – Hilfen. Stuttgart: Verlag W. Kohlhammer.

Mattke, U. (2018): Schutz vor sexueller Gewalt in Institutionen der Behindertenhilfe. In: P. Bienstein und K. Verlinden (Hg.): Prävention von sexuellem Missbrauch an Menschen mit geistiger Behinderung. Ausgewählte Aspekte. Dokumentation der Fachtagung der DGSGB am 10. November 2017 in Kassel. Berlin: Eigenverlag der DGSGB (Materialien der DGSGB, Band 40), S. 17–30.

Mattner, D. (2008): Geistige Behinderung in der gesellschaftlichen Blickperspektive. In: T. Mesdag und U. Pforr (Hg.): Phänomen geistige Behinderung. Ein psychodynamischer Verstehensansatz. Gießen: Psychosozial-Verlag (Psychoanalytische Pädagogik, Band 28), S. 15–26.

Mayrhofer, H.; Fuchs, W. (2020): Gewalt an Menschen mit Behinderungen. Ausgewählte Ergebnisse der ersten österreichweiten Prävalenzstudie. In: Menschen. Zeitschrift für gemeinsames Leben, Lernen und Arbeiten (3), S. 15–23.

Mayrhofer, H.; Schachner, A.; Mandl, S.; Seidler, Y. (2019): Erfahrungen und Prävention von Gewalt an Menschen mit Behinderungen. Wien: Forschungsbericht herausgegeben vom BMASGK. Online verfügbar unter https://broschuerenservice.sozialministerium.at/Home/Download?publicationId=718, zuletzt geprüft am 07.05.2023.

Mayrhofer, H.; Seidler, Y. (2020): Recht auf selbstbestimmte Sexualität und Schutz vor sexueller Gewalt? Ernüchternde empirische Befunde. In: Menschen. Zeitschrift für gemeinsames Leben, Lernen und Arbeiten (3), S. 37–41.

Mensch zuerst (2023): Netzwerk People First Deutschland e. V. Online verfügbar unter https://www.menschzuerst.de/, zuletzt geprüft am 13.05.2023.

Mertens, W. (2008): Psychoanalyse. Geschichte und Methoden. 4., aktualisierte Auflage, Orig.-Ausg. München: Beck (Beck'sche Reihe C.-H.-Beck-Wissen).

Michl, F. (2021): Queer und behindert. Zur Interpendenz von sexueller Vielfalt und Behinderung aus intersektionaler Perspektive. In: Schweizerische Zeitschrift für Heilpädagogik 27 (4), S. 24–30.

Mikolasek, M. (2019): Internetnutzung von Menschen mit kognitiven Einschränkungen. Chancen und Risiken am Beispiel der Sexualität. In: Schweizerische Zeitschrift für Heilpädagogik 25 (4), S. 50–53.

Moeller, M. L. (2002): Gelegenheit macht Liebe. Glücksbedingungen in der Partnerschaft. 2. Auflage. Reinbek bei Hamburg: Rowohlt-Taschenbuch-Verlag.

Moeller, M. L. (2003): Wie die Liebe anfängt. Die ersten drei Minuten. 2. Auflage. Reinbek bei Hamburg: Rowohlt.

Mohr, L.; Meier, S. C. (2018): Selbstbestimmung in der Interaktion. Die Bedeutung der Aktiven Partizipation für Menschen mit intellektueller Beeinträchtigung im Wohnheim. In: Schweizerische Zeitschrift für Heilpädagogik 24 (7), S. 36–43.

Muck, M. (2001): Psychoanalytisches Basiswissen. In: M. Muck und H.-G. Trescher (Hg.): Grundlagen der Psychoanalytischen Pädagogik. Unveränderte Neuauflage der Ausgabe des Matthias-Grünewald-Verlags, 1993. Gießen: Psychosozial-Verlag (Psychoanalytische Pädagogik, Band 13), S. 13–62.

Müller, B. (2009): Fallarbeit und soziale Dienste in der Arbeit mit Erwachsenen. In: H. G. Homfeld und J. Schulze-Krüdener (Hg.): Lebensalter und Soziale Arbeit. Baltmannsweiler: Schneider Hohengehren (Basiswissen soziale Arbeit), S. 158–171.

Müller, B. (2019): Nähe, Distanz, Professionalität. Zur Handlungslogik von Heimerziehung als Arbeitsfeld. In: M. Dörr (Hg.): Nähe und Distanz. Ein Spannungsfeld pädagogischer Professionalität. 4., aktualisierte und erweiterte Auflage. Weinheim, Basel: Beltz Juventa, S. 171–189.

Müller, B.; Krebs, H.; Finger-Trescher, U. (2002): Professionalisierung in sozialen und pädagogischen Feldern. Impulse der Psychoanalytischen Pädagogik. In: U. Finger-Trescher, H. Krebs, B. Müller und J. Gstach (Hg.): Professionalisierung in sozialen und pädagogischen Feldern. Impulse der psychoanalytischen Pädagogik. Gießen: Psychosozial-Verlag (Jahrbuch für psychoanalytische Pädagogik), S. 9–26.

Müller, M. (2017): Heimerziehung und Sexualität. Professionstheoretische Überlegungen zum Umgang mit Nähe und Distanz. In: A. Klein und E. Tuider (Hg.): Sexualität und Soziale

Arbeit. Baltmannsweiler: Schneider Verlag (Grundlagen der Sozialen Arbeit, 40), S. 207–229.

Naumann, T. M. (2010): Beziehung und Bildung in der kindlichen Entwicklung. Psychoanalytische Pädagogik als kritische Elementarpädagogik. Orig.-Ausg. Gießen: Psychosozial-Verlag (Therapie & Beratung).

Naumann, T. M. (2011): Eltern heute – Bedürfnisse und Konflikte. Psychoanalytisch-pädagogische Elternarbeit in der Kita. Orig.-Ausg. Gießen: Psychosozial-Verlag (Therapie & Beratung).

Naumann, T. M. (2017): Kindliche Entwicklung und Pädagogik in der heterosexuellen Matrix. In: A. Eggert-Schmid Noerr, J. Heilmann und I. Weißert (Hg.): Unheimlich und verlockend. Zum pädagogischen Umgang mit Sexualität von Kindern und Jugendlichen. Originalausgabe. Gießen: Psychosozial-Verlag (Psychoanalytische Pädagogik, Band 48), S. 17–50.

Netzwerk Leichte Sprache (2023): Die Regeln. Online verfügbar unter https://www.leichte-sprache.org/leichte-sprache/die-regeln/, zuletzt geprüft am 14.05.2023.

Neubauer, J. (2022): Pränataldiagnostik und das Recht auf Inklusion. Zum paradoxen Menschenbild in der Gegenwartsgesellschaft. Gießen: Psychosozial-Verlag.

Neuer-Miebach, T. (1996): Elternschaft von Menschen mit geistiger Behinderung – Sozialpolitische Bedeutung und Perspektiven. In: U. Pixa-Kettner, S. Bargfrede und I. Blanken (Hg.): »Dann waren sie sauer auf mich, daß ich das Kind haben wollte…«. Eine Untersuchung zur Lebenssituation geistigbehinderter Menschen mit Kindern in der BRD. Baden-Baden: Nomos-Verlags-Gesellschaft (Schriftenreihe des Bundesministeriums für Gesundheit, 75), S. 98–117.

Niedergesäß, B. (2017): Sexualität in der Kita. Der Wertewandel von der Vormoderne zur Postmoderne und seine Bedeutung für die Pädagogik. In: A. Eggert-Schmid Noerr, J. Heilmann und I. Weißert (Hg.): Unheimlich und verlockend. Zum pädagogischen Umgang mit Sexualität von Kindern und Jugendlichen. Originalausgabe. Gießen: Psychosozial-Verlag (Psychoanalytische Pädagogik, Band 48), S. 69–92.

Niehoff, U. (1997): Grundbegriffe selbstbestimmten Lebens. In: U. Hähner, U. Niehoff, R. Sack, H. Walther und G. Theunissen (Hg.): Vom Betreuer zum Begleiter. Eine Neuorientierung unter dem Paradigma der Selbstbestimmung. 1. Auflage. Marburg: Lebenshilfe-Verlag, S. 45–55.

Nirje, B. (1994): Das Normalisierungsprinzip – 25 Jahre danach. In: Vierteljahreszeitschrift für Heilpädagogik und ihre Nachbargebiete (1), S. 12–32.

Ohling, M. (2021): Professionelles Handeln in der Sozialen Arbeit. Sicht der Praktiker_innen. In: Sozial Extra (2), S. 134–138.

Orthmann Bless, D. (2008): Zwei Mütter – zwei Kinder. Eine vergleichende Fallstudie zur Entwicklung von Kindern intellektuell beeinträchtigter Eltern. In: Vierteljahreszeitschrift für Heilpädagogik und ihre Nachbargebiete 87, S. 27–41.

Orthmann Bless, D. (2021a): Einführung. In: D. Orthmann Bless (Hg.): Elternschaft bei intellektueller Beeinträchtigung. 1. Auflage. Weinheim, Basel: Beltz Juventa, S. 7–10.

Orthmann Bless, D. (2021b): Kognitive Anforderungen bei Elternschaft unter besonderer Berücksichtigung von Eltern mit intellektueller Beeinträchtigung. In: D. Orthmann Bless (Hg.): Elternschaft bei intellektueller Beeinträchtigung. 1. Auflage. Weinheim, Basel: Beltz Juventa, S. 11–34.

Ortland, B. (2008): Behinderung und Sexualität. Grundlagen einer behinderungsspezifischen Sexualpädagogik. 1. Auflage. Stuttgart: Verlag W. Kohlhammer (Heil- und Sonderpädagogik).

Ortland, B. (2011): Verliebt, versorgt, vergessen? – Sexualfeindliche Lebenswelten als Hemmnis sexueller Entwicklung und Anlass sexualpädagogischen Handelns. In: G. Grunick und N. J. Maier-Michalitsch (Hg.): Leben pur – Liebe, Nähe, Sexualität bei Menschen mit schweren und mehrfachen Behinderungen. Düsseldorf: Verlag Selbstbestimmtes Leben, S. 12–33.

Ortland, B. (2012): Problemfeld oder Bereicherung? Partnerschaft leben und Sexualität gestalten in einer Wohneinrichtung. In: Teilhabe. Fachzeitschrift der Lebenshilfe 51 (3), S. 116–120.

Ortland, B. (2015): Sexuelle Vielfalt als Herausforderung. Aktuelle Ergebnisse der Befragung von Mitarbeitenden in Wohneinrichtungen der Eingliederungshilfe. In: Teilhabe. Fachzeitschrift der Lebenshilfe 54 (1), S. 10–17.
Ortland, B. (2016): Sexuelle Selbstbestimmung von Menschen mit Behinderung. Grundlagen und Konzepte für die Eingliederungshilfe. 1. Auflage. Stuttgart: Verlag W. Kohlhammer.
Ortland, B. (2020): Behinderung und Sexualität. Grundlagen einer behinderungsspezifischen Sexualpädagogik. 2., überarbeitete und erweiterte Auflage. Stuttgart: Verlag W. Kohlhammer.
Pankofer, S. (2016): Hype, Hybris oder ertragreiche Dauerbaustelle? Das Empowermentkonzept auf dem wissenschaftlichen Prüfstand. In: S. Borrmann, C. Spatschek, S. Pankofer, J. Sagebiel und B. Michel-Schwartze (Hg.): Die Wissenschaft Soziale Arbeit im Diskurs. Auseinandersetzungen mit den theoriebildenden Grundlagen Sozialer Arbeit. Leverkusen-Opladen: Budrich Barbara (Theorie, Forschung und Praxis der Sozialen Arbeit), S. 291–311.
Paschke, S. (2018): Qualifizierung von pädagogischen Fachkräften, Mitarbeiterinnen und Mitarbeitern aus Förderschulen und Einrichtungen der Behindertenhilfe. In: P. Bienstein und K. Verlinden (Hg.): Prävention von sexuellem Missbrauch an Menschen mit geistiger Behinderung. Ausgewählte Aspekte. Dokumentation der Fachtagung der DGSGB am 10. November 2017 in Kassel. Berlin: Eigenverlag der DGSGB (Materialien der DGSGB, Band 40), S. 31–52.
Petrik, R. (1992): Szenisches Verstehen – Forschungsinstrument und/oder Handlungskonzept Psychoanalytischer Pädagogik? In: C. Büttner, H.-G. Trescher und W. Datler (Hg.): Jahrbuch für psychoanalytische Pädagogik. Gießen: Psychosozial-Verlag (Psychoanalytische Pädagogik), S. 163–178.
Pforr, U. (2022a): Die Bedeutung der emotionalen Ebene im Szenischen Verstehen. In: Menschen. Zeitschrift für gemeinsames Leben, Lernen und Arbeiten (2), S. 31–37.
Pforr, U. (2022b): Wie behindert man einen Geist? Ursache und Wirkung der Diagnose geistige Behinderung. In: M. Günther, J. Heilmann und A. Kerschgens (Hg.): Psychoanalytische Pädagogik und Soziale Arbeit. Verstehensorientierte Beziehungsarbeit als Voraussetzung für professionelles Handeln. Gießen: Psychosozial-Verlag (Psychoanalytische Pädagogik, Band 55), S. 483–513.
Pforr, U.; Schaab, U. (2017): »Muss das auch noch sein?« Sexualität, Kinderwunsch und Elternschaft bei Menschen mit einer geistigen Behinderung. In: A. Eggert-Schmid Noerr, J. Heilmann und I. Weißert (Hg.): Unheimlich und verlockend. Zum pädagogischen Umgang mit Sexualität von Kindern und Jugendlichen. Originalausgabe. Gießen: Psychosozial-Verlag (Psychoanalytische Pädagogik, Band 48), S. 165–179.
Philipps, I.-M. (2000): Körper, Liebe, Doktorspiele. Ein Ratgeber für Eltern zur kindlichen Sexualentwicklung vom 4. bis 6. Lebensjahr. Düsseldorf.
Pixa-Kettner, U. (1995): Elternschaft von Menschen mit geistiger Behinderung. Dokumentation einer Fachtagung am 9. und 10. März an der Universität Bremen.
Pixa-Kettner, U. (2010): Zur Normalität der Elternschaft von Menschen mit Lernschwierigkeiten. In: G. Dobslaw (Hg.): Kinderwunsch und Elternschaft von Menschen mit geistiger Behinderung. Dokumentation der Arbeitstagung der DGSGB am 4.12.2009 in Kassel. 1. Auflage. Berlin: Deutsche Gesellschaft für Seelische Gesundheit bei Geistiger Behinderung (Materialien der DGSGB, Band 22), S. 4–17.
Pixa-Kettner, U.; Bargfrede, S. (2004): Elternschaft von Menschen mit geistiger Behinderung – ein soziales Problem? In: E. Wüllenweber (Hg.): Soziale Probleme von Menschen mit geistiger Behinderung. Fremdbestimmung, Benachteiligung, Ausgrenzung und soziale Abwertung. Stuttgart: Verlag W. Kohlhammer, S. 78–88.
Pixa-Kettner, U.; Bargfrede, S.; Blanken, I. (Hg.) (1996): »Dann waren sie sauer auf mich, daß ich das Kind haben wollte …«. Eine Untersuchung zur Lebenssituation geistigbehinderter Menschen mit Kindern in der BRD. Bundesministerium für Gesundheit; Deutschland. Baden-Baden: Nomos-Verlags-Gesellschaft (Schriftenreihe des Bundesministeriums für Gesundheit, 75).
Plaute, W. (2016): Psychosexuelle Entwicklungsmomente, Bedürfnisse und Unterstützung von Menschen mit kognitiver Beeinträchtigung. In: Menschen. Zeitschrift für gemeinsames Leben, Lernen und Arbeiten (1), S. 45–51.

Posselt, G. (2020): Die Sorge um sich und die anderen. Selbstsorge und Wahrsprechen als ethisch-politische Praxis. In: Deutsche Zeitschrift für Philosophie (1), S. 116–138.

Preiß, H. (2006): Ein psychoanalytischer Blick auf geistige Behinderung. Impulse für Theorie und Praxis der Geistigbehindertenpädagogik. Rimpar: Ed. von Freisleben (Schriften des Instituts für Sonderpädagogik der Julius-Maximilians-Universität Würzburg).

Radtke, P. (1994): Warum die Gesellschaft den ›Behinderten‹ braucht – Über das Menschenbild des 20. Jahrhunderts. In: G. Fetka-Einsiedler (Hg.): Diskriminiert? Zur Situation der Behinderten in unserer Gesellschaft. Graz: Leykam, S. 109–119.

Rauh, B. (2004): Akteure der eigenen Entwicklung – mit der Eigenentwicklung in der peergroup überfordert? In: B. Ahrbeck und B. Rauh (Hg.): Behinderung zwischen Autonomie und Angewiesensein. Stuttgart: Verlag W. Kohlhammer, S. 90–102.

Rauh, B. (2018): Inklusion, Mentalisierung und emotional-soziale Teilhabe. In: P. Fonagy: Handbuch mentalisierungsbasierte Pädagogik. Göttingen: Vandenhoeck & Ruprecht, S. 268–278.

Rauh, B. (2022): Szenisches Verstehen. Die Kultivierung einer alltäglichen Kompetenz zur psychoanalytischen Methode. In: M. Günther, J. Heilmann und A. Kerschgens (Hg.): Psychoanalytische Pädagogik und Soziale Arbeit. Verstehensorientierte Beziehungsarbeit als Voraussetzung für professionelles Handeln. Originalausgabe. Gießen: Psychosozial-Verlag (Psychoanalytische Pädagogik, Band 55), S. 211–230.

Reiche, H. (2006): Einleitung. In: S. Freud (Hg.): Schriften über Liebe und Sexualität. 4., unveränderte Auflage. Frankfurt am Main: Fischer-Taschenbuch-Verlag (Fischer-Taschenbücher Psychologie), S. 7–34.

Reimann, P.; Heinzel, F.; Retkowski, A.; Rieske, T. V.; Thole, W.; Tuider, E. (2021): Einleitung. In: P. Reimann, F. Heinzel, A. Retkowski, T. V. Rieske, W. Thole und E. Tuider (Hg.): Professionsethik nach 2010. Sexualität und Macht in Schule und Sozialer Arbeit. 1. Auflage. Wiesbaden: Springer Fachmedien Wiesbaden, S. 1–7.

Remhof, C. (2020): Anforderungen an die Begleitung von Eltern mit Lernschwierigkeiten und ihren Kindern in der Wahrnehmung von pädagogischen Fachkräften. Hg. v. Zentrum für Planung und Evaluation Sozialer Dienste. Siegen (ZPE-Schriftenreihe, 54). Online verfügbar unter https://dspace.ub.uni-siegen.de/handle/ubsi/1589, zuletzt geprüft am 23.07.2023.

Remhof, C.; Lücking, L. M. (2021): »Also, dass man noch vorm Loch steht und nicht mit reinrutscht dann […]«. Herausgeforderte Professionalität – Perspektiven und Strategien pädagogischer Fachkräfte im Handlungsfeld Begleitete Elternschaft. In: M. Düber, C. Remhof, U. Riesberg, A. Rohrmann und C. Sprung (Hg.): Begleitete Elternschaft in den Spannungsfeldern pädagogischer Unterstützung. Weinheim: Beltz, S. 79–93.

Retkowski, A.; Treibel, A.; Tuider, E. (Hg.) (2018): Handbuch Sexualisierte Gewalt und pädagogische Kontexte: Theorie, Forschung, Praxis. Weinheim, Basel: Beltz Juventa.

Retznik, L.; Wienholz, S.; Höltermann, A.; Conrad, I. (2022): Young People with Intellectual Disability and Their Experiences with Intimate Relationships: a Follow-up Analysis of Parents' and Caregivers' Perspectives. In: Sexuality and Disability 40, S. 299–314.

Riesberg, U.; Sprung, C. (2021): Professionelle Unterstützung von Eltern mit Lernschwierigkeiten als Gegenstand von Fortbildung und Beratung. In: M. Düber, C. Remhof, U. Riesberg, A. Rohrmann und C. Sprung (Hg.): Begleitete Elternschaft in den Spannungsfeldern pädagogischer Unterstützung. Weinheim: Beltz, S. 20–32.

Rieske, T. V.; Hess, J.; Retkowski, A. (2021): »Berufsbiographische Identitätskonstruktionen und Sexualität«. Ergebnisse und Kontexte einer Studie – ein resümierender Rückblick. In: P. Reimann, F. Heinzel, A. Retkowski, T. V. Rieske, W. Thole und E. Tuider (Hg.): Professionsethik nach 2010. Sexualität und Macht in Schule und Sozialer Arbeit. 1. Auflage. Wiesbaden: Springer Fachmedien Wiesbaden, S. 11–34.

Rieske, T. V.; Stuve, O. (2021): »aber zu den Jungs hab ich da überhaupt keine Berührungsängste« – Vergeschlechtlichung als Ressource zur Bearbeitung von Nähe-Distanz-Herausforderungen in der Sozialen Arbeit. In: P. Reimann, F. Heinzel, A. Retkowski, T. V. Rieske, W. Thole und E. Tuider (Hg.): Professionsethik nach 2010. Sexualität und Macht in Schule und Sozialer Arbeit. Wiesbaden: Springer Fachmedien Wiesbaden, S. 113–130.

Rittmeyer, C. (2001): Zur Bedeutung von Selbstbestimmung in der Arbeit mit Menschen mit einer geistigen Behinderung. In: Sonderpädagogik 31, S. 141–150.

Rock, K. (2001): Sonderpädagogische Professionalität unter der Leitidee der Selbstbestimmung. Zugl.: Univ., Diss., 2001. 1. Auflage. Bad Heilbrunn: Julius Klinkhardt.

Rohmann, K. (2021): Zur Normalität der Elternschaft von Menschen mit Lernschwierigkeiten. In: A.-C. Schondelmayer (Hg.): Familie und Normalität. Diskurse, Praxen und Aushandlungsprozesse. Leverkusen-Opladen: Verlag Barbara Budrich, S. 263–283.

Römisch, K. (2021): Der Umgang mit Familiengründung als Ausdruck (fehlender) Selbstbestimmung. In: M. Düber, C. Remhof, U. Riesberg, A. Rohrmann und C. Sprung (Hg.): Begleitete Elternschaft in den Spannungsfeldern pädagogischer Unterstützung. Weinheim: Beltz, S. 96–107.

Rothaug, M. (2013): Sexuelle Selbstbestimmung bei schwerer Behinderung. In: J. Clausen und F. Herrath (Hg.): Sexualität leben ohne Behinderung. Das Menschenrecht auf sexuelle Selbstbestimmung. 1. Auflage. Stuttgart: Verlag W. Kohlhammer, S. 147–159.

Rüstow, N. (2011): Leichte Sprache – wie geht das? Methodische Ansätze für Texte bei erwachsenenpädagogischen Angeboten für Menschen mit Lernschwierigkeiten. In: Erwachsenenbildung und Behinderung 22 (2), S. 3–14.

Sandfort, L. (2010): Sexualassistenz und Sexualbegleitung – Empowerment und Konfliktprävention. In: G. Dobslaw (Hg.): Sexualität bei Menschen mit geistiger Behinderung. Dokumentation der Arbeitstagung der DGSGB am 5.3.2010 in Kassel. 1. Auflage. Bielefeld: DGSGB (Materialien der DGSGB, Band 23), S. 28–31.

Schädler, J. (2002): Paradigmenwechsel in der Behindertenhilfe unter Bedingungen institutioneller Beharrlichkeit. Strukturelle Voraussetzungen der Implementation Offener Hilfen für Menschen mit geistiger Behinderung. Siegen, Univ., Diss. Online verfügbar unter https://dspace.ub.uni-siegen.de/bitstream/ubsi/853/1/schaedler.pdf, zuletzt geprüft am 13.05.2023.

Scherr, A. (2018): Professionalität – ein Qualitätsmerkmal von Organisationen. Warum es nicht genügt, Fachkräfte als Träger professioneller Kompetenzen zu adressieren. In: Sozial Extra 42 (1), S. 8–13.

Schlichting, H. (2020): Ethische Überlegungen zur Pflege von Menschen mit Mehrfachbehinderung. In: Schweizerische Zeitschrift für Heilpädagogik 26 (5-6), S. 23–30.

Schlör, K.; Schluchter, J.-R. (2015): Medienbildung mit und in Familien. Praxismodelle einer inklusiven medienpädagogischen Familienbildung. In: Teilhabe. Fachzeitschrift der Lebenshilfe 54 (3), S. 135–140.

Schmalenbach, B. (2014): Nähe und Distanz – Dimensionen pädagogischen Handelns. Online verfügbar unter https://www.rosejourn.com/index.php/rose/article/viewFile/205/214, zuletzt geprüft am 14.05.2023.

Schmauch, U. (2015): Sexuelle Vielfalt und Regenbogenkompetenz in der Sozialen Arbeit. In: B. Bretländer, M. Köttig und T. Kunz (Hg.): Vielfalt und Differenz in der Sozialen Arbeit. Perspektiven auf Inklusion. 1. Auflage. Stuttgart: Verlag W. Kohlhammer, S. 170–178.

Schmauch, U. (2016): Sexualpädagogisches Handeln in der Sozialen Arbeit. In: A. Henningsen, E. Tuider und S. Timmermanns (Hg.): Sexualpädagogik kontrovers. Weinheim, Basel: Beltz Juventa, S. 32–45.

Schmauch, U. (2020): Regenbogenkompetenz in der Sozialen Arbeit. In: S. Timmermanns und M. Böhm (Hg.): Sexuelle und geschlechtliche Vielfalt. Interdisziplinäre Perspektiven aus Wissenschaft und Praxis. 1. Auflage. Weinheim, Basel: Beltz Juventa, S. 308–325.

Schmid, V. (2019): Nähe und Distanz aus der Perspektive der Psychoanalytischen Pädagogik. In: M. Dörr (Hg.): Nähe und Distanz. Ein Spannungsfeld pädagogischer Professionalität. 4., aktualisierte und erweiterte Auflage. Weinheim, Basel: Beltz Juventa, S. 60–71.

Schmid Noerr, G. (2022): Ethische Zielkonflikte in der Sozialen Arbeit. Widersprüche bewältigen, Handlungsfähigkeit gewinnen. Stuttgart: Verlag W. Kohlhammer.

Schmidt, L.; Jux, C.; Tiesmeyer, K.; Falkson, S. (2022): Beratungsbedarf von Eltern mit Kindern mit Beeinträchtigungen. Eine systematische Literaturübersicht. In: Teilhabe. Fachzeitschrift der Lebenshilfe 61 (3), S. 107–113.

Schnoor, H. (1992): Aspekte einer psychoanalytisch orientierten Pädagogik für Personen mit einer geistigen Behinderung. Geistige Behinderung als Ich-Schwäche. In: C. Büttner, H.-G. Trescher und W. Datler (Hg.): Jahrbuch für psychoanalytische Pädagogik. Gießen: Psychosozial-Verlag (Psychoanalytische Pädagogik), S. 200–219.

Schnoor, H. (Hg.) (2007): Leben mit Behinderungen. Eine Einführung in die Rehabilitationspädagogik anhand von Fallbeispielen. Stuttgart: Verlag W. Kohlhammer (Heil- und Sonderpädagogik).

Schondelmayer, A. C.; Riegel, C.; Fitz-Klausner, S. (Hg.) (2021): Familie und Normalität. Diskurse, Praxen und Aushandlungsprozesse. Verlag Barbara Budrich.

Schrader, S.; Lindmeier, B.; Meyer, D.; Albers, M. (2021): Büros für Leichte Sprache. Eine bundesweite Studie zur Bestandsaufnahme der Tätigkeiten und Entwicklungstendenzen. In: Teilhabe. Fachzeitschrift der Lebenshilfe 60 (2), S. 50–56

Schröder, A. (2017): Die Illusion der Sexualaufklärung. In: A. Eggert-Schmid Noerr, J. Heilmann und I. Weißert (Hg.): Unheimlich und verlockend. Zum pädagogischen Umgang mit Sexualität von Kindern und Jugendlichen. Originalausgabe. Gießen: Psychosozial-Verlag (Psychoanalytische Pädagogik, Band 48), S. 93–109.

Schröttle, M.; Hornberg, C.; Glammeier, S.; Sellach, B.; Kavemann, B.; Puhe, H.; Zinsmeister, J. (2012): Lebenssituation und Belastungen von Frauen mit Beeinträchtigungen und Behinderungen in Deutschland. Online verfügbar unter https://www.bmfsfj.de/resource/blob/94204/3bf4ebb02f108a31d5906d75dd9af8cf/lebenssituation-und-belastungen-von-frauen-mit-behinderungen-kurzfassung-data.pdf, zuletzt geprüft am 23.07.2023.

Schröttle, M.; Puchert, R.; Arnis, M.; Sarkissian, A. H.; Lehmann, C.; Zinsmeister, J.; Paust, I.; Pölzer, L. (2021): Gewaltschutzstrukturen für Menschen mit Behinderungen – Bestandsaufnahme und Empfehlungen. Institut für empirische Soziologie. Online verfügbar unter https://www.bmas.de/SharedDocs/Downloads/DE/Publikationen/Forschungsberichte/fb-584-gewaltschutzstrukturen-fuer-menschen-mit-behinderungen.pdf?__blob=publicationFile, zuletzt geprüft am 26.03.2023.

Schuppener, S. (2011): Empowerment und Identitätsentwicklung bei Menschen mit Behinderungserfahrungen. In: W. Kulig, K. Schirbort und M. Schubert (Hg.): Empowerment behinderter Menschen. Theorien, Konzepte, Best-Practice. 1. Auflage. Stuttgart: Verlag W. Kohlhammer (Heil- und Sonderpädagogik), S. 209–221.

Schuppener, S.; Goldbach, A.; Boch, B. (2018): Leichte Sprache – ein Mittel zur Barrierefreiheit? In: I. Bosse, J.-R. Schluchter und I. Zorn (Hg.): Handbuch Inklusion und Medienbildung. Weinheim: Beltz, S. 216–222.

Seifert, M. (2006): Empowerment – Schlagwort oder Zielperspektive? Auswirkungen des Paradigmenwechsels in der Behindertenhilfe auf die Bildungsarbeit mit Familien mit behinderten Kindern. In: C. Knees und M. Winkelheide (Hg.): Bildungsarbeit mit Familien behinderter Kinder. Angebote entwickeln und durchführen. Düsseldorf: Verlag Selbstbestimmtes Leben, S. 78–192.

Seifert, M. (2023): Mütter, Väter und Großeltern von Kindern mit Behinderung. Herausforderungen – Ressourcen – Zukunftsplanung. In: U. Wilken und B. Jeltsch-Schudel (Hg.): Elternarbeit und Behinderung. Empowerment – Inklusion – Wohlbefinden. 2., überarbeitete Auflage. Stuttgart: Kohlhammer, S. 25–35.

Seiffge-Krenke, I. (2022): Ist das etwa Liebe? Die Entwicklung von Sexualität und romantischen Beziehungen bei Jugendlichen. In: A. Sadjiroen, G. Amelung, A. Boll-Klatt und U. Lamparter (Hg.): Die Liebe ist ein wilder Vogel. Psychoanalytische Beiträge zu einem menschlichen Grundgefühl. Originalausgabe. Gießen: Psychosozial-Verlag (Bibliothek der Psychoanalyse), S. 197–216.

Seitz, S. (2014): Leichte Sprache? Keine einfache Sprache. Bundeszentrale für politische Bildung. In: APuZ Aus Politik und Zeitgeschichte 64, S. 3–6.

Senckel, B. (2010): Mit geistig Behinderten leben und arbeiten. Eine entwicklungspsychologische Einführung. 9., durchgesehene Auflage. München: Beck.

Sielert, U. (2012): Paradigmenwechsel der Sexualpädagogik im Kontext gesellschaftlicher Entwicklungen. In: Sexuologie 19 (3/4), S. 128–134.

Sielert, U. (2015): Einführung in die Sexualpädagogik. Weinheim: Beltz (Beltz Studium).

Sielert, U. (2016): Didaktik der Sexualpädagogik: historische und systematische Kontroversen. In: A. Henningsen, E. Tuider und S. Timmermanns (Hg.): Sexualpädagogik kontrovers. Weinheim, Basel: Beltz Juventa, S. 69–88.

Sielert, U. (2020): Wie ich als Erziehungswissenschaftler Sexualpädagogik konzipiere und was ich mir von der Sexualwissenschaft wünsche. In: H.-J. Voß (Hg.): Die deutsche Sexualwissenschaft. Bestandsaufnahme und Ausblick. Gießen: Psychosozial-Verlag, S. 473–497.

Sierck, U. (2020): Macht und Gewalt. In: Menschen. Zeitschrift für gemeinsames Leben, Lernen und Arbeiten 43 (3), S. 25–30.

Sigot, M. (2017): Junge Frauen mit Lernschwierigkeiten zwischen Selbst- und Fremdbestimmung. Ergebnisse aus einem partizipativen Forschungsprozess. Opladen, Berlin, Toronto: Verlag Barbara Budrich. Online verfügbar unter https://library.oapen.org/bitstream/handle/20.500.12657/25655/1004436.pdf;jsessionid=2ABC48571835BBF4D75B6DA751BE7295?sequence=1, zuletzt geprüft am 25.09.2022.

Sinason, V. (1993): Psychotherapie mit mißhandelten geistig behinderten Kindern. In: K. Hennicke und W. Rotthaus (Hg.): Psychotherapie und geistige Behinderung. Dortmund: Verlag Modernes Lernen (Therapie in der Kinder- und Jugendpsychiatrie, 10), S. 71–93.

Sinason, V. (1997): Aus der Arbeit in der Tavistock-Klinik. In: E. Heinemann und J. de Groef (Hg.): Psychoanalyse und geistige Behinderung. Fallstudien aus Belgien, Deutschland, England, Frankreich und den USA. Mainz: Matthias-Grünewald-Verlag (Edition Psychologie und Pädagogik), S. 128–141.

Sinason, V. (2000): Geistige Behinderung und die Grundlagen menschlichen Seins. Neuwied: Beltz.

Sonnenberg, K.; Arlabosse, A. (2014): Mediale Kompetenz als Voraussetzung gesellschaftlicher Teilhabe – Lebenslange Bildung für erwachsene Menschen mit Behinderungen. In: Teilhabe. Fachzeitschrift der Lebenshilfe 53 (2), S. 63–68.

Sonnleitner, M. (2018): Die Geburt eines behinderten Kindes und die Späterblindung als Grenzerfahrung. Eine Darstellung der existenziellen Grundmotivationen für den Umgang mit traumatischen Erfahrungen. In: Menschen. Zeitschrift für gemeinsames Leben, Lernen und Arbeiten 41 (4), S. 31–36.

Specht, R. (2008): Sexualität und Behinderung. In: R.-B. Schmidt und U. Sielert (Hg.): Handbuch Sexualpädagogik und sexuelle Bildung. Weinheim, München: Juventa-Verlag (Handbuch), S. 288–300.

Specht, R. (2013): Professionelle Sexualitätsbegleitung von Menschen mit Behinderung. In: J. Clausen und F. Herrath (Hg.): Sexualität leben ohne Behinderung. Das Menschenrecht auf sexuelle Selbstbestimmung. 1. Auflage. Stuttgart: Verlag W. Kohlhammer, S. 165–183.

Speck, O. (1990): Menschen mit geistiger Behinderung und ihre Erziehung. Ein heilpädagogisches Lehrbuch. München, Basel: E. Reinhardt.

Sprung, C.; Düber, M.; Riesberg, U., Remhof, C.; Rohrmann, A. (2021): Begleitete Elternschaft in den Spannungsfeldern pädagogischer Unterstützung. In: M. Düber, C. Remhof, U. Riesberg, A. Rohrmann und C. Sprung (Hg.): Begleitete Elternschaft in den Spannungsfeldern pädagogischer Unterstützung. Weinheim: Beltz, S. 9–18.

Statistisches Bundesamt (2019): Öffentliche Sozialleistungen. Lebenslagen der behinderten Menschen. Ergebnis des Mikrozensus. Online verfügbar unter https://www.destatis.de/DE/Themen/Gesellschaft-Umwelt/Gesundheit/Behinderte-Menschen/Publikationen/Downloads-Behinderte-Menschen/lebenslagen-behinderter-menschen-5122123199004.pdf?__blob=publicationFile, zuletzt geprüft am 07.05.2023.

Statistisches Bundesamt (2023): 7,8 Millionen schwerbehinderte Menschen leben in Deutschland. Online verfügbar unter https://www.destatis.de/DE/Presse/Pressemitteilungen/2022/06/PD22_259_227.html, zuletzt geprüft am 23.04.23.

Staudenmaier, M.; Stadlin, H. (2022): Im Spannungsfeld zwischen Experimentier- und Schutzräumen. Warum sich Institutionen um die Prävention sexueller Ausbeutung kümmern müssen. In: Schweizerische Zeitschrift für Heilpädagogik 28 (3), S. 8–15.

Steininger, C. (1997): Sexueller Mißbrauch. Möglichkeiten und Grenzen der Diagnostik bei Kindern und Jugendlichen mit einer geistigen Behinderung. In: Geistige Behinderung (1), S. 56–72.

Stöckmann, F. (2005): Sexualität und geistige Behinderung aus ärztlicher Sicht. In: J. Walter (Hg.): Sexualität und geistige Behinderung. 6., unveränderte Auflage. Heidelberg: Winter (Edition S, 1), S. 59–67.

Stöhr, W.; Podszus, M.; Schulze, G. C. (2019): Umgang mit Sexualität im Internet lernen – (k)ein Tabuthema für die Sonderpädagogik. In: Zeitschrift für Heilpädagogik 70 (2), S. 94–103.

Streeck-Fischer, A. (2006): Trauma und Entwicklung. Adoleszenz – frühe Traumatisierungen und ihre Folgen. 2., überarbeitete Auflage. Stuttgart: Schattauer.

Teubert, A. (2020): Sexualisierte Gewalt gegen Kinder und Jugendliche. Zum Risikofaktor »Beeinträchtigung« in einer Risikogesellschaft. In: Menschen. Zeitschrift für gemeinsames Leben, Lernen und Arbeiten 43 (3), S. 43–49.

Theunissen, G. (1997): Empowerment – Paradigmenwechsel in der Behindertenhilfe. In: Zur Orientierung (3), S. 4–8.

Theunissen, G. (2000): Pädagogik bei geistiger Behinderung und Verhaltensauffälligkeiten. Ein Kompendium für die Praxis. Bad Heilbrunn: Julius Klinkhardt (Prävention – Integration – Rehabilitation).

Theunissen, G. (2001): Die Independent-Living-Bewegung. Empowerment-Bewegungen machen mobil (1). In: Behinderte in Familie, Schule und Gesellschaft (3/4), S. 13–20.

Theunissen, G. (2017): Empowerment als professionelle Handlungsorientierung für die Unterstützung von Selbstbestimmung bei geistig schwer(st) und mehrfach behinderten Menschen. In: G. Theunissen und E. Wüllenweber (Hg.): Zwischen Tradition und Innovation. Methoden und Handlungskonzepte in der Heilpädagogik und Behindertenhilfe; ein Lehrbuch und Kompendium für die Arbeit mit geistig behinderten Kindern, Jugendlichen und Erwachsenen. 3. Auflage. Marburg: Lebenshilfe-Verlag, S. 406–415.

Theunissen, G.; Hoffmann, C.; Plaute, W. (2000): Geistige Behinderung – Betrachtungen aus dem Blickwinkel der Empowerment-Perspektive. In: H. Greving und D. Gröschke (Hg.): Geistige Behinderung – Reflexionen zu einem Phantom. Ein interdisziplinärer Diskurs um einen Problembegriff. Bad Heilbrunn: Julius Klinkhardt, S. 125–140.

Theunissen, G.; Plaute, W. (1995): Empowerment und Heilpädagogik. Ein Lehrbuch. Freiburg im Breisgau: Lambertus-Verlag.

Theweleit, K. (1990): Objektwahl. (all you need is love …). Über Paarbildungsstrategien & Bruchstück einer Freudbiographie. 2., verbesserte Auflage. Basel: Stroemfeld/Roter Stern.

Thiersch, H. (2018): Verstehen – lebensweltorientiert. In: S. Wesenberg, K. Bock und W. Schröer (Hg.): Verstehen: eine sozialpädagogische Herausforderung. 1. Auflage. Weinheim, Basel: Beltz Juventa, S. 16–32.

Thimm, C. (Hg.) (2000): Soziales im Netz. Sprache, soziale Beziehungen und Identität im Internet. Opladen: Westdeutscher Verlag.

Thimm, W. (1994): Leben in Nachbarschaften. Hilfen für Menschen mit Behinderungen. Orig.-Ausg. Freiburg im Breisgau: Herder (Herder-Spektrum).

Thole, W.; Cloos, P. (2006): Alltag, Organisationskultur und beruflicher Habitus Zur Kontextualisierung von Nähe und Distanz im sozialpädagogischen Alltag. In: A. Heimgartner (Hg.): Kultur in der Sozialen Arbeit. Festschrift für Josef Scheipl. Klagenfurt u.a.: Mohorjeva Hermagoras (Studien zur Sozialpädagogik, 5), S. 123–142.

Thomas, H.; Kretschmann, J.; Lehmkuhl, U. (2006): Die Sicht der Bewohnerinnen und Bewohner zu sexueller Selbstbestimmung und sexualisierter Gewalt. In: J. M. Fegert, K. Jeschke, H. Thomas und U. Lehmkuhl (Hg.): Sexuelle Selbstbestimmung und sexuelle Gewalt. Ein Modellprojekt in Wohneinrichtungen für junge Menschen mit geistiger Behinderung. Weinheim, München: Juventa Verlag (Reihe Votum), S. 69–226.

Trescher, H. (2017): Behinderung, Fluchtmigration, Kommunikation. In: Teilhabe. Fachzeitschrift der Lebenshilfe 56 (4), S. 150–155.

Trescher, H. (2021): Ambivalenzen Leichte Sprache. In: Zeitschrift für Inklusion online (1). Online verfügbar unter https://www.inklusion-online.net/index.php/inklusion-online/article/view/579/432, zuletzt geprüft am 16.05.2023.

Trescher, H.; Börner, M. (2014): Sexualität und Selbstbestimmung bei geistiger Behinderung? Ein Diskurs-Problem! In: Zeitschrift für Inklusion online (3). Online verfügbar unter https://www.inklusion-online.net/index.php/inklusion-online/article/view/229, zuletzt geprüft am 01.05.2023.

Trescher, H.-G. (1985): Theorie und Praxis der Psychoanalytischen Pädagogik. Mainz: Matthias-Grünewald-Verlag (Edition Psychologie und Pädagogik, 4).

Tschan, W. (2012): Sexualisierte Gewalt. Praxishandbuch zur Prävention von sexuellen Grenzverletzungen bei Menschen mit Behinderungen. 1. Auflage. Bern: Hans Huber Verlag.

Tuider, E.; Müller, M.; Timmermanns, S.; Bruns-Bachmann, P.; Koppermann, C. (2012): Sexualpädagogik der Vielfalt. Praxismethoden zu Identitäten, Beziehungen, Körper und Prävention für Schule und Jugendarbeit. 2., überarbeitete Auflage. Weinheim, Basel: Beltz Juventa (Edition Sozial).

Umsetzungsbegleitung Bundesteilhabegesetz (2023): Bedarfsermittlung und ICF. Online verfügbar unter https://umsetzungsbegleitung-bthg.de/bthg-kompass/bk-bedarfsermittlung-icf/, zuletzt geprüft am 23.04.2023.

Unabhängige Beauftragte für Fragen des sexuellen Kindesmissbrauchs (2023): Definition von Kindesmissbrauch. Online verfügbar unter https://beauftragte-missbrauch.de/themen/definition/definition-von-kindesmissbrauch, zuletzt geprüft am 23.07.2023.

Urbann, K.; Tenbrink, S.; Avemarie, L. (2023): Sexuelle Bildung, Sexualaufklärung und sexualisierte Gewalt im Leben tauber Menschen. In: J. Siemoneit, K. Verlinden und E. Kleinau (Hg.): Sexualität, sexuelle Bildung und Heterogenität im erziehungswissenschaftlichen Diskurs. 1. Auflage. Weinheim: Juventa Verlag, S. 186–199.

Valtl, K. (2008): Sexuelle Bildung: Neues Paradigma einer Sexualpädagogik für alle Lebensalter. In: R.-B. Schmidt und U. Sielert (Hg.): Handbuch Sexualpädagogik und sexuelle Bildung. Weinheim, München: Juventa-Verlag (Handbuch), S. 125–140.

Verlinden, K. (2018): Sexueller Missbrauch an Menschen mit (geistiger) Behinderung – Aktueller Forschungsstand. In: P. Bienstein und K. Verlinden (Hg.): Prävention von sexuellem Missbrauch an Menschen mit geistiger Behinderung. Ausgewählte Aspekte. Dokumentation der Fachtagung der DGSGB am 10. November 2017 in Kassel. Berlin: Eigenverlag der DGSGB (Materialien der DGSGB, Band 40), S. 5–16.

von Boetticher; A.; Reich, G. (2022): Die »ganz normale Liebe«? Psychoanalytische Perspektiven der Paardynamik. In: A. Sadjiroen, G. Amelung, A. Boll-Klatt und U. Lamparter (Hg.): Die Liebe ist ein wilder Vogel. Psychoanalytische Beiträge zu einem menschlichen Grundgefühl. Originalausgabe. Gießen: Psychosozial-Verlag (Bibliothek der Psychoanalyse), S. 177–195.

Voß, H.-J.: Verankerung des Wissens- und Kompetenzentwicklung zu den Themen Trans- und Intergeschlechtlichkeit in den Bildungslehrplänen und Curricula von Ausbildungs- und Studiengängen relevanter Sozial- und Gesundheitsberufe. Policy Paper. Hg. v. Merseburg: Hochschule Merseburg. Online verfügbar unter https://www.ifas-home.de/wp-content/uploads/2021/11/Policy-Paper-FINALE-Fassung.pdf, zuletzt geprüft am 07.05.2023.

Vries, N. de (2009): Lust leben statt Leiden schaffen. Online verfügbar unter https://ninadevries.com/ninadevries-com-2.html, zuletzt geprüft am 03.04.2023.

Wacker, E. (1999): Liebe im Heim? Möglichkeiten und Grenzen von Partnerbeziehungen in einer organisierten Umwelt. In: Geistige Behinderung, S. 238–250.

Waldschmidt, A. (2003): Selbstbestimmung als behindertenpolitisches Paradigma – Perspektiven der Disability Studies. In: Aus Politik und Zeitgeschichte B8/2003 Beilage zur Wochenzeitung Das Parlament, S. 13–20.

Walter, J. (Hg.) (2005): Sexualität und geistige Behinderung. 6., unveränderte Auflage. Heidelberg: Winter (Edition S, 1).

Walter, J.; Hoyler-Herrmann, A. (1987): Erwachsensein und Sexualität in der Lebenswirklichkeit geistigbehinderter Menschen. Biographische Interviews. Zugl.: Univ., Diss., 1985. Heidelberg: Ed. Schindele (Schriftenreihe der Gesellschaft für Sexualerziehung und Sexualmedizin Baden-Württemberg e. V, 3).

Wanzeck-Sielert, C. (2005): Sich selbst entdecken und sinnlich erfahren. Sexualpädagogik in der Kita. In: Kindergarten heute 35 (2), S. 6–12.

Wegscheider, A. (2020): Behindertenheime als Orte struktureller Gewalt. In: Menschen. Zeitschrift für gemeinsames Leben, Lernen und Arbeiten (3), S. 31–35.

Weingärtner, C. (2005): Selbstbestimmung und Menschen mit schwerer geistiger Behinderung. Tübingen, Univ., Diss., Eberhard-Karls-Universität. Online verfügbar unter https://bibliographie.uni-tuebingen.de/xmlui/bitstream/handle/10900/47332/pdf/ydisscopy.pdf?sequence=1, zuletzt geprüft am 13.05.2023.

Weiß, H. (1993): Liebespflicht und Fremdbestimmung – Das Annahmepostulat in der Zusammenarbeit mit Eltern und Fachleuten. In: Geistige Behinderung (4), S. 308–322.
Weiß, H. (2000): Selbstbestimmung und Empowerment. In: H.-P. Färber (Hg.): Wege zum selbstbestimmten Leben trotz Behinderung. Tübingen: Attempto (Schriftenreihe der Körperbehindertenförderung Neckar-Alb), S. 119–143.
Wetter, T. (2019): Wider die Sexualtabus – oder die »wiedergefundene« Sexualität. Editorial. In: Schweizerische Zeitschrift für Heilpädagogik 25 (4), S. 1.
WHO (2002): Defining sexual health. Report of a technical consultation on sexual health, 28–31 January 2002. Online verfügbar unter https://www.who.int/reproductivehealth/topics/gender_rights/defining_sexual_health.pdf, zuletzt geprüft am 23.07.2023.
Wininger, M. (2006): Psychoanalytisch-pädagogische Anmerkungen zum adoleszenten Ablösungsprozess von jungen Erwachsenen mit geistiger Behinderung. In: Behinderte in Familie, Schule und Gesellschaft (6), S. 32–55.
Wininger, M. (2012): »Reflection on action« im Dienst pädagogischer Professionalisierung. Psychonanalytisch-pädagogische Überlegungen zur Vermittlung sonderpädagogischer Kompetenzen an Hochschulen. In: W. Datler, U. Finger-Trescher und J. Gstach (Hg.): Psychoanalytisch-pädagogisches Können. Vermitteln – Aneignen – Anwenden. Orig.-Ausg. Gießen: Psychosozial-Verlag (Jahrbuch für psychoanalytische Pädagogik, 20.2012), S. 53–80.
Wittke, V. (2007): Partizipation von Eltern in den Hilfen zur Erziehung am Beispiel der Tagesgruppe (§ 32 KJHG). Online verfügbar unter https://refubium.fu-berlin.de/handle/fub188/4459?show=full, zuletzt geprüft am 14.05.2023.
Wittmann, A.; Laister, E.; Seisenbacher, M. (2017): Sexuelle und geschlechtliche Selbstbestimmung von Menschen mit Lernschwierigkeiten. In: Sozialarbeit in Österreich. Zeitschrift für Soziale Arbeit, Bildung und Politik (3), S. 43–46.
World Association for Sexual Health (2013): Erklärung der sexuellen Menschenrechte (Declaration of Sexual Rights). Übersetzt von R. Gindorf. In: J. Clausen und F. Herrath (Hg.): Sexualität leben ohne Behinderung. Das Menschenrecht auf sexuelle Selbstbestimmung. 1. Auflage. Stuttgart: Verlag W. Kohlhammer, S. 72–74.
Wulff, B.; Ruthemeier, W. (2015): Mut zur Praxis des sozialpädagogischen Fallverstehens im Kinderschutz. Ein Lern-Lehr-Kooperationsprojekt von ASD und Universität. In: Sozialmagazin (5/6), S. 88–96.
Würker, A. (2022): (K)ein distanzierter Blick auf pädagogische Praxis. In: Menschen. Zeitschrift für gemeinsames Leben, Lernen und Arbeiten (2), S. 39–46.
Zaynel, N. (2017): Internetnutzung von Jugendlichen und jungen Erwachsenen mit Down-Syndrom. Wiesbaden: Springer Fachmedien.
Zemp, A. (2002): Sexualisierte Gewalt gegen Menschen mit Behinderung in Institutionen. In: Praxis der Kinderpsychologie und Kinderpsychiatrie 51, S. 310–325.
Zemp, A.; Pircher, E. (1996): Weil das alles weh tut mit Gewalt. Sexuelle Ausbeutung von Mädchen und Frauen mit Behinderung. Schriftenreihe der Frauenministerin, Band 10.
Zinsmeister, J. (2013): Rechtsfragen der Sexualität, Partnerschaft und Familienplanung. In: J. Clausen und F. Herrath (Hg.): Sexualität leben ohne Behinderung. Das Menschenrecht auf sexuelle Selbstbestimmung. 1. Auflage. Stuttgart: Verlag W. Kohlhammer, S. 47–71.
Zinsmeister, J. (2017): Hat der Staat den Bürger:innen Sexualität zu ermöglichen? In: U. Lembke (Hg.): Regulierungen des Intimen. Sexualität und Recht im modernen Staat. Wiesbaden: Springer VS (Geschlecht und Gesellschaft, Band 60), S. 71–93.
Zinsmeister, J. (2018): Vorwort. In: A.-K. Vogel (Hg.): Konstruktionen von Geschlecht, Sexualität und Behinderung im Diskurs zur sexuellen Selbstbestimmung von Menschen mit Lernschwierigkeiten. Online verfügbar unter https://epb.bibl.th-koeln.de/frontdoor/deliver/index/docId/1146/file/Ausgezeichnet+2018+04+Vogel+-+Konstruktionen+von+Geschlecht,+Sexualitaet+und+Behinderung.pdf, zuletzt geprüft am 16.05.2023.
Zinsmeister, J. (2023): Gewalt ist kein Schicksal. In: Teilhabe. Fachzeitschrift der Lebenshilfe 62 (1), S. 2–4.